中国软科学研究丛书

丛书主编：张来武

"十一五"国家重点图书出版规划项目
国家软科学研究计划资助出版项目

智力资本与企业绩效

李冬琴　著

科学出版社
北　京

内 容 简 介

在知识经济时代,智力资本取代传统生产要素,成为最具战略意义的资源。明确认识智力资本与企业绩效的关联性,是企业利用智力资本增进绩效和创造价值的前提。

本书在借鉴国内外已有研究成果的基础上,探讨智力资本的战略资源属性及其对企业绩效的作用,提出智力资本与企业绩效的关系模型,通过问卷调查收集我国企业数据,以结构方程模型、验证性因素分析等实证方式研究智力资本与企业财务绩效、运作绩效和人员效能的关系,尤其注重分析智力资本构成要素的交互作用对企业绩效的影响。

本书可供从事科技创新研究的专业人员参考,也可供企业管理人员使用。

图书在版编目(CIP)数据

智力资本与企业绩效/李冬琴著.—北京:科学出版社,2014.11
(中国软科学研究丛书)
ISBN 978-7-03-042349-8

I.①智… II.①李… III.①智力资本–关系–企业绩效–研究
IV.①F272

中国版本图书馆 CIP 数据核字(2014)第 253915 号

丛书策划:林鹏　胡升华　侯俊琳
责任编辑:杨婵娟　卜 新 ／责任校对:鲁 素
责任印制:徐晓晨 ／封面设计:黄华斌　陈 敬
编辑部电话:010-64035853
E-mail:houjunlin@mail.sciencep.com

科 学 出 版 社 出版
北京东黄城根北街 16 号
邮政编码:100717
http://www.sciencep.com

北京凌奇印刷有限责任公司 印刷
科学出版社发行　各地新华书店经销

*

2015 年 1 月第 一 版　开本:720×1000 1/16
2021 年 1 月第五次印刷　印张:15
字数:285 000
定价:88.00 元
(如有印装质量问题,我社负责调换)

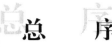

总　序

　　软科学是综合运用现代各学科理论、方法，研究政治、经济、科技及社会发展中的各种复杂问题，为决策科学化、民主化服务的科学。软科学研究是以实现决策科学化和管理现代化为宗旨，以推动经济、科技、社会的持续协调发展为目标，针对决策和管理实践中提出的复杂性、系统性课题，综合运用自然科学、社会科学和工程技术的多门类多学科知识，运用定性和定量相结合的系统分析和论证手段，进行的一种跨学科、多层次的科研活动。

　　1986 年 7 月，全国软科学研究工作座谈会首次在北京召开，开启了我国软科学勃兴的动力阀门。从此，中国软科学积极参与到改革开放和现代化建设的大潮之中。为加强对软科学研究的指导，国家于 1988 年和 1994 年分别成立国家软科学指导委员会和中国软科学研究会。随后，国家软科学研究计划正式启动，对软科学事业的稳定发展发挥了重要的作用。

　　20 多年来，我国软科学事业发展紧紧围绕重大决策问题，开展了多学科、多领域、多层次的研究工作，取得了一大批优秀成果。京九铁路、三峡工程、南水北调、青藏铁路乃至国家中长期科学和技术发展规划战略研究，软科学都功不可没。从总体上看，我国软科学研究已经进入各级政府的决策中，成为决策和政策制定的重要依据，发挥了战略性、前瞻性的作用，为解决经济社会发展的重大决策问题作出了重要贡献，为科学把握宏观形势、明确发展战略方向发挥了重要作用。

　　20 多年来，我国软科学事业凝聚优秀人才，形成了一支具有一定实力、知识结构较为合理、学科体系比较完整的优秀研究队伍。据不完全统计，目前我国已有软科学研究机构 2000 多家，研究人员近 4 万人，每年开展软科学研究项目 1 万多项。

为了进一步发挥国家软科学研究计划在我国软科学事业发展中的导向作用，促进软科学研究成果的推广应用，科学技术部决定从 2007 年起，在国家软科学研究计划框架下启动软科学优秀研究成果出版资助工作，形成"中国软科学研究丛书"。

"中国软科学研究丛书"因其良好的学术价值和社会价值，已被列入国家新闻出版总署"'十一五'国家重点图书出版规划项目"。我希望并相信，丛书出版对于软科学研究优秀成果的推广应用将起到很大的推动作用，对于提升软科学研究的社会影响力、促进软科学事业的蓬勃发展意义重大。

科技部副部长

2008 年 12 月

目　录　　　　　　　　　　　　　　▶ CONTENTS

伴随人类社会向知识经济社会的过渡，作为一种新的生产要素，知识对经济增长的贡献不断加大；作为战略资源知识，对企业的影响不断加深（Drucker，1993）。以知识为核心的智力资本在企业绩效和持续竞争优势的获取中发挥着越来越重要的作用（Teece，2000a）。

历经农业经济、工业经济时代，人类自 20 世纪后期开始进入知识经济时代。在这个以知识为基础的经济时代，企业面临的商业环境变化日趋动荡和复杂，经济全球化的深入推进、科技创新带来的"创造性毁灭"（creative destruction）过程的加速度重演、消费者需求热点的频繁变换等因素革命性地摧毁企业竞争的原有规律，企业拥有的竞争优势随着环境突变而迅速消失的案例屡见不鲜。正如帕沃夫斯基（2001）所言，当前企业不仅要重视生产要素的新组合（即熊彼特之创新）带来的挑战，更要重视商业本身内在逻辑的根本变化以及企业控制的资产的根本变化。

工业经济以大量消耗物质资源为基本特征，企业必须关注物质资源的变化。但是，在知识经济时代，在现代科学技术革命的引领下，物质资源的相对重要性日益下降，而无形资产的重要性迅速提高。经济发展越来越依赖于人的智力和物化在产品中的知识，知识更新换代的速度愈来愈快[①]，企业的知识密集度不断提高，知识的投资回报率越来越高，组织知识可快速、大量地交融，促进了企业技术创新，企业技术进步和创新的加速出现反过来使企业更加依赖于知识。因此生存于知识经济时代的企业必须关注信息和知识资源对组织经营和管理的作用变化。

从近年来美国和欧洲 10 国工人数量的变化趋势来看，知识工人的数量不断增长，而生产工人的数量在不断下降（图 0-1）。

从企业的价值构成看，无形资产占企业价值的比重越来越大。根据崔也光和赵迎（2013）的统计，英美等国上市公司的无形资产占总资产的比重均保持在 20%左右。纳斯达克市场是这一比重最高的市场，2007～2011 年无形资产/总资产的平均值超过 22%。纽约证券交易所上市公司的无形资产占总资产的比

* 本书得到浙江省哲学社会科学规划课题（项目编号 06CGGL17YBG）资助，在此表示感谢。

① 例如，半导体集成电路呈现出可容纳的晶体管数目约每隔 18 个月增加 1 倍、性能提升 1 倍的发展趋势（摩尔定律）。

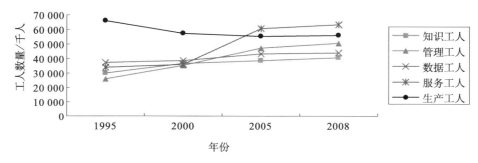

图 0-1　美国和欧洲 10 国工人数量变化趋势

数据来源：国际劳工组织数据库。由于数据收集问题，欧洲国家主要收集了英国、爱尔兰、西班牙、意大利、芬兰、德国、荷兰、挪威、瑞典、瑞士等 10 国数据

重 2007~2011 年来保持在 20％的水平，伦敦证券交易所上市公司无形资产占总资产的比重 2007~2011 年平均值为 17％。Blair 和 Wallman（2001）研究了1978~1998 年数千家非金融企业的资产组成，发现：1978 年，公司约 80％的资产为有形资产；到 1998 年，无形资产占公司总资产的 80％。对于这样的公司而言，有形资产已经不再是其价值的主要构成部分（Sullivan et al.，2000）。

　　智力资本（intellectual capital，IC）是组织知识在组织中的人力、结构和社会关系的多层面反映。管理以知识为基础的智能（智力资本）的能力成为在这个时代生存的企业的关键技能（Quinn，1992）。奎因（Quinn，1992）指出，具有有效公司战略的企业组织越来越依靠智力资源的开发和部署，而不依靠物质资产管理。"当一个公司越来越关心它自身以及供应商的内部知识和服务技能时，它会发现其管理重心在偏离对财务和物质资产的监督和部署，而倾向对人的技能和知识基础的管理，倾向对公司内和供应商的智力的管理。"因此，在知识经济环境下奋斗的公司需视自身为学习型组织，追求知识资产（智力资本）的持续提高（Senge，1990）。不能增强智力资本的组织将无法生存（Antal et al.，1994）。

　　任何理论研究都源自实践和理论领域的召唤。智力资本与企业绩效的关联性研究亦是如此。智力资本与企业绩效的理论研究首先起源于理论和现实领域出现的新问题，这些问题产生了对现有理论不足和实践现象进行深入剖析的需要，推动着智力资本理论的形成和发展。

　　众多上市公司的市场价值和净资产价值间存在着巨大的差异（表 0-1、图 0-2），这种差异如何解释引起了学术界的广泛争论。

表 0-1　2013 年著名跨国公司的市值和净资产值的比较

(单位：亿美元)

公司名称	市值	净资产	市值/净资产	隐含价值
通用电气	2437	1368	1.78	1069
汇丰控股	2013	1905	1.06	108

续表

公司名称	市值	净资产	市值/净资产	隐含价值
伯克希尔哈撒韦	2528	2245	1.13	283
大众集团	944	900	1.05	44
苹果	4166	1235	3.37	2931
沃尔玛	2425	763	3.18	1662
微软	2348	789	2.98	1559
福特汽车	518	264	1.96	254
辉瑞制药	2373	766	3.10	1607
IBM	2395	229	10.46	2166

资料来源：根据 2013 年各公司年报和《福布斯》2013 年全球企业 2000 强资料整理

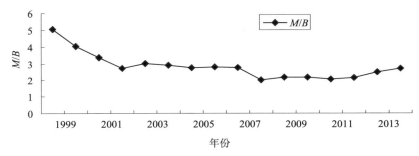

图 0-2　标准普尔 500 指数公司的市价-账面价值比率平均值变化

资料来源：标准普尔公司

　　许多上市公司存在明显的账面价值与市场价值的差异，上市公司的账面价值与市场价值相去甚远。若以市场价值/账面价值（M/B）的高低反映市场定价与公司账面价值的差异，勒夫（Lev，2001）对 1970～2000 年标准普尔 500 公司的市值账面比进行的研究发现该比率平均值在 30 年间不断上升，1990～1995年标准普尔 500 指数市值账面平均值为 2.0 左右，1996～2000 年上升到 3.5～5。图 0-2 显示，2000 年后，伴随全球金融危机、股市下跌，市值账面比不断走低，但仍维持在 2.0 左右，即市场价值约为公司账面价值 2 倍。许多学者提出企业市场价值与账面价值存在的差异不能用传统会计标准下记录的无形资产来完全解释，也不能用会计学中的"无形资产"解释，它应该是企业拥有的智力资本的价值（Edvinsson and Malone，1997；Roos et al.，1997）。Hulten 和 Hao（2008）还对无形资产能够解释市值账面比的程度进行了实证研究，发现无形资产和有形资产合计能够解释 75% 的市场价值，无形资产加入后，也可以显著降低企业的负债比率。以这些观点为基础，智力资本研究越来越受到关注和重视。

　　智力资本研究始于斯维比（Sveiby，1986）的著作《Know-how 公司》，此后 Teece（1986a，2000a，2000b）、Stewart（1994，1997）、Hudson（1993）、Brooking（1996）、Edvinsson 和 Malone（1997）等均发表了有关智力资本的论

著（Sullivan，2000），这之后关于智力资本的研究迅速增长。图 0-3 为 1990～2013 年在 ABI/Inform（图 0-3 中 ProQuest）和 Scopus 数据库中以智力资本为题的文章的增长情况。根据 Scopus 数据库的数据可知，在过去的 23 年（1990～2013）里，关于智力资本的文章数量以年均 22％ 的速度增长。Serenko 等（2011）在分析了知识管理/智力资本领域的 11 本期刊 2175 篇文章的基础上，提出智力资本/知识管理学科是一个年轻且有吸引力的学科，在学术领域马太效应（Matthew effect）更明显些。

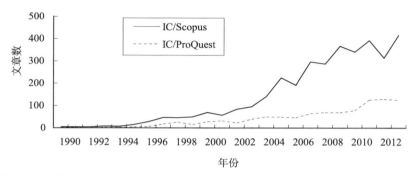

图 0-3　ABI/Inform（ProQuest）和 Scopus 数据库中发表 IC 文章数（1990～2013）

智力资本在实践领域的发展得益于许多有志于运用已有的智力资产盈利的公司，这些公司的智力资本管理实践汇总如表 0-2 所示（Sullivan，2000）。这些公司的智力资本管理努力使智力资本从理论研究走向管理实践，智力资本理论研究与管理实践有机地结合起来。

众多公司、政府部门和国际机构对智力资本管理实践的热烈响应证明了智力资本理论的实践意义，也反映出智力资本相关的理论研究与实际需求存在某种脱节。智力资本理论经历逾十年的发展，国内外学者在其理论体系、内容构成、理论基础等方面都尚未形成普遍共识。目前智力资本的研究重点聚焦在三个领域，即辨析智力资本概念、明确智力资本构成和提出智力资本度量工具与方法。

表 0-2　公司智力资本管理的早期实践

时间	事件
1991 年	斯堪迪亚保险有限公司（Skandia Insurance Company Ltd.）组建了第一个智力资本办公室，任命艾德文森（L. Edvinsson）为该组织的智力资本副总裁。该公司推出斯堪迪亚导航器（Skandia navigator）模型
1993 年	道化学公司（Dow Chemical）任命高顿·派特拉什（Petrash）为智力资产管理部主任，尝试寻找以前可能被忽略的创新成果，并将最具盈利潜力的专利选择出来，加以开发
1994 年	世界上约有 12 家公司开展了利用其智力资产创造利润的公司

时间	事件
1995 年	智力资本管理领域非常活跃的 8 家公司①和学者一起讨论智力资本概念及其相关问题
1999 年	公司代表与学者共同成立了智力资本管理大会，一年时间内 30 家公司代表研讨了 3 次
此后	一些国家政府部门和国际机构也加入智力资本研究的行列，如 OECD、澳大利亚工业、科学与资源部、美国证券交易委员会（SEC）等机构以研讨会、专门课题等形式推动这一领域的研究。更多企业加入智力资本管理的行列

资料来源：Sullivan（2000）

理论研究中，学者普遍指出，智力资本和企业市场价值、股票价格、企业绩效之间存在正相关关系，智力资本能够构建和保持企业绩效和竞争优势②（Edvinsson and Malone，1997；Stewart，1997；Youndt and Snell，2004；Brennan and Connell，2000），但是就笔者所涉猎的文献而言，系统论述智力资本与企业绩效关系的文献很少，研究智力资本与企业绩效的实证研究更属凤毛麟角。当前智力资本理论研究中，众多学者从各个角度和领域研究智力资本的"是什么，为什么"的这个属于起始阶段的研究问题，主要研究目的是认识和理解智力资本对创造持续竞争优势的贡献，Petty 和 Guthrie（2000）呼吁现在需要进行理论发展阶段的工作了，即确立智力资本的合法性、实证检验论点。Choo 和 Bontis（2002）也认为，智力资本的经验研究应该加强，因为扎实的经验研究结果对理论的发展至关重要。我国学者张炳发和万威武（2001）同样指出，从国外的知识资本评估的研究来看，"……知识资本与企业绩效和组织关系研究的较少。"

而从企业角度分析，那些对于智力资本管理和开发感兴趣的企业，首先需要确认智力资本对企业绩效的影响，明确认识智力资本对企业绩效的显著影响是进行智力资本管理实践的前提。

本书以企业层面的问卷调查数据为基础，分析智力资本构成要素的关系，全面阐述和验证智力资本与企业财务绩效、运作绩效和人员效能的关系，检验智力资本的测量模型，认识智力资本对企业绩效的作用，为智力资本理论的深化发展做出一定的贡献。

本书将智力资本与企业绩效的关联性作为一个独立的主题展开系统的研究，

---

①　包括道化学公司、杜邦公司、霍夫曼拉鲁什公司、斯堪迪亚公司、惠普公司、休斯空间系统公司和法律和经济咨询集团。

②　需要指出的是，企业超额绩效和企业竞争优势可以等同起来，因此在本书中，一些关于企业竞争优势的解释的理论也被包含了进来。一般认为，判断企业是否获得超额租金或竞争优势的标准是绩效，尽管不同的学者对竞争优势的定义各不相同（芮明杰和方统法，2003）。McGahan 和 Porter（1997）认为，企业竞争优势"归根结底来源于企业为客户创造的超过其成本的价值。"Basanko 等（1996）认为，"当一个企业的表现超出该产业的平均水平，就可以说它具有竞争优势。"因此笔者把企业的超出行业平均水平的业绩同企业竞争优势等同起来。竞争优势与企业超额绩效的关系还可参考 Powell（2001）的分析。

试图在评述智力资本的内涵和测量以及企业绩效决定因素的基础上，阐明智力资本对企业竞争优势的决定作用，构建智力资本与企业绩效的概念框架，并进行实证研究。

根据本书的研究主题，笔者拟依以下思路研究智力资本与企业绩效的关系：①根据智力资本的结构，定量实证研究人力资本、结构资本和关系资本与企业绩效之间的关系，以验证智力资本是否对企业绩效产生显著影响。②由于智力资本构成要素之间存在相互作用，本书还着重研究人力资本、结构资本和关系资本间的相互作用关系对企业绩效的影响。在此研究的基础上，阐明该研究对于资源观理论发展的意义以及对企业管理的启示。③对智力资本领域进行拓展研究，探讨智力资本、组织学习、知识管理、企业文化之间的关系。④从智力资本管理角度研究智力资本管理框架，提出增进企业智力资本，提高企业绩效的策略。

本绪论主要就研究背景提出问题，说明研究意义，阐述研究目标和研究方法。接下来针对智力资本的概念，构成和测量进行理论分析。

第一，提出关键概念，并进行相关概念辨析，在文献研究的基础上系统地评述了智力资本理论研究的进展包括智力资本的理论基础和内涵、结构、计量方法等，企业绩效的决定因素研究历程包括结构-行为-绩效模型、五种竞争力量模型、资源观等，分析总结了已有研究的关键发现、理论和研究方法中存在的缺陷，提出了本书的切入方向。

第二，解决三个理论问题，一是分析企业资源观理论说明智力资本是企业的关键资源，二是阐述智力资本具有战略资源的特征，属于战略资源；三是在逻辑推理、理论分析以及已有研究成果紧密结合的基础上提出智力资本与企业绩效或竞争优势的理论关系，阐述基于智力资本的企业理论基本观点，构建智力资本与企业绩效的理论模型，并提出相应假设。

第三，就研究中的数据收集、变量界定及测量进行了讨论。数据收集部分阐述了问卷设计和数据收集过程，并说明了采取哪些措施确保问卷调查的有效性。变量界定及测量一节讨论了自变量、因变量、控制变量等的界定范围、测量方法。并对收集数据进行描述性统计。

第四，对实证研究结果进行分析和讨论，主要从测量模型和假设检验两个方面进行详细讨论。之后进行了将智力资本的相关问题进行延伸讨论，从组织文化、组织学习、知识管理等角度以实证方式研究了相关概念与企业绩效的关系，还研究了国家智力资本对经济的影响。

第五，结合上述研究结论提出智力资本管理的框架以及若干旨在增进企业智力资本和组织绩效的管理策略。

根据以上主要研究内容，可以归结出本书的研究目标如下。

（1）以中国企业为样本，实证分析和检验智力资本是否对企业绩效的提高具有显著的影响，希望通过该研究帮助我们进一步阐明企业智力资本对企业获取和保持市场竞争优势的重要作用，以支持定性理论分析的结论；

（2）通过智力资本构成要素与企业绩效关系的分析，阐明智力资本三个构成要素对企业绩效的直接影响；

（3）检验智力资本构成要素的交互作用对企业绩效的作用，阐明智力资本构成要素的交互作用对企业绩效的影响，以便帮助我们更好地理解企业的智力资本的作用；

（4）对智力资本相关领域进行引申研究，探讨智力资本与组织学习、知识管理等变量之间的关系，并对国家智力资本这一新兴领域进行了一定的研究。

（5）讨论增进企业智力资本和组织绩效的管理框架及其策略。

为了对上述内容展开研究并达成预期的研究目标，本书采取文献法、问卷法和计量经济模型等方法收集并处理数据，具体地说：

（1）通过文献检索、阅读和分析，了解国内外和本书研究相关的智力资本和企业绩效的研究现状，以此为基础，形成具体的研究思路、概念模型和研究假设；

（2）通过问卷调查方法收集有关中国企业的智力资本、企业绩效等方面的数据，以便进行统计分析；

（3）利用验证性因子分析、结构方程模型、回归分析等计量统计分析验证概念模型与假设是否成立。

第一章

智力资本的概念辨析

本书的研究对象是智力资本与企业绩效的关系，属于企业层面的研究。由于智力资本概念目前尚未形成统一的认识，在进行理论分析和实证研究前，有必要先对智力资本及与之相关的概念进行界定和辨析。

第一节　智力资本及相关概念

一　从智力和资本两个概念谈起

智力一词，在认知心理学中早已有之。许多学者从多元化多层次角度来刻画人的智力。认知心理学家加德纳（H. Gardner）基于参与智力活动的认知过程的分析，在 1983 年出版的《智力的结构：多元智力理论》（*Frames of Mind：The Theory of Multiple Intelligences*）一书中把智力定义为"个体用以解决自己遇到的真正的难题或生产及创造出有效产品所需要的能力"，"是发现解决问题的方法并获得新知识的潜力"。在这一定义中，与经典理论把智力看作一种认知能力、语言能力或逻辑推理能力的智力观不同，他强调智力是个体解决问题的能力和生产产品的能力，这种智力的基本性质应是多元的，智力不是一种能力而是一组能力；智力的基本结构也是多元的，智力表现为多种能力，各种能力不是以整合的形式而是以相对独立的形式存在。加德纳提出相对独立存在的智力有七种，包括语言、音乐、数学、空间、动觉、内省和人际智力，每种智力作为特定的认知领域或知识领域，即"模块"（module），在大脑中按各自的规则运行①。

斯腾伯格（R. J. Sternberg）1985 年提出智力的三元理论（triarchic theory），该理论注重从主体的外部世界、内部世界以及连接内外部世界的经验世界来描述智力。斯腾伯格认为，智力可以分为三种搜集和加工信息的方式，这构成了智力理论的三个主要部分：①成分亚理论，这一亚理论中进一步提出智力包括元成分、操作成分和知识获得成分以及相应的三种过程。②经验亚理论，

---

① Gardner H，Kornhaber M，Wake W K. Intelligence：Multiple perspectives. Fort Worth：Harcourt Brace，1996. 转引自：张进辅（2001）。

涉及智力的经验作用，包括处理新环境的能力和信息加工能力。③情境亚理论，涉及情境智力，即适应环境、塑造环境和选择新环境的能力。

经济学理论和管理学理论中很少涉及智力的概念，对智力的研究主要围绕个人或者种族集团的遗传价值对其获得经济成功所起的作用展开。

综上所述，智力的概念主要是针对个人的分析，现代智力理论强调了人类智力具有的多元化特征，从这一概念入手，能够对企业层面的"智力资本"概念给予一定的启示，因为企业的智力资本本身是一种隐喻（metaphor），正如"组织学习"、"组织记忆"概念一样。虽然企业不是智能化的行为主体，不具有大脑等智力的载体，但是企业仍然能够像人类个体一样具有智力的特征。例如，任何企业要生存，都需要具有一定的认识问题、分析问题和解决问题的能力、适应环境变化的能力和积累知识、经验的能力。当然企业是由两个以上的人构成的组织，组织成员的智力影响企业"智力"，企业的"智力"无法回避企业内个人的智力，因此可以认为企业智力是由企业内所有个人的智力和组织管理制度体系以及组织文化等体现出来的，企业智力资本在分类标准上应该可以借鉴个体智力的分类方法。

"资本"概念长期以来一直是经济学中的重要概念。伴随社会经济发展和理论研究的深入，资本概念也不断扩展，其内涵和构成日益丰富。

始于17世纪中叶的古典政治经济学发展至20世纪50年代，经济学视野中的资本只包括物质资本或物质资本的象征物（如货币），也就是说当时的经济学未关注到无形资本的存在。"人力资本"概念在20世纪50年代被提出，并被纳入到资本范畴之中，标志着经济学领域资本概念的重大拓展，丰富了资本包含的内容。"人力资本"是相对于"物质资本"而提出的概念，即"非物质"的资本。这种资本与物质资本不同之处在于它直接体现在人身上，而不是体现于物质上。人力资本主要体现为个人所具备的知识、才干、技能和经验等因素，由此形成的人力资本理论强调经济发展既与劳动力的数量有关，也与劳动力的质量有关。劳动力的能力、技术水平等也是经济发展的重要因素。"人力资本"概念提出的经济意义，在于它在微观层次上肯定了教育培训对人的发展以及货币收益所产生的影响，在宏观层次上则从人的素质角度解释了经济增长的原因。

然而，无论是物质资本还是人力资本，都只是一种经济性资本，单纯使用这些经济资本概念还是不能完全解释许多经济增长现象，这也恰恰是经济学的局限所在。正是为了解释单纯用经济资本（包括物质资本和人力资本）所不能解释的诸多问题，许多学科领域的学者提出其他的资本概念，例如，社会学家提出"社会资本"概念，组织行为学家提出"组织资本"概念。"智力资本"概念也是在这个背景下提出的，它把企业的主要无形资本—人力资本、组织资本和社会资本置于统一的概念之下，为分析企业的资本构成和价值来源提供了崭新的视角。

　　智力理论的发展以及资本概念的演变都对我们研究企业的智力资本有一定的借鉴意义。智力的概念从个体向组织进行合理地延伸，为我们理解组织智力提出启示；资本概念从人力向智力的拓展，也有助于我们科学、合理地对智力资本进行定义。

　　追溯起来，智力资本的概念可以在德国经济学家李斯特（F. List）的理论中找到起源。在其经典著作《政治经济学的国民体系》中，李斯特指出当提到资本时，应该确切表明是物质资本还是精神资本，精神资本是个人所固有的或个人从社会环境和政治环境中得来的精神力量和体力。人类在科学艺术、国家社会制度、智力培养、发明发现上累积的结果形成的"精神资本"虽然消耗了现有价值，但是会促进生产力的增长。精神资本本质上是人类知识的积累，这一概念的内涵与目前学者认定的"智力资本"思想是基本一致的，因此可看作是智力资本概念的雏形。当然李斯特是针对宏观层面的智力资本进行的分析。

　　智力资本概念是智力内涵从个人到组织的全面拓展。心理学理论强调智力是个人的心理特征和运用知识、技能的能力。美国学者加尔布雷斯（J. K. Galbrainth）提出智力资本的组织层面的涵义，他认为智力资本是一种动态的知识性活动，是动态的而非固定的资本[①]。智力资本不只是"纯智力"，而且是"智能行动的组合"。在这个意义上，智力资本不仅是静止的组织完成目标的能力，而且是实现目标的智能组合过程。智力资本概念将智力的含义由个体范围拓展到组织范围，描述那些存在于组织之中的、能够提高企业竞争力、为企业增加价值的无形性资源。

　　斯图尔特（Tom Stewart）通过他在 1991 年 6 月《财富》周刊上的文章《头脑力量——智力资本怎样成为美国最有价值的资产》推广了这个概念。1994年，他又发表文章，对智力资本提出较具体的定义，所谓智力资本是每个人为公司带来竞争优势的一切知识、能力的加总（Stewart，1994）。这两篇高度概括性颇具前瞻性和创见的文章将智力资本的概念牢牢地刻在管理学研究的核心议程之上，越来越多的学者投身到"智力资本"的研究之中。

　　此后国内外关于智力资本的研究成果日渐增多，普遍认为智力资本的概念是对传统资本概念的有效扩充，现代企业的目标是智力资本的积累、增值和实现。但由于智力资本的范畴极大，许多学者分别从不同角度提出了智力资本的概念，一直没有达成共识（Luthy，1998；Petty and Guthrie，2000）。因此智力资本仍是个很不清晰的概念，理论界对它的理解差异较大。

　　笔者认为，智力资本的概念可以分为两类，分别是基于知识的定义和基于

---

① 转引自：Edvinsson 和 Sullivan（1996）。

无形资产的定义。在此基础上，笔者把相关学者的定义汇总，如表 1-1 所示。

表 1-1　智力资本定义的汇总表

	智力资本的定义	作者
基于无形资产的定义	智力资本是"使公司得以运行的所有无形资产的总称"。	Brooking（1996）
	智力资本是无形资产的结合，能提供组织附加价值，并致力达到卓越的目标，如员工的技术、经验、态度与信息等	Masoulas（1998）
	智力资本是能够创造公司价值的属于无形资产的资产	Beattie 和 Thomson（2007）
	智力资本是无形资产或因使用人的"智能"所组成的元素与"创新"所增加的财富	Booth（1998）、Brooking 等（1998）、Johnson（1999）、Knight（1999）
基于知识的定义	智力资本是"公司全部成员拥有的知识和实际应用的知识的总和"	Roos 等（1997）
	智力资本是企业拥有的提供市场竞争优势的知识、实用经验、组织技术、顾客关系和专业技能等的集合	Edvinsson 和 Malone（1997）、Bontis（2001）
	智力资本是能够转化为利润的知识	Andriessen（2004）
	智力资本是一个社会共同体（如组织）的知识和认知能力	Chen（2009）
	知识在一定条件下转化而成的，是企业在其生产经营及其管理活动中所积累起来的最具有价值增值性的预付价值	张兆国等（2000）

资料来源：本书整理

　　相对而言，基于无形资产的智力资本定义显得过于广义化，把智力资本看成是组织内所有无形资产的集合，这种内涵的扩大使智力资本的实质不明确，概念的理论价值不突出，应用价值也减弱，因此许多学者认为智力资本与无形资产不能完全等同，智力资本属于无形资产的范畴，智力资本是无形资产的子集（OECD，1999；Petty and Guthrie，2000）。基于知识的智力资本定义明显带有企业的资源观以及知识观的印记，普遍把企业的智力资本同竞争优势联系在一起，但还需从理论上明确智力资本、竞争优势与价值之间的相关性。

　　本书倾向于从知识角度对智力资本进行定义，从个人智力角度分析智力是个人知识和能力的体现，从组织智力角度分析，智力资本的实质就是企业拥有或者控制的知识和能力。因此本书认为，智力资本是指企业拥有或者控制的、能够为企业创造价值和构建持续竞争优势的动态知识和能力。

　　智力资本具有的典型特征是：①显性与隐性并存。有的智力资本是显性化的，能够编码的，例如专利，一些以文字、符号、图形等方式记录的技术知识等，但也有大量智力资本是隐含的，即无法编码，难以外部化，存在于员工头脑、组织流程、组织环境或组织与外部的关系之中。这些隐含的智力资本使得企业智力资本的难以复制又无法转移，为维护企业竞争优势提供了强有力的保障。②多元性。企业智力资本包含多项内容，涉及企业的内部管理、市场营销、生产运作、资金运作、人力资源、创新、研究开发等多个方面，也体现为把握机会能力、分析解决问题能力、适应环境能力等。③动态性。组织智力资本会随着环境的变化而发生动态变化，一些智力资本得以更新，一些由于过时而失去其作用，一些则出现总量的增减或内容的变化。

智力资本以人力资本为基础、以关系资本为辅助，以组织资本为支持和保障，三者组合促进个体知识的创造和共享，共同为企业创造利益和价值（Svei-by，1997；Stewart，1997；Brooking，1996）。智力资本的使用者和所有者不是个人而是企业，衡量企业智力资本的水平的可见标准是企业智力资本能够带来的贡献大小，而衡量企业智力资本贡献大小的判据是企业竞争力增强的多少。智力资本概念的提出为企业的资源、收益、竞争力的分析提供了一个新的视角，智力资本是在人力资本对一般资本概念的革命性拓展基础上又一次有效的概念扩展。

二 智力资本是一种"资本"吗

许多学者质疑了"资本"概念不断泛化的现象。这其中最多的是对于社会资本的批评，如 Baron 和 Hannan（1994）曾批评不加选择地采用比喻方式，把经济概念引入社会学研究，并把"社会资本"看作是"资本过剩"的例子。So-low（1997）也反对用资本理论的语言和工具包装社会资本："什么是过去对社会资本的投资？一个会计师如何度量社会资本，用一定的准则积累它？"智力资本也面临着与社会资本类似的质疑。为此，笔者认为有必要探讨"智力资本是否是一种资本"这一问题。这里借鉴 Adler 和 Kwon（2002）的思路，主要从智力资本是否符合资本的一般属性的角度来分析：

（1）资本能够带来价值增值。智力资本作为一种实际的或潜在的资源，能够给企业带来大于其自身价值的价值；各种类型的智力资本会增加企业的商业机会、增加企业知识存量、提高员工技能水平和集体责任感，获得更多信息或资源、权力；强化员工的集体地位和增加集体行为的能力。这些都能够直接或间接地为企业带来经济利益，增加企业的价值。

（2）资本具有积累性。资本是通过积累而逐步扩张和壮大的，各种类型的智力资本都可以通过投资或者企业的扩张得到增加，也可以通过企业的多种方式的积累而实现增加。例如，投资于员工培训，可以增加组织的人力资本，这些员工自身人力资本的增加也会给企业带来直接的利益和累积的效果，而且有时直接利益并不显著，反而间接累积的效果非常可观，员工素质整体提升，为企业带来更大的利益。

（3）资本具有可转化性。例如，货币资本可以转化为物质资本。智力资本也能转化为其他资本形式。例如，关系资本可以转化为经济资本；社会网络中一个人的地位优势可以转化为经济优势；人力资本中所包含的知识可以经一定的过程沉淀在组织内，转化为组织资本。当然相对而言，智力资本的转化性较差，不易流动。

（4）资本具有生产性。资本的生产性是指它可以直接作为生产要素的一部分投入生产领域实现资本增值。智力资本也是企业生产经营活动中不可缺少的一种生产要素，在这一过程中为企业带来经济利益，同时它也随着生产过程而实现自我积累。

（5）资本具有规模效应。资本的集聚和集中能够产生规模效应。智力资本也存在规模效应，智力资本越多，为企业带来的价值增值越大。智力资本要素组合起来规模越大，实现的价值增值越大。例如一个企业的专利数量越多，其专利带来的利益越大；这些专利还可组合起来实现专利组合获取更大的收益。

（6）不断更新的需要。资本的一个重要特性是它需要不断更新，从而使其更具有保值增值的活力。对于智力资本，知识是智力资本的本质，在目前知识加速度更新的环境下，智力资本需要不断更新与发展。

与此同时，智力资本作为一种特殊形式的资本形态，它和经济资本又有许多不同之处，其中包括如下几点。

（1）难以让渡性。智力资本与拥有该资本的特定企业共生共存，具有专用性，难以转移或者转让给其他企业，因此它不像其他经济资本那样可以容易地自由交易。由于没有市场价格可供参考，不同组织所拥有的智力资本也是无法比较的。

（2）可再生性。智力资本其组成要素本质上是知识，知识可以随着组织生产经营活动、技术创新活动等的开展而不断增加，新知识可以不断被创造出来。

（3）难以复制性。智力资本不像其他经济资本那样容易复制，甚至可以说即使在同一企业中也不存在完全相同的智力资本，也不可能"克隆"以往的智力资本。这一特征带来智力资本的黏滞性，即智力资本存在于特定的企业，难以复制，虽然在企业内可以通过有效的知识共享加以传递，但是企业向其他企业的转移则难以实现，其他企业也无法低成本地模仿。

三 与智力资本紧密相关的概念

1. 人力资本

在本书中，人力资本是企业智力资本的构成要素之一。因此有必要对人力资本概念进行简要讨论和界定。目前，国内外经济学家对人力资本的定义主要有两种代表性观点：一是从人力资本的内容定义，如舒尔茨认为人力资本包括人的知识、能力、健康等①。人力资本是体现在人身上的技能和生产知识的存量。二是从资本的形成角度定义，如贝克尔指出，人力资本是通过人力投资形成的资本，增加人的资源影响未来货币与心理收入的活动，如正规学校教育，在职培训、医疗保健等，被称为人力资本投资②。两种分类各有利弊。第一种观点强调了人力资本的内容，但是忽略了人力资本的"资本"特征，无法将人力资本的资本特性显示出来；第二种观点强调人力资本的投资性，但是抹杀了人力资本的"人力"特征，无法突出物质资本与人力资本的区分。李忠民（1999）提出，人力资本是凝结在人体内的、能够物化于商品和服务，增加产品和服务的效用，并以此分享收益的价值。本质上，人力资本是企业人力资源中所蕴涵的知识和能力。

人力资本的实质是个人的知识和能力，因此笔者认为人力资本是指员工个体所拥有的知识、价值观以及表现出来的个人能力。人力资本是个体意义上的，它有两个主要特征：一是产权特征，人力资本与其所有者具有不可分离性（周其仁，1996）；二是流动性特征，人力资本随着其资本所有者的离开而流动。人力资本是组织重要的资源，虽然不为组织所拥有，但是一旦人力资本进入企业，就与企业融为一体，人力资本的技能素质和动机态度会通过生产过程而物化到商品和服务之中，增加产品和服务的价值。

2. 结构资本

结构资本也是智力资本的构成要素之一。结构资本的理论基础是组织资本。目前在理论界，关于组织资本的概念存在两种代表性观点。一种观点是把组织资本看作是体现在员工身上的资本，是人力资本的一部分。另一种观点对组织资本给出与知识、能力相关的定义③，认为企业资本和人力资本不同，它不是从独立的教育投资中分化出来的，而是通过日常经营运作形成的。

本书中，笔者主要从知识角度对结构资本进行界定和分析，因此更接近后一种观点。在笔者看来，结构资本这一概念的特性要以组织的本质为起点来寻找。组织是人们为了实现某一特定的目的而形成的系统集合，所包含的内容涉及组织战略、结构、文化、流程等，组织本质上是让成员发挥自身才能和积极性并相互协作实现组织目标的有机集合体。与组织生态学理论对组织的认识类似，随着时间的推移，组织会逐渐形成自己独特的世界观和意识形态。即使组织成员不断流动，进入或者离开组织、组织领导发生变更，组织经营模式和管理结构发生变化，组织记忆中仍保留特定的行为、认知图、规范和价值（Fiol

---

① 参考：西奥多·舒尔茨. 论人力资本投资. 北京：北京经济学院出版社，1990.
② 参考：加里·贝克尔. 人力资本. 梁小民译. 北京：北京大学出版社，1987.
③ 引自：Reinhardt 等（2001）。

和 Lyles，1985）。进化论经济学也指出，组织会随着时间推移逐渐形成独特的组织惯例（Nelson 和 Winter，1982）、独特的哲学和价值观、风俗习惯。这些资源的存在能够使得组织成员更好地发挥所长，更有效地完成工作目标，也给组织带来价值增值。因此组织资本的本质是让组织成员能够发挥其技能知识、能够支持价值增值活动的组织环境、结构、氛围和机制等资源。组织环境中所拥有的组织制度、流程、结构、文化、环境等方面知识和技能构成组织的结构资本，它能通过与人力资本、物质资本的结合带来增值的收益。组织中保存的这些知识和技能虽然组织成员都拥有，但是或者由于法律保护，或者由于知识的不可分割性（组织成员只掌握知识的一部分，而不是完整的全部），组织成员不能让这些知识在其他环境中发挥作用。因此结构资本具有相对稳定性和路径依赖性，是不依附于个人而存在的。与人力资本相比，结构资本侧重从组织角度，探讨嵌入在组织中的知识、技能或能力。而人力资本则重点研究嵌入在个人身上的资本，这部分资本不能留存于企业，不能归属于企业。

3. 关系资本

关系资本是智力资本的第三类构成要素。关系资本的概念源自社会资本的研究，但社会资本是个过于庞大的概念。Adler 和 Kwon（2000，2002）依据这些概念的侧重点是行动者与其他行动者的关系，还是组织内的关系结构，把学者们提出的有代表性的社会资本概念分为三类：第一类社会资本概念强调社会资本促进核心行动者行动的作用（Baker，1990；Belliveau et al.，1996；Bourdieu，1985；Burt，1992；Portes，1998），认为这种资源存在于核心行动者与其他行动者的社会网络联系之中。这种概念被称为外部观。第二类社会资本概念是"内部观"，研究主线是把社会资本看作构建集体（集团、组织、社团、区域、国家等）内部联系的结构特征，它能给集体带来内聚性和相应的利益（Brehm 和 Rahn，1997；Coleman，1988；Fukuyama，1997；Putnam，1995）。第三类社会资本概念是前两种概念的折中，认为内部观和外部观不是相互排斥的，集体（如企业）受到与其他企业的外部联系、制度的影响，也受到内部联系结构的影响，有效行为的能力常常是两者的函数（Loury，1992；Nahapiet and Ghoshal，1998；Schiff，1992；Woolcock，1998）。

笔者认为，对于企业而言，社会资本体现为企业的各类关系资源及其带来的利益之中，社会资本的实质是企业的一系列信誉、规范、信任、信息渠道等等。这些社会资本的建立能带来的是拥有者，如企业或个人知识或信息的增加、能力的增强，从而最终给拥有者带来利益的增加。上述社会资本概念的差异反映了学者们在研究立足点和分析单元方面的差异：外部观主要从核心行动者角度进行分析，研究核心行动者的社会联系及其价值，其分析单元是核心参与者；内部观则跳出行动者的网络，从旁观者角度分析网络结构、行动者的相互作用与利益，其分析单元是网络本身。折中观点则希望通盘考虑两个方面。

本书主要分析社会资本的关系维度，即企业与外部利益相关者的关系，而不考虑社会资本的其他方面，如结构面的社会资本、认知面的社会资本等。不考虑具体的组织关系类别，组织层面的关系资本主要包括组织间关系，这都属于组织社会资本中的关系网络结构分析。而这些关系的隐含假设是通过建立可信紧密的组织关系，可以增加组织价值，提升组织竞争优势。因此关系资本的实质是对组织社会资本的关系维和结构维的分析。笔者认为关系资本是企业从与外部关系资源中获取的知识和能力。

第二节　智力资本与无形资产、知识资产的比较

在利用智力资本概念研究具体问题时，人们总是将其与以往运用的其他概念联系在一起，智力资本概念与无形资产、人力资本、组织资本、社会资本等概念存在着千丝万缕的联系，因此在我们试图综合考察智力资本在管理研究领域的理论意义时，总是难免产生这样的疑问：智力资本究竟能否成为一个独立的、有意义有价值的理论概念呢？

事实上，在智力资本首次在社会科学文献上出现之后，这一概念就引起了不同学科研究领域和实务领域普遍而持久的关注，这一点从发表的文献数量、公司机构的参与程度上可见一斑，这一不争的事实说明智力资本并非是"新瓶装旧酒"，它的出现为包括管理学在内的许多研究领域反思以往研究的局限性、引入理论研究新视角以及深化对原有研究问题的解释产生了重大影响（尽管一些影响尚处于潜在时期）。智力资本概念与已有的知识资产、无形资产等概念虽存在密切的内在联系，亦有明显的区别，这是构建智力资本理论体系的基本前提。因此有必要对智力资本及与之相关的概念进行认真地辨析，这里主要分析智力资本与无形资产、知识资产两个概念的联系与区别。

━ 智力资本与无形资产

知识经济社会的一个重要特点是资产投入的无形化。以知识和智力为代表的无形资产投入起着决定性作用。企业中无形资产比重的增加带来了企业管理价值观的变化。

对于无形资产的一些权威性定义主要来自会计界，无形资产是"非实物的经济资源，其价值是依据被授予的权益和其他将要得到的预期收益来确定的"（美国《会计手册》），基本属性包括无实体、将带来预期收益、有偿取得等。

进入 20 世纪 90 年代以来，无形资产研究的领域进一步扩大，无形资产概念

中更强调了知识和智力的作用。无形资产的种类增加，包括专利、商标、版权、许可权等知识产权，也包括图纸、商业秘密、技术诀窍，管理流程等可分离的与智力相关的资产，还包括地理位置、管理经验、组织文化、商业信誉等与企业不可分离的资产。无形资产也可分为可注册的部分和不可注册的部分，可注册的部分例如专利等知识产权，不可注册的部分又可分为可编码和不可编码的两个大类，可编码的部分包括图纸、蓝图、公式、软件、数据库等可以记录下来的部分，而不可编码的部分则是商业秘密、组织文化、人员技能等不可用文字记录的部分。张占耕（1998）在对国内外无形资产的不同定义进行归纳分析的基础上，认为"无形资产作为生产经营要素，是以创新为特征的智力形态的非实物性资产。"显然，这一界定更加强调了无形资产的智力或知识相关性，无形资产的内涵有所扩大。内涵扩大后，无形资产的界定不再简单地按照是否受法律保护或者是否列入财务资产作为判据，其内涵突出了无形资产的知识本质，因而与智力资本的概念更接近。

袁庆宏（2000）认为，智力资本和无形资产（intangible assets）"并不是一种无意义的概念重叠，而是对现行的无形资产理论的拓展。因为现行的无形资产概念侧重于资产确认和计量角度，很少涉及企业形象、员工素质、人力资本等内容，而智力资本是从经济学和管理学角度广义理解无形资产：'只要是一种可用以获利的由企业拥有或控制且不具有实体性的资源，都属于无形资产的范畴。'因此，这一观点的主要贡献不在于概念上的创新，而是在于其试图构建智力资本财务评价体系方面的创新"。

智力资本借鉴无形资产的表现形式和载体，提出相应的人力资本、结构资本和关系资本三部分，清楚地说明了不同构成部分之间的关系。这使得智力资本和无形资产存在明显的差异。

首先，智力资本与无形资产概念的侧重点不同。相对而言，无形资产侧重于资产的评价与计量方面，主要应用于企业的资产管理和报告。而智力资本则侧重于企业挖掘人力资本的创造力、企业管理行为与获取竞争优势的关系等方面，更注重企业智力资源的开发、利用和保护。

其次，两个概念的边界不同。很明显，智力资本包含的内容可概括为人力资本、结构资本和关系资本三大类，虽然在测量智力资本时，商标权、商誉等无形资产可能以组织资本的形式存在，智力资本所包含的人力资本、关系资本的部分在无形资产中是无法体现的。因此智力资本包含的边界更宽。

最后，智力资本与无形资产概念的作用不同。在会计学领域无形资产概念发挥较大的作用，虽然智力资本会计也是研究的热点领域之一，但是智力资本总体上主要在企业管理领域发挥其作用。

二 智力资本与知识资产

知识资产（knowledge assets）这一概念得到广泛应用，原因如提斯（Teece，2000a）所言："人们普遍认识到企业的竞争优势来源于创造、转移和使用以及保护难以模仿的知识资产的能力，这种知识资产是企业竞争优势的基础。"智力资本被界定为企业中包含的人力资源的知识技能、组织能力和关系资本的总称。尽管一些学者把两个概念等同起来加以使用，但这两个概念并不完全相同，它们之间的联系和区别值得辨析。

许多学者总结了知识资产的定义（Kakabadse et al.，2001；Li and Chang，2009），归纳起来，知识资产是组织与知识相关的无形资产，如技术诀窍、知识经验、最佳实践、知识产权等，它具有创造财富的巨大潜力。博伊索特（Boisot，1998）定义知识资产为"一种知识的存量"，阿拉维和莱德纳（Alavi and Leidner，2001）认为知识资产包括一个更宽泛的内容，包括思维状态、一种客体、一个过程、一种信息的进入以及一种能力。Housel 和 Bell（2001）以列举方式提出知识资产包含专利、版权、数据库、员工知识、流程和信息系统中的信息。知识资产可以分为显性和隐性两种类型（Teece，1998），显性知识可经过编码，以文字、符号、公式或图像等方式记录和存在，可以通过系统管理和使用创造出有价值的知识资产（Satyadas et al.，2001），而隐性知识则是不能编码，也无法言传，企业需要培育适宜的环境才能促进隐性知识的外在化，从而形成知识资产（Ruppel and Harrington，2001）。由于知识资产是因企业而异的，是异质性的，以显性或隐性形式存在，因而大部分知识资产是难以度量的。有的知识资产无法与企业脱离，甚至难以划分其边界；有的知识资产是内嵌在企业的流程、产品或服务上的，拥有这种资产的企业自身可能都无法观察到。

如前所述，智力资本是企业拥有或者控制的、能够为企业创造价值和构建持续竞争优势的动态知识和能力，智力资本本质上是企业知识和能力的集合。因此企业的智力资本和知识资产紧密关联，两者本质上都强调了企业拥有的知识带来的价值，但是在智力资本的概念中，还强调了企业能力的内容，即企业运用知识的技能和能力。而知识资产的定义中并未强调这一点。智力资本中对关系资本中所蕴含的知识的考察也是知识资产未加强调的。智力资本将企业的人力资源、组织结构和管理制度以及组织与外部环境建立的关系资源作为整体进行考察，对组织所创造和储存、流动的知识的考察更为全面和完整，知识资产只是定义了像技术知识、市场知识等以知识形式存在的智力资本，但远远不是智力资本的全部。智力资本与知识资产概念存在紧密的联系，但是智力资本涵盖的范围更大，包含的内容更丰富。

通过概念界定和辨析可知，智力资本是企业所拥有的能够创造价值的知识和能力，同时包含了企业中具有战略意义的无形资源，管理学研究中可以借用这个概念来超越传统的分析界限，对各种管理活动如何受到这些无形性资源的约束和影响，如何通过增进这些资源构建竞争优势来进行综合和统一的解释。因此有理由相信，智力资本理论在管理学研究中具有巨大的潜力，值得我们去深入发掘。

第二章

智力资本的结构

本章将探讨与智力资本有关的研究主题，包括智力资本的理论基础和组成要素，并探讨智力资本构成要素之间的关系，分析智力资本的结构。

第一节　智力资本的理论基础

不同学科的学者从各自的理论视角进行着智力资本的研究，在许多文献中可以发现经济学相关理论、战略管理中的资源观、知识管理与组织学习相关研究、人力资源会计等理论的影响。笔者认为，资源观理论是对智力资本理论的发展有较大的直接影响的理论，在后文中笔者会对此进行详细阐述。根据 Reinhardt 等（2001），从智力资本的构成要素来看，智力资本的理论基础主要来自经济学中的人力资本理论、组织资本理论和社会资本理论。

一　人力资本理论

人力资本这个术语到 20 世纪才在理论研究中得到广泛的应用，对人力资本的价值和特征的研究可以追溯到亚当·斯密[①]，但总体上早期经济学研究忽略人力投资的现实意义，忽视劳动力之间的差异性，古典的劳动概念把劳动看作从事体力劳动的能力，而这种劳动仅仅需要少数知识和技能即可，因此古典经济学认为劳动者生来具有同质能力。人力资本（劳动力）一直被忽略为一种与土地、资金等物质资本处于同等地位和作用、并几乎可以完全相互替代的非特殊生产要素。

20 世纪 50 年代中后期，伴随着经济学理论的发展、视野的拓展、宏观经济学的兴起和统计计量方法的不断改进，国民收入远远大于投入的资源总量，工人工资大幅度增长等现象开始引起关注，舒尔茨（Schultz）对于这些现象的解释全都指向人力资本因素。人力资本是体现在人身上的智力、知识、技能、经验、健康等因素，一国的人力资源素质越高，人力资本存量越大，国家的人均

---

① 舒尔茨在《论人力资本投资》中指出，斯密、马歇尔等把人力视为资本。斯密在《国富论》中，把国民后天获得的有用的能力全都算作资本的一部分，还把工人技能的增强视为经济进步和经济福利组织的基本源泉。马歇尔强调了人的重要性和人力资本投资的长期性质。

产出或劳动生产率就越高。舒尔茨采用收益率法测算，美国 1929～1957 年教育投资对国民收入增长的贡献率达 33％，说明人力资本是促进经济增长的决定因素。与其他类投资相比，人力资本投资回报率很高。他还进一步研究了人力资本形成方式与途径。明塞尔在其博士论文《人力资本投资与个人收入分配》中，率先运用人力投资方法研究收入分配，建立了人力投资收益率模型，提出了人力资本获利函数，研究了在职培训对人力资本形成的贡献。继舒尔茨、明塞尔之后，贝克尔将新古典经济学基本工具应用到人力资本投资分析，提出了人力资本投资均衡模型，他还探讨了人力资本收益分配规律和人力资本内生化的增长模型[①]。

自从舒尔茨首次论证了人力资本是实现经济增长的重要因素后，对人力资本、人力资源的理论研究迅速升温。随着研究的不断深入，一些新兴的经济学分支迅速发展起来，在解释经济增长方面，20 世纪 80 年代出现了以罗默和卢卡斯为代表人物的"新经济增长论"；在人力资本的投资研究方面，出现了卫生经济学和教育经济学；等等。这些都是针对人力资本与国家总体经济关系的宏观研究。

从微观方面研究人力资本，许多学者主要研究了组织内人力资本，如人力资源会计学、人力资本产权与制度安排等。人力资本产权特征与企业制度安排是我国经济学领域学者研究的一个热点。例如，周其仁（1996）强调"人力资本是一种天然的个人私产"，通过剖析奴隶经济下的奴隶行为阐明了人力资本产权的两大特征：第一，人力资本天然归属个人。第二，人力资本的产权权利一旦受损，其资产可以立刻贬值或荡然无存。人力资本是"主动"资产，它的所有者完全控制着资产的开发利用。张维迎（1996）区分了两种人力资本所有者：一类是负责经营决策的人力资本，称为经营者；另一类是负责执行决策的人力资本所有者，称为生产者。并证明，由于契约的不完备，让最重要最难监督的成员拥有企业所有权可以使企业的总价值最大化，因而把企业所有权安排给"经营者"是最优选择。

在管理学尤其是战略管理领域，许多管理学研究者强调了人力资本在组织中具有战略重要性。Finkelstein 和 Hambrick（1996）[②] 提出人力要素在战略选择和企业绩效中的重要性。人力要素重要性的增加是由于知识已成为获得竞争优势特别是在新经济中的竞争优势的关键因素（Grant，1996）。而企业中的管理者尤其代表了一个独特的组织资源（Daily et al.，2000）。因此，战略管理领域对于企业绩效差异的一个解释是企业的人力资本存在差异。异质性人力资本

---

① 参考：舒尔茨《论人力资本投资》、刘雯和唐绍欣（1998）、王旭辉和王婧（2010）。

② 转引自：Hitt 等（2001）。

是企业持续竞争优势的来源，具有战略性资源的特征，这些特征确保了租金创造的持续性。

企业内人力资本可以根据人力资本的价值和人力资本的独特性两个维度来进行划分（Lepak and Snell，1999）。人力资本的价值是"相对于人力资本的技能获取成本，该人力资本通过技能为企业带来更大的与顾客相关的战略利益。"人力资本价值的高低是由人力资本对企业竞争优势的贡献决定的。人力资本的独特性是指人力资本技能的不可复制性和不可模仿性。判断独特性的指标之一是看雇员的技能是否专门用于某一企业。结合两个维度分析，组织内人力资本可以分为四类：第一类是具有高价值和独特性的人力资本；第二类是具有高价值但员工所拥有的技能可以在劳动力市场上广泛获得的低独特性的人力资本；第三类是人力资本拥有普通的技能，具有有限的战略价值；第四类是人力资本在某种程度上是独一无二的，但他们对创造客户价值并不具有直接的作用。

综上所述，以舒尔茨、贝克尔为代表的人力资本理论主要研究人力资源对于国家经济的影响，而这一理论逐渐延伸到企业层面，人力资本理论的微观应用是智力资本中人力资本要素的理论依据[①]。

二 组织资本理论

组织资本的起源自 20 世纪初。奈特（Knight）和科斯（Coase）等学者的研究形成了现代企业理论、交易费用经济学，奠定了组织资本理论的理论基础。Prescott 和 Visscher 最早提出组织资本的概念，Tomer 则提出了较为完整的组织资本理论体系。但总体上，组织资本的理论研究仍处于起步阶段。研究中存在着概念的争议和理论体系的缺陷，影响着这一理论的进一步发展。

现实中，一些企业具有明显的组织优势。例如，Lev 和 Radhakrishnan（2003）指出，许多行业内都可观测到这样的现象：一些企业的表现系统性地超越了其他同类企业，表现出持续性的销售增长、收入增加和市场价值提高，这些企业通常是行业内的领先企业，如沃尔玛（零售业）、戴尔（计算机业）、微软（软件业）、英特尔（半导体业）、杜邦（化学业）、UPS 和联邦快递（运输业）、高盛（投资银行业）、西南航空（航空业）等。这种超越正常业绩的绩效不是由于自然垄断或者限制竞争政策所导致，而是来自于企业有效组织的结果，而这部分组织的效应反映在企业绩效方差中未得到解释的部分。

从理论上分析，企业这种组织形式的确存在内在优势，阿尔钦和德姆塞茨（Alchian and Demsetz，1972）的"团队生产"理论指出，企业可以形成一种有

---

① 参考：Reinhardt 等（2001）.

效的团队生产，解决偷懒问题，组织的优势在于团队生产带来的多项投入在一起合作生产的产出大于各项投入分别生产的产出之和的利益。奈特（Knight，1967）指出，有组织的努力使社会组织能够比个体单位生产出更多满足需要的产品；旨在提高效率的高度专业化要求更为精细和有效的协调和控制机制，显然企业组织能有效约束机会主义行为，增强应变能力，增进效率（吕中楼，1994）。

企业组织存在一定的独特优势，能够带来组织绩效的提高。这也可以用雷本斯坦（Leibenstein，1966）的X效率理论加以解释。X效率是指在资源配置不变的情况下，企业内部成员努力程度的增加、管理水平的提高而产生的经济效益。X效率表现为生产要素不变时产出量的增加，这是一种非市场效率。与之相反，X低效率是并非因为市场价格偏离边际成本，而是由于管理行为中的缺陷而导致的实际产出低效率，是一种非配置低效率。X低效率可以从个人因素和组织-个人关系因素加以解释。从个人因素分析，员工个人的心理活动、生理因素、个人选择性理性和惰性特征会影响员工投入生产时的心智和努力程度，从而影响到员工产出，继而影响企业的产出。从组织-个人关系因素分析，组织与个人之间的目标不一致、组织与员工签订的契约不完善，组织对员工的激励不足、组织缺乏对员工努力程度的有效监控措施、组织缺乏对员工产出的有效管理控制措施等原因也会直接导致个人有意降低在劳动中的付出，控制自身产出，最终带来企业生产效率低于最优水平。

依据这些理论分析和实践观察，可以认为企业组织如果能够改善自身组织特征，投入建立更为完善高效的组织管理体系，就能够获得在同等投入下的更大产出，而组织在改善自身内部管理方面的投入被托莫（Tomer）称为组织资本。

关于组织资本的概念并未达成共识，目前存在两种主要观点（Reinhardt et al.，2001；Ludewig and Sadowski，2009）。

一种观点把组织资本理论看作是人力资本理论的延伸，认为组织资本最终体现在员工和员工的社会网络上，因此应将组织资本视为是人力资本的一部分。这种观点的代表人物 Prescott 和 Visscher。Prescott 和 Visscher（1980）强调了信息是企业的资产，能够影响生产可能性边界，组织资本的本质是信息，同时还强调组织资本与企业的人力资本的有关，他们提出组织资本可以分为企业了解的员工个人信息（"企业对员工能力的了解、员工和工作间匹配"）、团队信息（"企业对员工关于增进团队中员工间合作的认识"）和企业专有的人力资本（"企业员工的人力资本"）。翁君奕（1999）认为，这里的员工个人信息主要反映员工的劳动技能以及对各种性质的工作任务的态度，由于组织的效率取决于组织在多大程度上按比较优势匹配了人员和工作任务，因此企业对员工个人信息的了解越深入，就越有可能改善员工与工作任务之间的匹配性，从而降低生产成本。同样，企业的许多工作需要团队合作才能完成任务，因此企业理解和掌握有关成员特定的团队信息对促进团队内部成员的配合非常关键。企业如果能够对不同员工之间形成特定团队的适应性有更好的认识，就可以将员工组织成多个高效率团队，开展工作，更有效地完成工作任务。企业特有的人力资本是指员工所具有的某种一定要在该企业才能发挥出来的技能。这种特定的人力资本一般是通过企业内部的岗位培训形成的。Prescott 和 Visscher（1980）在研究中还把企业有关员工能力和工作特性的信息作为资本存量的一部分，引入生产函数，以研究组织资本存量对企业增长率的影响。

与 Prescott 和 Visscher 侧重信息的观点不同，托莫（Tomer，1987）提出的组织资本概念是人力资本的一个类别，托莫定义组织资本为"一种体现在组织关系、组织成员以及组织信息的汇集上，具有改善组织功能属性的人力资本。"Gort 等（1985）也认为组织资本与企业人力资本相联系。组织资本由信息和回报归组织所有的人力资源组成。组织资本主要包含五个类型：①在招聘管理人员、技术人员和其他技能人员时耗费的时间和其他资源的成本；②把不同管理层人员有机整合进行有效生产活动耗费的成本；③个人雇员（尤其是管理层）的特性和能力方面的信息储存，组织基于任务进行有效的人员配置，定义每个人的职责等工作耗费的成本；④提高员工士气和对企业的忠诚度以提高生产率而耗费的成本；⑤面向企业特定任务的个人培训和在企业外进行的技能培训等耗费的成本。

大多数学者都纠缠在"什么是组织资本，它应该包含什么"的问题上，而没有结构化地提出组织资本的构成。张钢（2000a）对组织资本的结构提出了独到的见解。他认为之所以提出组织资本，是由于人力资本理论忽视了"人的社会属性和人在组织中的社会化过程等方面"，"没有足够的注意由单个人而结成的组织如何影响劳动生产率、进而在企业中又如何决定企业核心能力等问题"。他也认同组织资本属于人力资本的一部分这一观点，提出组织资本是基于人的社会性的人力资本，组织资本是人力资本不可分割的组成部分，它不仅体现了人力资本的社会特性，而且反映了人力资本的专用性和组织依赖性。但他同时提出，作为一种同人力资本密切联系的资本形式，组织资本并不是组织内个体人力资本之和，即员工的健康资本存量和教育资本存量的简单相加，而是一种根植于组织关系之中，由企业投资于各种正式和非正式关系所形成的资本形式。所以，可以将组织资本看作是一种关系资本。正是这种关系，反映了企业的组织特性对企业核心能力和劳动生产率的影响。组织资本存量是指企业在某个特定时点上的组织资本投资总额。组织的三个基本要素是战略、结构和文化，因此组织资本存量的构成主要包括战略资本存量、结构资本存量和文化资本存量。

张钢（2000b）还把组织资本与组织创新结合起来，说明组织创新是组织资本的投资形式之一，旨在组织资本的增值和企业核心能力的提高。他认为基于组织资本投资的概念框架的企业组织创新研究可以弥补传统的基于交易费用分析框架的组织创新研究的不足。

上述学者研究的共同之处在于，认为组织资本是人力资本的一部分。与把组织资本看成人力资本的一部分的观点不同，有学者认为组织资本来自于组织自身，因此对组织资本给出了与知识和能力相关的定义（Reinhardt et al.，2001；Ludewig and Sadowski，2009），这种观点认为组织资本不能与人力资本混淆起来，组织资本有着与人力资本不同的形成方式和发挥作用的途径。Ludewig 和 Sadowski（2009）认为组织通过自身实践而获得更多的回报，组织的实践、惯例和流程代表了组织资本。组织资本是组织分享信息、解决争端、维护合作意愿的一系列规则。Atkeson 和 Kehoe（2002）从宏观经济学观点出发，把组织资本视为"在组织自身体现出来的，随同产出品一起生产的企业特有的资本"，即是产出的副产品，其实质是知识。与这种观点相一致的还包括 Arrow（1962）、Rosen（1972）。Evenson 和 Westphal（1995）认为，"组织资本是把人力技能和物质资本结合到系统中以生产和交付满足需要的产品的专门知识。"

借鉴上述的分析思路和观点，Lev 和 Radhakrishnan（2003）提出组织资本能够推动企业获得更高效率、更多收益和更好的市场表现。组织资本是一系列技术-商业实践、过程与设计的结合体，主要包括特定的商业流程设计[①]、激励系统和薪酬系统等，他们进一步提出组织资本主要可表现为以下三类：

运营能力方面的组织资本：产品设计系统、生产管理和工程（如准时库存）、投入品外包（供应渠道）、营销技术（如网上分销渠道）。

投资能力方面的组织资本：新项目选择机制（例如利用现实期权技术进行项目选择）、员工培训、筹资的金融工程（如发行含卖出期权的可转换证券）。

创新能力方面的组织资本：R&D 能力的提高（如形成药品开发的一种科学方法）、向他人学习的适应能力、分享员工间信息的实践社区、从知识产权中获取最大利益的管理和法律程序（如专利许可和技术保护）、技术转移和风险分担机制（如 R&D 联盟）。

目前，组织资本研究日益受到重视，但由于组织资本的价值在企业资产负

---

① 特定的商业流程和设计包括：Walmart 供应链、Cisco 基于互联网的产品安装和维护系统、Dell 先进的按订单生产和分销系统、Ford 汽车配件外包、Merck 研发联盟网络和营销网络。组织资本的存在被看作是未来价值的潜在来源：在对 Bill Miller 的一个访问中，这位最成功的基金经理（在过去十年中年平均收益为 14.5%）这么评价 Home Depot："人们都在讨论自己的问题……但是所有的问题都变得固定了。这个公司并没有持久存货，没有任何销售的终点。更有意义的是了解他们没有什么，这告诉我们商业经济的强大。"（Lev and Radhakrishnan，2003）。

债表上无法显现出来，且当企业进行组织实质性变革或者重组时，这种行为通常被看作一种"费用"，而不是增加企业资产的行动。另外，组织资本没有"市场"，没有市场价格。这些因素使得组织资本的度量十分困难，组织资本的度量问题也成为许多学者研究的热点。

Lev 和 Radhakrishnan（2003）提出使用经济学模型对组织资本进行估计，因为他们认为组织资本无法直接度量，主要原因是无法准确跟踪组织资本的投入与产出，也无法衡量组织资本的市场价值，而组织资本对最终产出的贡献也难以从其他投入品的贡献中分离出来；组织资本的过时难以准确可靠地进行估计。这导致组织资本难以在企业进行有效的度量。他们提出了基于未解释的企业产出对组织资本的价值进行估计，建立模型，把企业的产出视为物质资本、劳动力和 R&D（代表创新活动，即无形资产）的函数，这个模型的估计剩余就是未能被资本、劳动力和 R&D 解释的产出部分，把组织资本对于产出的贡献归因于这部分剩余产出的系统构成。Atkeson 和 Kehoe（2002）认为，组织资本总是在工厂层面通过积累而逐步形成。由于每个工厂的特定生产力和存在年限各不相同，这种不同的特征组合形成了一个工厂特定的组织资本。一个工厂的生产力由工厂所采用技术的成熟程度和工厂利用技术构建起的知识存量决定。当一个新工厂建立起来时，这一工厂规划了最好的或者最前沿的技术，但是没有积累起一定的知识存量。当工厂运作了一定时间后，特定生产力的增长由工厂的运作年限决定，存在一定的随机性，因为工厂的特定生产力的增加是一个随机学习过程。

除了组织资本的度量问题外，学者们对组织资本相关的其他关键领域也进行了一定研究。其中托莫在分析组织资本概念的基础上，提出了组织资本理论体系，包括组织资本对经济增长的贡献、组织资本与厂商行为和生产力的关系，解释了组织资本在经济增长中的作用。他提出组织资本投资会带来生产力的持续改进，抑或通过改变组织机能来促进企业绩效（Tomer，1987：24）。这些组织机能的改变主要体现为改变组织内正式和非正式的社会关系和行为模式；改变对组织机能具有重要性的个人特征；积累关于员工与组织任务匹配的有用信息等，这些与 Prescott、Visscher 所强调的组织资本保持了一致。当企业运用资源在数量和质量上提高其内部的社会和社会-技术关系的生产能力时，就形成了组织资本。创新的或模仿的自发组织变化增加了组织资本存量，加快了技术变化过程，从而使经济增长成为可能。所以组织资本最终对经济增长产生正面影响。Gort 等（1985）则研究了组织资本对多样化决策的影响，他们提出了一个模型说明组织资本是推动企业多样化决策的主要因素，结果表明组织资本对企业的多样化决策有一定的解释能力。

虽然组织资本理论发展至今仍处于萌芽阶段，在许多重要领域未形成一致意见，但从上述分析中仍可以发现，组织资本概念显然与智力资本分类中的结构资本涵义极其类似，可以说组织资本概念是智力资本的构成要素之———结构资本（Edvinsson and Malone，1997；Bontis，1998 等）的核心概念来源，其理论研究对智力资本的研究有一定的借鉴意义。

三 社会资本理论

社会资本可以界定为个人或社会单元从拥有的关系网络中获得的现实或者潜在的资源，社会资本包括网络和在网络中流动的资产（Bourdieu，1986；Burt，1992）。Nahapiet 和 Ghoshal（1998）指出，社会资本是智力资本形成和发展的源泉。

人们对社会资本的关注最早起源于社会学研究中，社会资本用以考察家庭内和社会内个人关系资源及其发展与发挥的作用。在格兰诺维特（Granovetter）、科尔曼（Coleman）、伯特（Burt）和普特南（Putnam）等学者的开创性研究的推动下，社会资本概念于 20 世纪 90 年代开始普及，在许多社会科学领域如社会学、政治学、经济学、管理学等都受到重视并加以研究，如家族研究、青年人行为问题、学校教育、公共健康、社区生活、民主和管理、经济发展和集体行为的一般问题（回顾的文章见：Jackman and Miller，1998；Woolcock，1998）。

社会资本的研究不仅存在学科领域和研究视角的差异，也存在分析层面的差异，例如宏观（国家）层面和微观（个人）层面，而如果把组织视为有目的的集体行动者，则社会资本研究也可推广到企业、社团层面。从宏观看，社会资本是国家或地区的特征之一，国家或地区能利用其社会资本来促进经济加速发展，社会资本是社会成员之间相互信任的程度（Fukuyama，1995）。他指出在一个社会成员之间相互信任程度较高的社会里，经济运行的交易成本降低，正式制度的缺陷也容易得到弥补，因此能够促进经济繁荣、提高经济效益。从微观看，社会资本是个人网络（Burt，1997）、个人行动者（Belliveau et al.，1996；Portes and Sensenbrenner，1993）等个人层面的资产，波茨（Portes，1995）提出"社会资本是处在网络或更广泛的社会结构中的个人动员稀有资源的能力"，个人能积累社会资本用于职业发展之中（Useem and Karabel，1986），Burt（1997）也把社会资本定义为个人行动者（actor）的位置特征和他们传递特有知识的能力。普特南（Putnam，1993）则从组织层面上提出社会资本是"社会组织的特征"，社会组织的信任、规范等构成社会资本，这些能够推动社会成员采取集体行动，团结合作，减少机会主义，实现共同利益，提高社会效率。

企业拥有社会资本的观点被许多企业的证据证明。根据 Koka 和 Prescott（2002），Sumitomo 金属工业有限公司于 1981 年签署协议向 J&L 钢铁企业提供技术协助。Sumitomo 公司公开强调提供技术援助有助于公司偿还"精神债务"（moral debt），因为 J&L 钢铁曾在 20 世纪 50 年代给 Sumitomo 公司提供过类似帮助。Nucor 钢铁公司在 1988 年把应用新的铁制造技术中获得的所有信息都给了 Florida 钢铁公司。反过来，Florida 钢铁公司同意与 Nucor 公司分享它从这一共享技术的实施过程中获得的信息和经验。双方企业都把这看作是"君子"协议。这些例子提供了证据说明社会资本观念下企业间责任、预期和互惠的规范的存在（Coleman，1988），这为理论界建立和验证组织的社会资本提供了启示。

从组织角度的社会资本研究属于中观层次的研究，主要关注组织与环境、组织内部和组织之间的相互关系（Nahapiet and Ghoshal，1998；Tsai and Ghoshal，1998；Baker，1990）。一般认为，组织的社会资本通常包括：组织管理层的关系以及个人关系（Leana and Van Buren，1999），在组织内各个单元之间的关系（Tsai and Ghoshal，1998），组织与外部市场的联系（Baker，1990）和组织在行业网络中与其他企业的相互关系（Walker et al.，1997）。这些组织内部或组织间的相互关系虽然被认为存在于组织之间，但也有学者认为这离不开组织成员个人与他人的关系，因此组织的社会资本到底是公共产品还是私人产品的问题一直存在争议。社会资本的私人产品性质最终体现在个人身上。个人增加的社会资本（如声誉、教育认证和个人形成的特殊社会网络（Belliveau et al.，1996；Useem and Karabel，1986；Burt，1997））的收益都归于个人或者单个单元，让个人获得更多的利益。社会资本的不均衡分布使得个人从社会资本中获取的利益存在较大差异，即使教育、经验和社会地位相对同质的群体也存在这一差异（Belliveau et al.，1996）。

但从宏观或者中观层面分析社会资本时常常强调社会资本的公共产品性质。社会资本是社会单元的属性而不是个人行动者的属性，个人增进社会资本的行为直接反映在社会单元中而只能间接反映在个人身上（如 Fukuyama，1995），个人利益都是以次级方式反映出来的。Leana 和 Van Buren（1999）提出组织的社会资本来反映企业内的社会关系资源，这种资源能使组织和员工都获益。组织社会资本是通过成员的集体目标导向和共享的信任来被认识的。他们提出组织资本对组织来说具有公共品性质，但是社会资本的私人品性质，即个人层面的研究也要纳入其中。

组织社会资本的维度问题也是引起争议的一大研究问题。Putnam（1995）提出应该优先研究社会资本的维度问题，而对这一问题远未达成共识，这与社会资本的概念争议是有一定联系的。由于对社会资本的概念并未达成共识，不同的概念各有侧重，强调社会资本的网络结构的社会资本界定下，与网络有关的变量如集中性、结构洞、范围、连通性、根植性等会成为分析的重点；当强调关联性成为社会资本概念的重点时，与关联性有关的如强联系、弱联系则成为分析的关键。

在组织层面的社会资本研究中，Nahapiet 和 Ghoshal（1998）提出了一个有代表性的分析维度：结构维、关系维和认知维。他们借鉴了 Granovetter（1992）的结构根植性（structural embeddedness）和关系根植性概念（relational embeddedness），提出结构维用来分析行动者间网络联系是否存在、网络构成或者形态等，以密度、连通性、等级性等指标来度量。关系维指那些关系创造和使用的资源，主要包括信任和可信赖、规范和制裁、责任和预期、和身份与证明。认知维指的是团体间提供共享的陈述、说明和意思表达系统。而在关于企业间战略联盟的研究中，Koka 和 Prescott（2002）从信息的视角提出企业的战略联盟的社会资本根据信息量、信息多样性和信息丰富性三个维度，提供了不同的利益和局限性。它关注企业总体联盟经验和与现有合作者的历史信息量和信息多样性依赖于企业的联盟结构，信息丰富性则依赖于企业及其合作者的整体联盟经验和历史。

笔者认为，这种分类是由 Koka 和 Prescott 的研究问题所决定的，具有一定的特殊性。从组织本身分析，Nahapiet 和 Ghoshal 的分类维度更具可行性和借鉴意义。

在管理学领域，一些战略管理的文献开始分析社会资本问题（Adler and Kwon，2002；Bouty，2000；Koka and Prescott，2002；Tsai，2000；Tsai and Ghoshal，1998）。这些研究普遍指出，社会资本与企业竞争优势存在正相关。社会资本对组织的影响体现对组织内个人事业成功的影响、对组织劳动力来源的作用、对组织内员工关系的影响、对知识交换和知识创造的作用以及对组织与外部利益相关者关系的影响等方面。

首先，对于个人而言，研究表明，社会资本能够带来个人的职业成功（Podolny and Baron，1997），能够提升管理者的薪酬（Belliveau et al.，1996；Burt，1997），Moran 和 Galunic（1998）还表明社会资本影响单个经理人对企业绩效的贡献。此外，社会资本也有助于工人找到工作（Granovetter，1973；Lin and Dumin，1996），为企业创造了更丰富的人力资源储备（Fernandez et al.，2000）；社会资本有利于减少员工周转率（Krackhardt and Hanson，1993）和组织解散率（Pennings et al.，1998），社会资本促进了企业家精神（Chong and Gibbons，1997）和新创企业的形成（Walker et al.，1997）。

其次，对于组织内外部关系而言，社会资本促进不同组织单元间的资源交换和产品创新（Tsai and Ghoshal，1998）和智力资本的创造（Hargadon and Sutton，1997；Nahapiet and Ghoshal，1998）。社会资本也有助于加强企业与供应商关系（Baker，1990；Dore，1983；Helper，1990；Uzzi，1997），创建区域生产网络（Romo and Schwartz，1995），以及促进企业间学习（Kraatz，1998）。

当然，社会资本也存在负面影响。Portes 和 Landolt（1996）注意到了三个负效应。第一，集体成员间相等的强联系常使集体排斥外来者。一个联系紧密的网络支持了地方主义，也会带来对变化的抗拒态度（Levi，1996）；第二，紧密的社会网络会限制个人自由或者个人流动，压抑"不一致"和企业创造性；第三，产生公共品的同类型联系也可能产生的是"公共次品"，或者不受社会欢迎的协作活动形式，如犯罪网、诈骗和企业卡特尔。因此，社会资本与其他类型的资本一样，它的应用也有不同的目的，其中一些是不受欢迎的或者破坏性的。

社会资本与关系资本：一个说明

如上所述，社会资本不可避免地与社会关系、关系资本联系在一起，正如 Nahapiet 和 Ghoshal（1998）所说，社会资本"理论核心是关系网络"，而关系网络是"社会事务中的有价值的资源。"因此有必要对社会资本与关系资本的概念加以区分。

许多学者在对关系资本的分析中都提到关系资本的理论根源是社会资本。例如，Reinhardt 等（2001）指出社会资本是智力资本的来源之一。De Pablos（2003）指出，关系资本扩展了顾客资本的概念，包括了价值链的所有方面。这个更广泛的概念包含不仅有顾客关系的价值，还有股东关系价值、政府关系价值、战略联盟合作者关系价值等等（Bontis，1998，1999；Choo and Bontis，2002）。关系资本包含外部合作者关系：顾客、供应商和竞争者关系，联盟合作者关系、研究机构关系，市场渠道知识等等。

中国学者边燕杰，丘海雄（2000）的分类与上述分类相似，他们把企业的社会资本分为企业的纵向联系、横向联系和社会联系。就中国的情况而言，纵向联系是指企业与上级领导机关、当地政府部门以及下属企业、部门的联系。这种纵向联系的取向是向上争取获得稀缺资源。横向联系是某企业与其他企业的联系，这种联系的性质多样，如业务关系、协作关系、借贷关系、控股关系等。企业经营者的非经济社会交往和联系往往是企业与外界沟通信息的桥梁和与其他企业建立信任的渠道，是获取稀缺资源和争取经营业务的非正式机制。这种企业及其经营者的社会联系也构成企业的社会资本。

从上述社会资本的研究综述发现，社会资本研究是智力资本构成要素之一的关系资本的理论基础，其研究结果给智力资本的理论研究不少的启示，其维度、结构等角度的分析对关系资本乃至智力资本的研究都具有一定的借鉴意义。

第二节　智力资本的结构分析

一　智力资本的构成要素

智力资本由于无法具体、完整地描述，而且研究范围甚广，因此学者们对智力资本的定义形成了不同的观点（已在第一章中说明，此处不再赘述），进而对智力资本的构成也有不同的分类方法。以下是不同学者的观点：

（1）Stewart（1994）认为智力资本主要包括人力资本、结构资本和顾客资本，即智力资本的 H-S-C 结构，指出知识资本的价值体现在人力资本（human capital）、结构性资本（structure capital）和顾客资本（customer capital）三者之中。

（2）Brooking（1996）认为智力资本由市场资产、人力资产、智能财产资产及基础设施资产组成，如图 2-1 所示。

企业目标（corporate goals）

智力资本

市场资产
人力资产
智力财产资产
基础设施资产

图 2-1　智力资本组成要素图
资料来源：Brooking（1996）

（3）Edvinsson 和 Malone（1997）提出的 Skandia 的市场价值架构及指导方针中，公司的市场价值由财务资本和智力资本两部分构成，而智力资本可分成人力资本和结构资本。如图 2-2 所示。

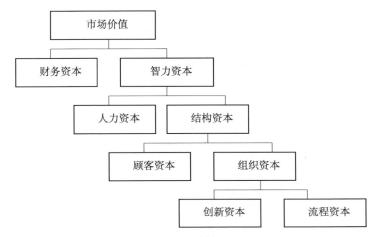

图 2-2　Skandia 市场价值架构图
资料来源：Edvinsson 和 Malone（1997）

（4）Roos 等（1997）也认为智力资本有人力资本（human capital）和结构资本（structure capital）组成，但是提出的结构与 Skandia 市场价值架构并不相同，对于人力资本和结构资本都进行了更为细致的分解。如图 2-3 所示。

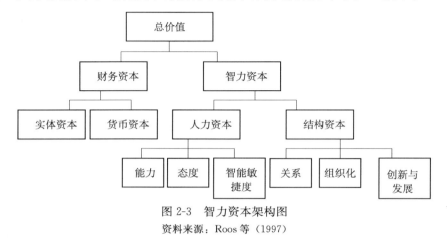

图 2-3　智力资本架构图
资料来源：Roos 等（1997）

（5）Johnson（1999）也针对 Edvinsson 和 Malone（1997）的结构进行细化和说明（图 2-4）。他指出，公司的市场价值是由两大部分组成的，一是财务资

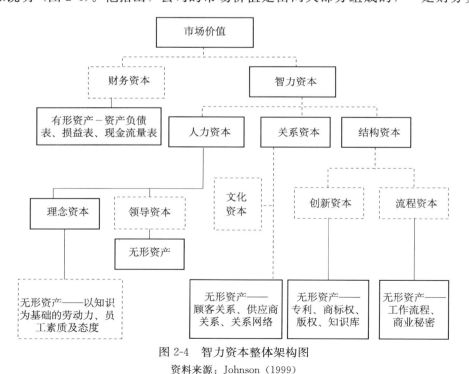

图 2-4　智力资本整体架构图
资料来源：Johnson（1999）

本。财务资本主要是指有形资产，来自公司账面数据。二是智力资本。智力资本由人力资本、结构资本和关系资本三部分构成。人力资本中区分了理念资本和领导资本，理念资本即观念、员工素质和能力构成的资本，而领导资本则主要从管理层、领导者的素质和能力进行评价。关系资本包含组织与外部的关系和内部的关系（体现为组织文化）带来的价值。结构资本主要包括创新带来的资本（体现为知识产权的价值）和流程资本（即内部管理制度的价值）。他还特别指出，在新经济环境下，智力资本通常大于财务资本。

（6）Joia（2000）依据是否具有交易性，把智力资本分为"人力资本"和"结构资本"两大类，并进一步把结构资本分为"流程资本"、"创新资本"及"关系资本"。其中人力资本无法买卖，且不为组织所拥有；流程资本为组织内的内部作业流程及组织和其他关系人之间的一切外部作业流程；创新资本则包括组织文化的成果；关系资本则为组织与外部利益关系人间的互动情况及内容。

（7）Dzinkowski（2000）则以列表方式明确指出了智力资本构成要素的具体内容，如表 2-1 所示。

表 2-1 智力资本要素表

(a) 人力-顾客（关系）资本	
人力资本	顾客（关系）资本
Know-how，教育，职业证照，工作相关知识，职业评估，心理评估，工作上的相关能力，企业家热情、创新与反应能力、应变能力	品牌，顾客，顾客忠诚，公司名称，存货管理，分销渠道，企业合作，授权，许可证协议，特许经营协议
(b) 组织（结构）资本	
知识产权	基础设施资产
专利权，版权，设计权、商标，商业秘密，服务标志	管理哲学，公司文化，管理流程，信息技术系统，网络系统，财务关系

（8）Sveiby（1997）提出了无形资产监视器方法，这一框架中提出内部结构、外部结构和个人能力作为无形资产的三大类。其中，个人能力反映的是员工能力，内部结构包括组织内正式和非正式的文化，也包括专利、数据库和内部管理系统等。外部结构包含组织与顾客、供应商等的关系，也包含商标、信誉等。可以看到，Sveiby 提出的结构与上面人力资本、结构资本加关系资本的分类是保持一致的。另外，Sveiby 还提出无形资产具体的测量指标应从成长性、稳定性、效率和更新性四个方面来考虑做出评价。

综上所述，虽然在分析中使用的名称有所不同，但大部分学者对于智力资本的基本结构的观点保持着一致（Reinhardt et al.，2001），即智力资本包括人力资本、组织（或结构）资本和关系资本三大类。笔者研究发现，在国内外关于智力资本结构的讨论中，往往根据这些大类判定智力资本结构的共性部分，而忽视了其中所包含内容上的差异。下面讨论智力资本构成的观点分歧，以便对智力资本的构成形成更为明确的认识。

二 智力资本构成要素的观点分歧

问题 1：关系（或顾客）资本是否包含在结构资本之中？

关系资本与结构资本是并列关系还是包含关系一直存在着争议。从上述综述中可以发现：一些学者把关系资本包含在结构资本中；另一些学者把它单列出来，与结构资本并列。大部分学者都仅从自身研究视角提出观点，但都未能说明这种分解的内在原因。笔者认为，必须对这一问题进行分析，以便形成智力资本中关系资本和结构资本的合理架构，而要分析这个问题需要考虑智力资本构成的划分依据。

智力资本的结构是依据什么来划分的？这一点在前人研究中并未做出说明。智力在心理学上是个多元化概念，具有不同的观点，笔者认为可以借鉴斯腾伯格的三元智力理论做出分析。三元智力理论认为智力包括成分、经验和情境三部分，成分亚理论与个人内部世界相联系，考察个人智力行为基础和心理机制，经验亚理论分析经验在个人的外部世界与内部世界连接中的作用，情境亚理论则考察个人的现实外部世界，是个人适应外部环境的能力。以此为基础，组织智力资本可以认为受到三种因素的影响，一是组织智力本身。组织智力的主要能动因素是组织员工，因此组织智力可以看作是组织内的员工个体智力的总和，这部分组织智力可以对应人力资本。二是组织长期发展中积累的经验、惯例等。这些形成了组织的经验和对内外部环境中不同事务的认识和处理方式，包括组织生产、服务的方式，管理方式等，这部分组织智力可以对应结构资本。三是组织环境要素。与情境亚理论所考察的个人外部世界相类似，组织环境要素主要分析组织的外部利益相关者因素，这部分组织智力可以对应关系资本。根据这个分析思路，组织智力资本分为人力资本、结构资本和关系资本三大类。由此可见，结构资本和关系资本是并列的关系。

智力资本的结构划分依据可以从智力资本的所有权和控制权属性角度来加以分析（图 2-5）。例如，Joia（2000）认为智力资本的分类依据是是否具有可控制性和可交易性。对企业而言，智力资本构成三要素的所有权和控制权是存在差异的。人力资本的所有权属于个人而不属于企业，人力资源是企业控制的资产；结构资本的所有权和控制权属于企业；关系资本的所有权和控制权部分属于企业。斯图尔特（Stewart，1997）曾这样描述，人力资本即"员工头脑中的知识"，结构资本即"晚上不能带回家的知识"，顾客资本即"市场营销渠道、顾客忠诚、企业信誉等经营性资产"。

问题 2：智力资本到底包含关系资本还是顾客资本？

图 2-5 人力资本、结构资本和关系资本的所有权特征

　　这也是智力资本研究中颇具争议之处，但是对于这个问题许多学者也没有细致研究，只是提出各自的见解，而没有对学者们观点的差异进行深入分析。笔者认为这一点同样与智力资本构成的划分标准有关。由于没有提出公认的标准，各式各样的分类都能自圆其说。顾客资本和关系资本的内涵外延存在着明显的差异，顾客资本的内涵仅限于与顾客相关的关系带来的价值，而关系资本的内涵要大得多，不仅包含顾客关系，而且包括供应商关系和其他利益相关者的关系带来的价值。对于组织来说，坚实的客户基础将提高生产力（Reichheld，1996），因此客户资本是能为企业带来价值的资本之一。研究也表明企业与供应商关系、战略伙伴关系、战略联盟及其他社会资本对企业成功的重要性。如前所述，从智力三元理论出发，关系资本属于智力情境理论范畴，考察的是智力的情境特征，即企业适应外部环境的能力，企业的外部环境尤其是任务环境的主要因素是企业的关键环境因素，在这里任务环境主要反映企业与供应商、顾客和其他合作伙伴的关系，顾客这一群体是重要的，但是供应商以及其他利益相关者的重要性也不容忽视，因此笔者认为，为全面反映企业与外部环境的关系，使用关系资本一词表述，其含义和分析显得更为妥当。

三 智力资本构成要素间的关系

　　智力资本由人力资本、结构资本和关系资本所组成，三者的实质都是企业所拥有的或可控制的知识和能力，在同一实体（企业）中知识在不同的载体间必然存在相互流动和转移的活动，因此智力资本的三要素间存在相互作用，但关于三者相互作用的研究甚少。一种资本的变化是否影响其他类型的资本？一种资本能否向另一种资本转化？三种类型资本的投入怎样影响智力资本？这些都是关系智力资本增长模式的值得研究的重要问题。早期许多组织资本的理论研究表明，人力资本的投资会影响企业资本，反之亦然（Reinhardt et al.，2001）。Levine 和 Toffel（2010）研究了 ISO 9001 质量管理系统对员工的影响，他们采用近 1000 个企业的样本研究了应用 ISO9001 时员工的变化，包括员工工资增长，总薪金收入增加、员工健康安全保障提高等，这一研究证实了组织资本对人力资本产生的影响。Nahapiet 和 Ghoshal（1998）也提出了社会资本促进新智力资本创造的观点，Smith 等 Clark（2001）更发展了这一观点，认为人力资本、社会资本都对智力资本乃至企业创新有促进作用。

为数不多的学者对智力资本三要素的关系提出过自己的观点。例如，Reinhardt 等（2001）认为，人力资本、组织资本和客户资本之间的相互作用，可产生财务成本，随着时间的推移，这会成为资本市场认可的权益，进而影响公司的市场价值。G. Roos 和 J. Roos（1997）曾提出要素间相互流动的问题，但并未进行深入的分析。De Pablos（2003）也承认智力资本要素间存在相互作用，"认为智力资本要素间没有相互作用就太简单化了"。Bontis（1998）、Bontis 等（2000）通过实证研究表明，人力资本、关系资本和结构资本间存在相互作用。Cetin（2000）指出，任何一个智力资本的要素单独存在都是毫无价值的。他们的价值来自三者的相互作用。Knight（1999）把这种相互作用的描述为螺旋上升的过程，"当投资于人力资本时，更有能力的员工会发展组织的结构资本。人力资本与结构资本的改进通过转移更好的产品和服务给高价值的顾客，从而增进了外部资本。智力资本因素结合起来创造了更好的财务表现。当新利润的一部分来自于智力资本时，一个向上的螺旋出现，这是组织价值和成长的虚拟循环。"Martinez-Torres（2006）则用结构方程模型研究了智力资本内部关系，他以一所大学的社会法系为研究对象，证实了人力资本、结构资本和关系资本间存在相互促进的关系。但是，相对而言，这一领域的理论和实证研究均较欠缺，目前对智力资本构成要素的相互影响机制和效应的问题仍然缺乏认识。

笔者认为，人力资本、结构资本和关系资本之间存在着相互促进，相互影响的关系。人力资本是组织智力资本中最具能动性的因素，结构资本是智力资本积累和沉淀在组织内的结果，关系资本是内部智力资本与外部环境相互作用而产生的。当组织遇到问题时，人力资本用来分析和发现好的解决问题的方法，结构资本用来把方法结合组织内部条件进行创造性的整合，关系资本则通过外部关系资源为问题的解决提供保障。人力资本的投资提高了组织员工的能力，促进组织内部管理水平的提高，从而增加了结构资本，人力资本和结构资本的增加又带来组织对顾客更好的服务，组织与利益相关者更好的关系，从而增加了组织的关系资本。反过来，结构资本的投资会提高组织的整体效率，激发员工高效工作，增加人力资本，同时也能够带来组织更好的产品和更好的服务，促进关系资本的提升。关系资本的投资也有类似的作用，增加关系资本后组织与外部相关群体的关系得到加强，企业或者可以获得更有保障的原材料供应，或者能够获得稳定的客源，这些都有利于组织的发展，能够增进外部知识流入企业，改善组织内部运营管理，提高组织的结构资本，与外部资源的交流也能够开阔组织员工的视野，让员工学到更多的知识，提升员工的能力，对于人力资本的提升也有积极作用。智力资本要素间这种相互作用，如图 2-6 所示。

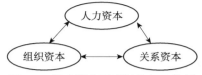

图 2-6　智力资本要素间的相互作用

透过上述梳理不难看出，智力资本是一个在理论界和实践领域都受到极大关注的新概念，目前关于智力资本研究正处于起步阶段，研究成果激增，但是总的来说还比较零散、缺乏系统性，尚未形成一个逻辑一贯的、较完整的理论分析框架。多数研究仍是关于概念的确立等基本问题的研究，存在许多需要深入研究的课题。

（1）公认的智力资本概念的形成。可以说目前的许多研究虽然提出了各自的智力资本概念，这些概念从本质上看是非常类似的，完全可以形成一个公认的智力资本概念。

（2）智力资本理论尚无法形成体系。缺乏有一定影响力的研究代表人物，也缺少一组严密的概念和基本命题和定理，有关研究人员对一些基本问题的认识尚不统一，与其说是一种理论，不如说是一种"流派"或"思潮"。

（3）多数关于智力资本的研究所采用的方法是案例研究和定性研究，实证研究需要加强。Petty 和 Guthrie（2000）认为，智力资本研究已经完成了定义、构成分析和对创造竞争优势的重要性的分析的使命，目前需要发展到"第二个阶段"，即通过实证研究证实这种结构的合理性和提供更扎实的证据说明其构成的基础。

智力资本的研究更进一步的研究方向包括：

（1）与智力资本的动态特征有关的问题。例如，智力资本各个要素之间的动态关系如何？不同产业、区域等环境下企业智力资本有何特点？智力资本的增长模式、途径是怎样的？

（2）智力资本与企业成果（outcome）的关联性方面的实证研究。例如，智力资本与企业绩效、企业市场价值的关系如何？怎样从数量上分析智力资本对当前产出和未来产出的贡献？这个方向需要更多的实证研究和验证。

第三章

智力资本的度量

智力资本的度量一直是学术界和企业界关注的热点问题。度量是定量分析和管理实践的前提，实证研究离不开对智力资本的合理度量，因此学术界对这一问题的研究给予极大的热情。对于企业界，对智力资本评估的需求日益迫切促使企业界对此问题越来越关注。1998 年，安达信（Arthur Anderson）公司[①]进行的有关智力资本评价的国际调查结果显示：大多数被调查公司认为，智力资本评价报告在将来的重要性会不断提高。四分之三的公司已经在记录其公司两个或两个以上的非财务指标；大多数公司认为，知识的评价有助于提高企业的业绩；半数以上公司认为，员工从评价智力资本中学到的知识与智力资本评价指标中所包含的信息一样重要。同年，Waterhouse 和 Svendsen 的公司调查也得到类似的结果，100 多个公司的 CEO 或董事长都表示，智力资本披露是公司的一个战略性问题，需要定期向董事会报告[②]。这些被调查者认为企业经营的关键要素包括创新能力、产品质量、顾客关系、投资者关系、合作者关系等，在九个非财务关键因素中，他们最不满意的就是智力资本的评价。由此可见，企业确实迫切需要评价智力资本，这不是为了应付董事会或者吸引更多投资者，而是作出正确战略选择的前提。

需要指出的是，企业界的确把这种需求化为了行动，在智力资本的度量模型中，许多公司主动参与甚至积极提出智力资本的评价模型，其中最有代表性和影响力的是瑞典 Skandia 公司的导航器模型。此外，许多学者和咨询公司提出了多种多样的度量模型。但是，由于智力资本的研究尚处于起步期，智力资本自身又具有无形性、复杂性、动态性，迄今仍未形成一种普遍认可的评价方法。

智力资本由于固有的非物质特征使其具有不可观测性，难以定量测量和获取数据。目前学者们提出了多种多样的度量模型，笔者把这些模型按照其度量要素的可分割性分为要素度量模型和综合度量法两大类，一类是要素度量模型，即分别用适宜的方法度量每个智力资本要素，例如专利的价值作为度量结构资本的一个指标、员工的教育水平是人力资本的度量指标之一。另一类是不考虑智力资本的要素，综合度量组织层面的智力资本价值水平，即综合度量法。例

---

① Anderson A. Knowledge Measurement. Next Generation Research Group Paper，1998：99-1029. 转引自：谢洪源（1999）。

② 转引自：Bontis（2001）。

如，股东价值是说明企业应用智力资本和其他资产有效性的重要指标，可以从这个指标出发通过计算得到智力资本的综合水平。

从运用的度量方式来分，可以分为财务度量方式和财务与非财务度量相结合的方式。财务度量方式主要用于度量智力资本的综合水平，如用托宾 Q 值或者 EVA 的度量方法。而由于智力资本的无形性，大多数方法都采取财务和非财务计量相结合的指标评价法。财务与非财务度量相结合的方式主要用于智力资本的分要素度量，不同的智力资本要素涉及一些相应的指标。其中，有许多财务方面的指标。

第一节　智力资本要素度量模型

学者提出的有代表性的要素度量方法包括 Skandia 导航器方法、平衡计分卡、价值链计分卡，以及无形资产监视器等。我们把这些方法分为三类：计分卡法、直接评价法和指数法。计分卡法以平衡计分卡为代表，包括价值链计分法、Skandia 导航器等；直接评价法是直接对智力资本各个要素进行评价的方法，主要包括无形资产监视器等；指数法是把无形资产的各个指标衡量汇总形成一个指数的方法。

一　计分卡法

1. 平衡计分卡

Kaplan 和 Norton（1992，1996）认为企业管理层需要一套多维度的评价系统来指导他们的决策，平衡计分卡（balanced scorecard）正是这样一套系统的对企业绩效有重要作用的财务与非财务指标相结合的评价框架。平衡计分卡被认为是管理会计领域的重大发展（Atkinson et al.，1997），一项 Bain 公司的调查发现，57％的企业在使用平衡计分卡。其中，大企业占 75％，北美企业占 64％（Rigby and Bilodeau，2005）。

平衡计分卡把组织的愿景和战略转化为四个平衡的维度：财务指标包括传统的会计指标；顾客维度评价顾客满意度、顾客保持率、服务等指标；内部流程维度评价生产产品和服务的内部所有运作环节；学习和发展维度评价与企业学习、知识扩散等相关的人员和系统因素（图 3-1）。Kaplan 和 Norton（1992）认为这四个评价的维度可以让企业管理者避免过于重视财务业绩而忽视其他方面，同时也能平衡内部与外部指标、产出与驱动力指标以及绩效的主观和客观指标。Kaplan 和 Norton（2001）还把平衡计分卡同企业战略联系起来，形成战略地图，提供了分析企业战略的方法。Kaplan 和 Norton（1993）以多个案例说明了平衡计分卡的应用，案例之一来自苹果公司。苹果公司组建了一个小型委员会来选择合适的测量指标应用平衡计分卡，实现苹果高层管理者的战略构想。财务类的指标强调股东价值，顾客角度强调市场份额和顾客满意，内部流程方面的指标强调了核心能力，创新发展指标强调了员工态度。文中还对另一案例 Rockwater 公司的平衡计分卡开发做了详细说明。

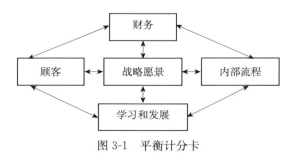

图 3-1　平衡计分卡

平衡计分卡是沟通度量方法和目标的一种结构化方式，被用于管理、度量和交流组织的财务和非财务信息的过程。它使企业能够监控当前绩效，如财务、顾客满意度和组织流程，以及流程的改进、员工的激励和培训、能力的增强。它把智力资本概念与度量工具、持续学习和变革的愿景联系起来，创造未来的价值。

可以看出，平衡计分卡同智力资本关系密切，Bukh 等（2002）指出，平衡计分卡同智力资本概念的提出一样，都是考虑到公司的战略，两者都可以整合进绩效管理系统。智力资本可沟通公司的知识管理活动，而平衡计分卡能够监督这些活动的进展情况和成果，将两者结合起来必能产生互补效果。Allee（1999）比较了平衡计分卡与智力资本间的异同点，平衡计分卡同智力资本的差异是：平衡计分卡是基于平衡模式而非动态的价值创造模式，智力资本则采用动态流量模式以增加知识资本的积累。两者的相同点是：都扩充了我们对价值创造与组织绩效指标的认识；都提供了除财务衡量外，对企业动态及非财务衡量的认识。Booth（1998）认为公司在衡量智力资本时，可利用平衡计分卡加以衡量，并提出一个架构来衡量公司的价值，其中财务资产可从财务报表中得到，智力资本可从人力和市场等方面来加以衡量。

笔者认为，平衡记分卡与智力资本存在着实质性关联，智力资本的分析思路与平衡记分卡（Kaplan and Norton，1992；Kaplan and Norton，1996）的思想是基本一致的。平衡计分卡将企业绩效评估的焦点分为财务视角（financial perspective）、顾客视角（customer perspective）、内部流程视角（internal process perspective）和学习与成长视角（Innovation and learning perspective），把财务指标和非财务指标结合起来，从企业短期战略目标和长期战略目标出发全面评价企业绩效。不考虑传统的财务指标，其他三个视角的分析从实质内容看可以说是对企业智力资本的非完全评价。例如，顾客视角主要从市场占有率、顾客满意度、忠诚度、重复购买率等指标考察企业与顾客的关系；内部流程视角从创新流程、营运流程和售后服务流程来考察企业的内部流程价值链的效率；学习与成长视角则以员工能力、信息系统能力及激励、授权和配合程度来考察企业员工的能力和动机。可以看出，虽然存在某些差异（如仅考虑顾客关系而未考虑供应商关系、其他利益相关者关系），但从分析思路看，智力资本的评价与平衡计分卡是统一的。因此平衡计分卡与智力资本的结构有着相似性。平衡计分卡是对公司绩效的综合计量，除了对财务绩效的考察外，还对顾客导向、内部管理和学习成长进行分析，而这三个部分与智力资本的三大要素，即关系资本、结构资本以及人力资本可以说有着一一对应性。用平衡计分卡评价智力资本是自然而然的选择。

2. 斯堪迪亚导航器

这是迄今为止最主要的智力资本评价方法，也是国外研究者和企业界用得最多的方法。这种方法与平衡记分卡在评价类别、评价结构上都十分相似。这种方法包括五个领域：

顾客导向——组织怎样看待其顾客；

过程导向——组织过程绩效的关键方面；

更新和开发导向——为更新和发展智力资本所做的努力；

人力导向——顾客、过程、更新和发展以及财务导向的潜在联系；

财务导向——组织的财务指标。

这种方法考虑了历史数据、当前状态和未来的发展。为建立一个普遍适用的智力资本报告框架，Edvinsson 和 Malone（1997）提出了 112 个指标，包括数量指标、比率指标、指数指标以及货币指标，也有调查数据在内。其中，财务导向指标包括单位员工的收入、新顾客带来的收入占总收入的比重、由新业务流程带来的利润等，顾客导向指标包括拜访顾客所花费的时间、销售合同金额与已完成销售额之比、获得的顾客数与流失的顾客数之比，过程导向指标包括每名员工拥有的计算机数、信息技术能力和流程时间，更新和发展导向指标包括雇员满意度指数、培训费用/管理费用以及专利的平均年限，人力导向指标包括获得高级学位的管理者百分比以及员工年度流失率、领导者指数等。

Edvinsson 和 Malone（1997）鼓励把直接指标和间接指标相比形成比率，或者想办法转化为货币指标，货币指标可以使用预先确定的权重计算出组织整体智力资本价值 C。百分比可以结合产生智力资本效率系数 i 值来反映组织的速度、地位和方向。一个组织的智力资本值是 C 和 i 的函数，即组织智力资本＝

iC。C 值被认为是"强调组织的未来表现的指标，而 i 系数则侧重当前业绩"，因此，两者结合起来，Edvinsson 和 Malone 认为，可以对任何类型的组织的智力资本进行评价。

但是 Roos 等（1997）认为，应用斯堪迪亚导航器时，每个企业都需要开发独特的评价指标，由于每个企业有价值的无形资产是不同的，需要选择那些最有效的最适宜的指标，因此形成统一的评价体系是不可能的。

3. 价值链计分卡

Lev（2001）提出价值链计分卡的目的是向个人投资者和企业合作伙伴提供企业的信息，更好地监控企业内部状况，对企业内部管理起到良好的促进效果。他把公司价值链分为发现和学习，实施以及商业化三个阶段，每个阶段又包含三个创新相关的方面（图 3-2）。并非所有公司具有所有这些阶段和可测量的因素。例如，有的企业可能没有专利，有的企业没有在线销售，那么就无法测量。在这种情况下，为了更好地发挥计分卡的作用，Lev 提出，价值链计分卡需要遵循三个原则：①员工工作实践、专利交叉许可等指标必须是定量测量的；②指标必须标准化，以便在企业间进行比较；③指标必须用实证方法验证其与股票回报或者生产率增长相关，即指标必须经实证检验与价值相关。

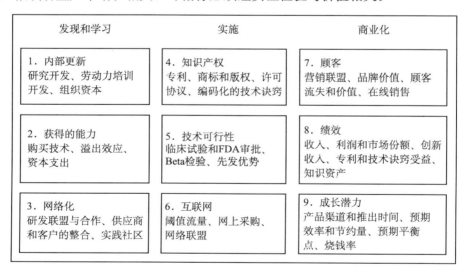

图 3-2　价值链计分卡

资料来源：Lev（2001）

价值链计分卡以企业创新为基础，从企业价值增值角度分析了企业价值增值的主要阶段以及在这些阶段中影响价值增值的主要因素，通过判断这些因素的水平提供企业无形资产价值及其变动的信息。

二　直接评价法

1. 无形资产监视器

Sveiby 开发了无形资产监视器（Intangible assets monitor）作为组织无形资产评价和管理的工具。Sveiby 所属的 Konrad Group 把智力资本分为三类。内部结构主要评价如专利、流程、系统、概念和计算机系统；外部结构主要评价公司与顾客和供应商的关系、品牌商标、组织信誉或形象；个人能力评价的是员工个人的行为能力，如技能——教育、经验和价值观等。

Sveiby 指出，测量无形资产的目的是实现有效的管理，因此首先必须搞清楚谁对评价结果有兴趣，公司需要向外部的利益相关者精确地说明其状况，这样股东、顾客以及其他外部机构才能够评价其管理状况，做出相应的管理决策。因此外部机构通常关注公司目前的地位及其变化，以及风险，因此 Sveiby 建议向外部机构提供的组织管理信息应包含关键指标和说明，而不需要对每一项无形资产的情况进行细致地描述。而内部测量的结果是管理者自身的需要，管理者要监督组织内部的变化从而采取正确行动，因此 Sveiby 建议管理信息应该强调流动、变化、趋势和控制，管理者应该关注无形资产的测量的速度而不仅仅是准确性。Sveiby 还提出内部结构、外部结构和人员能力都需三类测量指标，即发展和更新指标、效率指标以及稳定性指标，他还对每类指标都提出了建议。例如，外部结构测量时，发展和更新指标可以考虑市场份额的增长、顾客的满意度、质量指标等，效率指标可以考虑每位顾客带来的销售额和利润、单位员工的销售额平均值等，稳定性指标可以考虑大客户的比例、重复购买的频率、忠实客户的比例等。内部结构中，更新发展指标可以考虑以信息系统投资、R&D 的时间等来测量，效率指标可以考虑从事支持工作的员工比例、单位销售支持人员的平均销售额等，稳定性指标可以考虑组织已存续时间、员工流动率等。而人员能力测量方面，发展更新指标可以考虑公司中专业人员的工作年限、受教育水平、培训成本、专业人员的流动率等，效率指标可考虑公司中专业人员的比例、每位专业人员带来的平均价值增值等，稳定性可以考虑人员平均年龄、相对薪酬水平、专业人员流动率等。

无形资产监视器的基本假设是人是组织中唯一的利润创造者，根据 Sveiby（1997），所有的资源和结构不管是有形还是无形的，都是人的行为的结果，都最终依赖于人的力量才能发挥作用。因此按照无形资产监视器方法，人的行为被转化为有形和无形的知识结构，这些结构或者形成外部结构，或者形成内部结构，但都被认为是资产，因为这些影响组织的收入流。

2. 智力资本价值框架

Allee（2000）认为，智力资本通常分为三大类：人力资本、流程或结构资本、顾客或外部资本。但这是对于企业无形资产的传统观点，还是忽视了一些重要的无形资产内容。例如尽管外部资产关注了顾客以及供应商、贸易伙伴、利益相关者等群体，但仍然局限于与企业存在直接交易的机构，而企业在更大的经济社会环境系统中活动，这种环境系统也是无形资产。同时被忽视的是企业在非金钱价值领域所发挥的作用，因此智力资本框架需要进一步扩展。

Allee 建议无形资产概念不仅考虑公司本身的业务经营的成功和经济利益，而且也要考虑国家层面的影响，也就是考虑企业的外部影响。因此她提出，企业智力资本有六种需要评价的因素：①企业关系。即与顾客、战略伙伴、供应商、投资者等建立的联盟与伙伴关系。②内部结构。即影响竞争力的系统和工作流程，包括信息技术、沟通技术、软件数据库、文件、图片等以及专利、版权及其他编码化知识。③人员能力。即个人能力、知识、技能、经验和问题解决能力。④社会公民权。即组织作为区域和全球的成员应行使的公民权，与社会形成的关系质量与价值。⑤环境健康状况。即组织与地球、资源之间的关系价值。⑥企业形象。即公司的愿景、目标、价值观、道德和领导权的价值。显然，前三个因素与人力资本、结构资本、关系资本基本吻合。社会公民权与社会资本相关联，体现了组织社会资本的更宽泛内容；环境健康状况体现着组织的环境责任，企业形象价值被单列出来，用以强调企业品牌形象、企业文化的价值。

Allee（2000）进一步提出了上述六个因素的评价指标，与 Sveiby 提出的无形资产监视器相似，六个因素的评价还考虑从资产开发、价值转化效率、使用、稳定性和更新等五个方面分别建立指标，予以评价，见表 3-1。

表 3-1　智力资本价值分析框架

测量	外部关系	人员能力	内部结构	社会公民权	公司形象	环境健康
资产开发	顾客满意的比例、从目标产业或国家获得的收入的比例、因形象增加的顾客百分比	受高等教育的员工百分比、员工工作经验	员工使用技术和数据的比例、对知识库的贡献	顾客群体的增长、创新渠道数量	领导者培训、接班计划	报废产品比例、守法状况、重复使用资源百分比
价值转化效率	从接触到签约的比例、针对每位顾客的销售额、顾客订单的百分比	每个熟练员工的价值增值、未产生价值增值的员工比例	每个员工带来的合同数、流程周期时间、产品/服务开发成本	增加正面的品牌认同、市场渗透	决策速度、品牌认同、工作申请者的数量	工作/生活地的期望程度、绿色品牌认同度的增加、资源可用性的增加

续表

测量	外部关系	人员能力	内部结构	社会公民权	公司形象	环境健康
使用	顾客接触的频率、重复顾客百分比	知识重复使用、最佳实践的扩散、能力的使用、员工满意度	硬件使用率、软件使用率、数据库使用率等	本地雇员比例、社区参与程度、销售与人口特征的一致性	有价值的员工的留用、与企业价值的一致程度	资源效率、零浪费项目的比例、环境实践的深度或广度
稳定性	顾客联系的频度、周转率/忠诚度	不同年龄层员工比例、流动率、员工满意度	知识编码化、知识产权增长状况、管理层员工流动	道德和价值观的扩散	行为一致性、价值一致性、员工意识	本地和全球环境质量、与价值观、标准的一致性
更新	顾客的特征变化	员工多样化比例、培训实践、共同学习、预算比例	兼容系统比例、变化速度	形象提升的比例	员工参与度、领导者关注价值观的频度	不可更新的所需资源的增长

资料来源：Allee（2000）

　　这一智力资本评价系统考虑了企业社会责任、公众形象、环境影响等更为丰富的内容，从更宏观的角度面向未来分析企业的智力资本，对智力资本给予了更为宽泛的界定。但是从操作层面看，企业智力资本的评价目前较少涉及社会责任等内容。

三　指数法

　　把不同的智力资本度量指标结合在一起形成一个单一的指数，可以让管理者直观地看到智力资本的改善，这有利于管理决策。Roos 等（1997）首先提出了一个智力资本指数，这一指数的特点是：它着眼于监控智力资本的动态变化，并考虑以前的绩效，还可以把智力资本的变化与公司在市场上的变化联系起来。IC 指数因企业而不同，包含企业的所有无形资源及其流动，因此智力资本指数与组织高度相关。Roos 等提出智力资本指数的测量必须根据企业的战略、业务特征和日常运作来决定智力资本的形式、权重和指标，那些有助于实现公司战略目标的智力资本形式应成为结构资本或者人力资本指标进入指数，权重的赋予也应考虑智力资本形式对于企业的相对重要程度，而公司日常运作知识也必须深入分析来决定还应选择哪些特别的指标。Bontis（1999）建议建立一个流程来帮助创建合适的智力资本测量系统以及选择合适的指标。企业必须明确认识自身战略和长期目标，这样才能确定两类变量，一类是促进企业价值创造的变量，另一类是进行绩效测量的变量，这类变量可以构成战略管理中的关键成功因素（key success factors，KSF）。在 IC 指数提出之后，Low（2000）提出了

"价值创造指数"（value creation index），Oliver 和 Porta（2006）提出了"智力资本集合指数"（intellectual capital cluster index），都是利用指数法对智力资本进行评价而形成的。

智力资本指数因企业的不同而不同，限制了其普遍适用性。IC 指数法依赖于指数的设计，即权重的确定和指标的选择，指标通过权重整合起来，而指标的选区以及权重的确定必须通过严谨科学的方法加以确定，而不能根据管理者自身的主观判断来确定，否则这种方法的科学性就大打折扣。

国内学者提出一些智力资本计量模型。例如，钱省三和龚一之（1998）描述了知识资本形成的一般过程模型和科技知识转化为知识资本的三个市场价值创造过程及其资本形成模型。党兴华和李晓梅（1999）对区域知识资本的构成和度量进行了研究，并用主成分分析法对西部工业知识资本利用效果进行了评价。还有一些对知识资本评估 Skandia 模型进行介绍的文章，如金明津和段海宁（1999）。黄治蓉（2000）对知识资本统计进行了探讨，提出一些反映知识资本的指标体系。范徽（2000）从人力资本、组织资本、技术资本、市场资本和社会资本五大方面给出了 63 个指标和各指标的操作内容，并在此指标体系的基础上给出了模糊量化评估模型；他给出的知识资本评估的指标体系中指标数量较多，且针对性不强。

结合 Pinto 等（2006），可以发现，智力资本要素度量的不同模型设计用来测量不同的智力资本要素，采取不同的评价方法，其特征见表 3-2。

表 3-2　要素度量模型及其要素

模型	人力资本	结构资本	关系资本	R&D资本	社会资本	环境资本
计分卡法：考虑但不完全依据智力资本的构成因素，在评价时未使用货币方法						
平衡计分卡		√	√	√		
无形资产监视器	√	√	√			
价值链计分卡		√	√	√		
直接评价法：基于智力资本的构成要素，把智力资本要素的价值评价和非价值评价的结合						
斯堪迪亚导航器	√	√	√			
无形资产价值框架	√	√	√		√	√
指数法：基于智力资本的构成要素，把评价结果依据一定的权重汇总为指数						
智力资本指数	√	√	√	√		

总体上，计分卡方法创造了一个完整地分析企业智力资本的方式，测量全面、深入，对公司内部的智力资本又比较完整的表达，但是不足之处在于这些指标受环境影响，而且每个企业可能采用不同的衡量指标，这导致评价结果难以相互比较。直接评价法虽然可以形成统一的衡量指标，可以披露不同企业不同智力资本要素的状况，但是仍无法对评价结果进行比较。指数法如果运用得好，形成统一的评价体系，那么企业间比较就可以实现，但是问题在于，形成统一的评价体系并不容易。另外，从战略角度分析，虽然智力资本要素的评价得到了许多信息，

但这种评价却无法告诉企业要素组合的合理性及其与价值创造的关系，也无法提示企业成功的关键要素，而这些才是企业希望得到的关键信息。

第二节　智力资本综合度量法

对于智力资本综合度量方法，可以进一步分为市场资本化方法、资产回报率方法和其他方法。市场资本化方法把企业的市场价值与账面价值之差异作为智力资本或者无形资产。托宾 Q 值是市场资本化的典型方法。资产回报率方法则计算公司的资本回报率并与行业平均水平相比较，其差异乘以公司的平均有形资产就可计算公司无形资产的年度收益，用此收益除以公司平均资本成本或者利息率，即可估计公司智力资本的价值。资产回报率的典型方法包括经济增加值法（EVA）、VAIC 法等。此外，其他方法如现实期权法对无形资产的公允价值进行评价的方法也可用于智力资本的评价，专利采用量指标也可以用于估计公司智力资本。

一　市场资本化方法

智力资本被认为是公司的市场价值与账面价值之差，这种方法属于市场资本化方法。另一种典型的市场资本化方法是托宾 Q 值法。

托宾 Q 值（Tobin's Q）被认为是反映公司智力资本状况的一个指标。托宾 Q 值是公司市场价值与重置成本之比，由著名经济学家 Tobin 提出。这个值之所以被认为可以用于智力资本评价，是因为它反映了资产的市场价值。行业内主要企业间的比较可以反映出绩效的差异，从而说明企业的内部管理或者战略运作的有效性。这是对公司智力资本的反映。因此这个方法可以作为智力资本的代理指标。在反映智力资本时，

$$Q = \frac{市场价值}{账面价值}$$

正的 Q 值说明了传统的会计系统没有反映企业智力资本的价值（Luthy，1998）。

Linderberg 和 Ross（1981）认为，托宾 Q 值越大时，商誉价值越高、能力好的经理人越多，或者成长机会越高，而这些正是公司隐含的智力资本。托宾 Q 值与公司的研发也存在密切联系。而公司研究开发费用及能力与公司的知识产权、创新等相关，是公司智力资本的重要组成部分。Szewczyk 等（1996）发现 R&D 费用的增加会增加公司的托宾 Q 值，Connolly 和 Hirschey（2005）也发现在控制了增长、风险、利润边际和广告强度后，R&D 强度对托宾 Q 值存在正效应。Dutta 等（2005）研究了公司的 R&D 能力对托宾 Q 值的影响，R&D

能力越强，托宾 Q 值越高。

二 资本回报率方法

1. 经济增加值

Stewart（1994）提出的经济增加值（economic value added，EVA）模型被看作是一种综合性财务管理评价系统，它将资本预算、财务计划、目标设定、绩效评价、员工薪酬等方面的管理结合起来，目的是发展一套能解释企业价值增加或损失原因的绩效评价体系。

EVA＝企业销售收入－营运成本和费用－税收－资本成本

其中资本成本是不同投入资本的成本的加权平均值，所以当资本收益率大于资本成本时，企业获得经济增加值，反之则损失经济价值。

一些战略研究学者认为 EVA 具体评价指标可以作为企业智力资本存量的代理指标，EVA 值则可作为智力资本收益率指标（Marchant and Barsky，1997）。但 EVA 的核心仍是财务指标的评价，只是对传统财务指标进行了一定程度的修正。EVA 方法的优点是能结合预算编制、财务规划、目标设定等，也使经理们能以共同的语言与标准来讨论价值的创造。EVA 方法的不足之处在于 EVA 仍然依赖于财务指标，仍然属于历史成本的评价，而没有关注公司的当前市场价值或者重置价值，也没有实证研究表明 EVA 可以更好的预测股价。

2. 智力价值增值系数

Pulic（1998）提出的智力价值增值系数（value added intellectual coefficient，VAIC）使用财务报表数据来测量公司的价值增加效率，注重价值增值而不是成本控制（Pulic，2000）。VAIC 按照以下步骤进行计算：

（1）VA＝OUT－IN。其中，VA 表示当前年份价值增值，OUT 表示全部销售额，IN 表示材料、部件和服务的成本。或者，VA＝OP＋EC＋D＋A。其中，OP 表示营运利润，EC 表示员工成本，D 表示折旧额，A 表示摊销额。

（2）CEE＝VA/CA。其中，CEE 表示公司总资本效率，CA 表示总资本额，即总资产的账面价值。

（3）HCE＝VA/HC。其中，HCE 表示公司人力资本效率，HC 表示人力资本总额，用总薪金表示，全部人力资本是包括直接劳动力、间接劳动力、行政管理人员、市场营销人员和销售人员在内的人员的总薪金。

（4）SCE＝ST/VA。其中，SCE 表示公司结构资本效率，ST＝VA－HC。

（5）VAIC＝CEE＋HCE＋SCE。其中，VAIC 表示公司的价值增值效率，HCE＋SCE 之和被命名为 ICE，即公司的智力资本效率。

Nazari 和 Herremans（2007）延续这一思路，又提出了客户资本效率（customer capital efficiency，CCE）、创新资本效率（innovation capital efficiency，InCE）和流程资本效率（process capital efficiency，PCE），在计算时，采用营销费用、研发费用等来计算。

因此可以说，VAIC 是关于企业全部资源效率的分析，把企业资源同价值创造联系起来，考虑投入的资源在公司一定时间内价值创造中发挥的作用。这种方法基于公司的财务报表数据进行计算，由于财务报表数据严谨真实，因此这一计算结果具有较强的可靠性。但是在披露企业的无形资产方面财务报表并不具有优势，由于财务报表不能完整全面地披露无形资产的信息，因此评价得出的无形资产效率可能并不令人满意（Andriessen，2004），不能完整地反映公司无形资产的真实状况。

三 其他方法

1. 现实期权法（real option）

Kossovsky（2002）以现实期权评价模式为基础，发展 TRRU Metrics 方法，以计算知识产权（IP）的公平价值。其公式计算方法如下所示：

$$\mathrm{PV} = S_t N(h) - Ke^{-\pi} N(h - \sigma\sqrt{\tau})$$

其中，

$$h = (\ln(S_t/K) + r\tau + \sigma^2\tau/2)/\sigma\sqrt{\tau}$$

$$\sigma^2 = \mathrm{var}\Big(\sum^t \ln\Big(\frac{S_t + \Delta t}{S_t}\Big)\Big)$$

PV 表示知识产权公平市价的计算指标，K 表示下一阶段开发知识产权的估计成本，t 表示到达下一阶段的估计时间，S 表示可供比较的技术的现值，r 表示折现现金流量的估计风险，σ^2 表示假设投资于可供比较的技术所获回报扣除 r 的无风险资本成本后的回报（取对数）方差。

2. 专利引用法

Bontis（1996）研究了道化学公司使用专利作为代理指标进行智力资本测量的案例。道化学公司前任智力资产管理部总经理 Petrash 管理该公司智力资产时采取了六个步骤：

（1）定义知识在公司各项业务中发挥的作用；

（2）评价竞争者的战略和知识资产；

（3）总结本公司的知识资产组合；

（4）评价这些资产的价值，确定该资产持有、开发、销售还是抛弃；

（5）投资于已发现的战略缺口领域；

（6）集聚新的知识资产组合，重复以上循环。

道化学公司从专利这一最为重要的也是最为明显的智力资本入手来使组织的智力资本显性化。传统的会计方法只考虑专利的取得成本，而没有考虑专利取得前的 R&D 费用，也没有考虑专利投入生产后的市场潜力以及专利可能带来的其他收益。道化学公司监控专利时采取了多层次指标，使得无形资产的价值更加突出。Hall 等（1999）的研究则区分了专利和专利的引用，使用拥有专利的企业的市场价值进行分析，他们发现企业的一美元 R&D 支出带来的专利平均引用更高，则企业的市场价值越高。因此他们建议专利引用数据作为评价创新产出价值的数据，也可以作为评价企业市场价值的替代指标。

四 公司智力资本的度量——两个实例

下面以 A 公司和 B 公司为例，采取市场资本化方法和资本回报率方法分别进行 A 公司智力资本的估计。

两家公司同为制药业上市公司，注册地均在浙江，均在中国上海证券交易所上市。A 公司成立于 1993 年，2004 年上市；B 公司成立于 1997 年，1999 年上市。A 公司注册资本 8.10 亿，员工人数 7378 人，主要产品为化学原料药、化学药剂、中成药、营养产品、非酒精饮料等。B 公司注册资本 9.36 亿，员工人数 5538 人，主要产品为化学原料药、抗生素剂、中成药等。

1. 市场资本化方法

表 3-3　应用市场资本化方法评价

A 公司（2013 年）/亿元		B 公司（2013 年）/亿元	
市场价值	账面价值	市场价值	账面价值
109.431	25.9	97.812	65.7

注：1. 智力资本＝市场价值－账面价值。其中，A 公司 83.531 亿元，B 公司 32.112 亿元

2. 托宾 Q 值＝市场价值/账面价值。其中，A 公司 4.23，B 公司 1.49

3. EVA＝企业销售收入－营运成本和费用－税收－资本成本＝税后净利－投入的资本总额×加权平均资本成本率。其中，A 公司，$2.68-30.91\times4.51\%=1.29$ 亿元；B 公司，$4.57-67.813\times4.54\%=1.49$ 亿元

用市场资本化方法可以容易地计算出公司的智力资本，表 3-3 显示，A 公司的智力资本高于 B 公司。以 2013 年 12 月 31 日收盘价计算：A 公司的市场价值比账面价值高 83.531 亿元，托宾 Q 值 4.22；B 公司的市场价值比账面价值高 32.112 亿元，托宾 Q 值 1.49。

2. 资本回报率方法

用资本回报率方法计算公司的智力资本，分别采用 EVA 和 VAIC 进行

分析。

（1）经济增加值。

采用经济增加值法分析时，数据来源于 A 公司和 B 公司公布的 2013 年年报，从资产负债表和损益表以及相应的报表附注可以找到相应的数据。计算 EVA 时，资本成本的计算是关键环节。由于资本成本是公司投入资本总额的成本，在计算时应分别考虑债权资本投入和股权资本投入的成本。

投入资本总额＝债权资本投入＋股权资本投入－在建工程－无息负债

这里的债权资本、股权资本、在建工程、无息负债数据均来自上市公司财务报表。

加权平均资本成本率应基于债权资本成本率和股权资本成本率以及公司资本结构进行计算。

加权平均资本成本率＝税前债务资本成本率×（1－公司所得税税率）×（公司债务资本÷公司融资总额）＋公司股权资本成本率×（公司股权资本÷公司融资总额）

税前债务资本成本率应考虑短期债务和长期债务的不同成本来计算，股权资本成本率可以应用资本资产定价模型（capital assets pricing model，CAPM）、套利定价模型（arbitrage pricing model，APM）和期权定价模型（black-scholes model）等方式来计算。在研究样本较多的情况下，不可能一一计算样本公司的资本结构和资本成本率，因此通常采用同一个平均资本成本率来估计。例如，2013 年上市公司 EVA 排行榜[①]计算上市公司 EVA 时统一采用平均资本成本率5.5％。这里只考虑两家上市公司，可以分别从财务报表中获取上市公司的利息支出信息，作为债务资本成本。

A 公司短期借款资本成本按 2013 年一年期银行贷款基准利率 6％上浮 1.1 计算，即短期借款资本成本为 6.6％。长期借款包括银行贷款和公司债券等，按披露信息中的贷款年利率计算长期借款资本成本率平均值为 6.62％。A 公司所得税税率为 15％，因此以 A 公司负债结构为权重可计算 A 公司税前债务资本成本率为 6.612％。

B 公司短期借款利率按 2013 年一年期银行贷款基准利率 6％上浮 1.1 计算，即短期借款资本成本为 6.6％。长期借款包括递延所得税负债等，按 2013 年五年期银行贷款基准利率 6.4％计算。以 B 公司负债结构为权重可以计算 B 公司的税前债务资本成本率为 6.57％。

股权资本成本率采用 CAPM 模型，无风险利率为 3％，市场风险溢价为5％，β 值采用上市公司过去 52 周的周收益率进行测算，测算结果：A 公司 β 系

---

① 中国上市公司 EVA 排名由北京思创值软件有限公司定期发布。

数为 0.48，B 公司 β 系数为 0.73。因此 A 公司股权资本成本率为 3.96%，B 公司股权资本成本率为 4.46%。

计算得 A 公司加权资本成本率为 4.51%，B 公司加权资本成本率为 4.54%。

另据 2013 年公司财务报表（按母公司报表）分析，A 公司的投入资本总额为 30.91 亿元，B 公司的投入资本总额为 67.813 亿。A 公司税后净利 2.68 亿元，B 公司税后净利 4.57 亿元。

如表 3-3 所示，最终计算得到 A 公司经济增加值 EVA 为 1.29 亿元，B 公司经济增加值 EVA 为 1.49 亿元。表明两公司都为投资者带来的正的增加值。由于这两家公司所属地相同，行业相同，具有一定比例的相似产品，并且在同一证券市场上市，因此分析结果具有可比性。与 A 公司相比，B 公司扣除成本后创造财富的能力更强。

（2）智力价值增值系数。

VAIC 的评价数据全部来源于 A 公司和 B 公司的 2013 年度资产负债表、损益表以及相关附注。从表 3-4 可以看出，B 公司的人力资本效率 HCE 和结构资本效率 SCE 均比 A 公司更强，而 A 公司的实物资本利用效率即 CEE 值更高，总体上，B 公司智力资本效率 ICE 更高，VAIC 也更高。也就是说，B 公司利用自身资源创造价值的效率更高。这也在一定程度上说明了上面的结论，即 B 公司创造财富的能力（EVA）更强。

表 3-4　A 公司与 B 公司 VAIC

	A 公司	B 公司
营业利润 OP/亿元	4.8	5.55
员工成本 EC/亿元	3.9	3.54
资产折旧 D/亿元	0.81	1.59
摊销 A/亿元	0.18	0.081
增加值 VA/亿元	9.69	10.761
总资本额 CA/亿元	44.54	75.56
CEE=VA/CA	0.217557	0.142417
员工工资 HC/亿元	3.9	3.54
HCE=VA/HC	2.484615	3.039831
结构资本 ST=VA−HC/亿元	5.79	7.221
SCE=ST/VA	0.597523	0.671034
ICE=HCE+SCE	3.082139	3.710865
VAIC=CEE+HCE+SCE	3.299696	3.853281

不同的方法有其各自的优势，如 ROA 和 MCM 方法在购并以及资本市场估值时比较适用，能对无形资产的价值进行比较，而不足之处在于用货币表达无形资产过于表面，只是给出了一个公司智力资本的价值，而无法充分表达该公

司无形资产的特征，无法说明智力资本的内部组成及其变化，因此只能提供给外部利益相关人作为决策依据而不能用于内部管理。而 ROA 方法对资本成本率非常敏感，不同的资本成本率假设会导致评价结果大相径庭，因此需要明确设定合理的资本成本率的科学方法。

第三节 智力资本度量方法的比较

Herman（2002）的研究对各种智力资本评价方法分为财务度量方法和非财务与财务相结合的度量方法两大类并进行了比较，如表 3-5 所示，比较时考虑了智力资本度量方法的导向问题，包括时间导向（temporal orientation）、系统动态（system dynamics）和动机方向（causal direction）三方面。时间导向主要分析模型是度量企业的历史绩效还是未来绩效，系统动态考察模型是以存量或资源为中心，还是以流量或过程为中心。动机方向分析模型是致力于价值创造（利用这种方法是否会带来企业经济效益的提高），还是致力于评价本身。

表 3-5 智力资本度量方法比较

方法	模型	思路	时间导向		系统动态		动机方向	
			历史	未来	存量	流量	原因	效果
财务方法	经济增加值（EVA 法）	EVA＝剩余收益＋会计调整剩余收益＝税后净营运利润（NOPAT）－资本成本	√		√			
	托宾 Q 值	资产的市场价值与重置价值的比率，可用来表示企业的知识含量	√		√			
	Real Option-based 法	对智力资本带来的机会进行评价的方法	√		全部	全部		
财务与非财务相结合方法	平衡计分卡	从财务、顾客、内部业务和学习与成长四个视角分析企业智力资产	√		可包括	可包括	缺乏验证	√
	斯堪迪亚导航器	从财务、客户、过程和更新与发展以及人力五个方面评价	√		大部分	部分	缺乏验证	√
	无形资产监视器	无形资产由外部结构、内部结构和能力组成	√		大部分	部分	缺乏验证	√

很显然，财务度量方法都是面向历史绩效的静态评价，度量方法的效果无法判断；非财务与财务相结合的方法也都面向历史绩效进行评价，指标选择上以静态指标为主，结合一些动态流量的衡量，评价的效果虽然有研究说明有利于增进企业价值创造过程，但是缺乏实证的检验。财务与非财务相结合的要素

度量方法可以直观地分析哪些智力资本要素处于高水平、哪些则有待改进，有利于组织内部管理，可用于管理、引导和增强企业智力资本，为企业创造价值服务。但是由于其中包含大量的定性指标，因此要素度量方法难以得到无争议的智力资本总价值，不具有组织间的可比性。因此目前的智力资本度量方法在智力资本动态指标评价、对未来绩效的评价方面都存在一些不足之处。

Ramanauskaite 和 Rudzioniene（2013）分析了不同智力资本度量方法的特征，认为可以把智力资本度量方法分为财务指标度量法、价值度量法，价值评估法和量表度量法四类（图 3-3）。四类方法的特征如下。

①财务指标度量法。这种方法主要通过资产或负债的货币价值来对智力资本的价值进行度量，如托宾 Q 值、市场价值与账面价值之差法、VAIC、EVA 等都属于这类方法。这种方法属于定量的货币度量方法。

②价值度量法。这种方法利用一些相对指标或一些特征、标准等来对智力资本进行度量，有些指标或特征与智力资本的价值之间并无直接关联。这种方法实际上属于定量的非货币度量方法。如智力资本审计、平衡计分卡等属于此类。

③价值评估法。在没有可行的标准时，可采用价值评估法，用主观方法进行智力资本的度量，但目前所提出的智力资本度量方法尚无此类的例子。

④量表度量法。这种方法没有可定义的变量、指标或标准，采用量表来度量企业的智力资本，如斯堪迪亚导航器、智力资本指数、专利引用法、价值链计分卡等方法就是此类方法的典型代表。

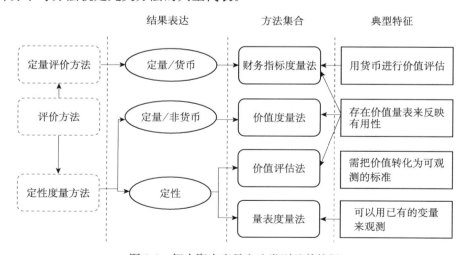

图 3-3　智力资本度量方法类别及其特征
资料来源：Ramanauskaite 和 Rudzioniene（2013）

相对而言，上述四类方法中前两类属于定量度量，后两类属于定性度量方法。

上述梳理可以得出，智力资本度量方法与工具模型的分析等研究尚处于起步阶段，存在许多需要深入研究的课题。

（1）智力资本的度量问题值得深入研究，没有公认的用以计量智力资本的方法，也缺乏对智力资本动态变化的可行的监测方式。智力资本是无形的隐性资产，度量问题已成为进行智力资本实证分析的障碍。现在学者提出的度量方法各具特色，颇有争议，未达成一致意见，这种状况也影响到许多关于智力资本的经济学、管理学问题的实证分析。笔者认为，要使智力资本的度量方法像物质资本的度量那样清楚明确，是不现实的，这个问题只有通过多学科多层面的深入研究讨论才可能逐步形成统一的观点。

（2）企业角度的智力资本度量与披露方式方法值得特别关注。理论研究和企业管理实践是两个不同的目标，那么采用的企业智力资本度量方法是否应存在差异？还是采取相同的方式？企业如何才能有效的披露智力资本状况？

基于上述分析，本书将从智力资本度量以及智力资本与企业绩效的关系角度进行实证研究，以弥补现有理论的不足，为智力资本理论的发展做出一定的贡献。

第四章 / 企业绩效的决定因素

　　企业绩效的差异可以用许多理论来解释,追溯起来,这些理论研究反映了学者对企业绩效的认识从外生因素向内生因素的分析路径。关于这一分析路径,可以以个人成功为例做一类比分析,人们常常把个人成功归因于内因和外因两大类,也就是说一个个体取得任何形式的成功首先是由于个人自身素质和个人付出的努力,这些显然属于个人因素。另一方面,家庭的支持、配合和帮助以及个体成长面临的独特环境也是个人取得成功的不可缺少的重要因素。与此类似,对企业的成功起决定作用的因素也可从企业自身内在因素、企业所属行业的因素和企业一般外部环境因素等方面加以分析,这也就形成了在研究企业绩效决定因素时从外向内的分析路径。在研究中,研究者首先关注到的是外部环境因素,之后开始关注企业内在因素。总体上虽然存在许多影响企业绩效的因素,企业绩效的决定因素主要可分为三类:①行业特征;②企业的市场竞争地位;③企业资源的特性(Hansen and Wernerfelt, 1989),经济学理论还强调了企业产权对企业绩效的作用[①],这也是从企业内部分析企业绩效的视角。

第一节　外部因素的作用

一　SCP 范式

　　哈佛学派的产业组织理论提出现代产业组织的三个基本范畴:市场结构、市场行为和市场效率即 SCP 分析范式对企业的利润差异进行解释。SCP 范式的基本假设是认为可观测的市场结构特征决定了企业的行为,而企业的行为决定了绩效。因此企业绩效的差异是由市场结构和市场行为所决定的,即企业绩效的差异是外生的。贝恩(Bain)于 1956 年就开始关注行业市场特征对企业超额利润的贡献。在《产业组织》一书中,贝恩详细分析了市场结构对企业利润的影响,提出现实产业中企业利润水平的差异是产业内优势企业"垄断"或者与其他企业"共谋"的结果。

　　贝恩指出新古典经济理论的基本假设与现实不符,企业并非同质化的,而

---

　　① 由于产权理论与本书不直接相关,因此这里仅做简单说明,并未展开阐述。

是存在着规模差异和产品差异，不同产业也具有不同的规模经济要求，现实中的企业在产业内处于不同的竞争地位，在竞争中会形成不同规模特征和市场结构，导致产业集中度的提高和进入壁垒。为追求长期超额利润，处于优势地位的企业倾向于形成垄断和共谋的关系，进一步加剧垄断，从而获得长期垄断租金，因此产业市场中垄断与竞争的关系决定企业的行为和绩效。产业组织理论的另一代表人物梅森认为，一个产业的效率水平取决于该产业中的企业行为方式，而企业的行为方式又取决于该产业的市场结构特征。其中市场结构特征是外生的，由市场供给和需求的状况而定。

与新古典经济学中把企业作为"黑箱"的处理相比，哈佛学派的分析基础更具现实性，这一学派承认企业的异质性和市场的不完美，并在此基础上分析提出市场结构是导致企业绩效差异的原因。但这一逻辑关系是单向的，即 S→C→P，未考虑市场结构、行为与绩效的动态变化，这种单向静态的关系存在明显的不足，因为虽然企业行为是基于一定的市场结构而发生的，这种行为选择影响着企业的效率，但企业是个能动的主体，企业效率水平差异会影响企业行为选择发生变化，并反向作用于市场结构，因此可以说三者之间存在着相互作用相互影响的关系，很难说何为因何为果，单方面分析市场结构对企业行为的影响显然难窥全貌。

芝加哥学派的代表人物包括斯蒂格勒（Stigler）、德姆塞茨（Demsetz）、布罗曾（Brozen）和威廉姆森（Williamson）对 SCP 范式提出了批评，他们认为企业在效率上是有差异的，但效率差异的根源应从企业自身而非外部因素来分析，企业效率差异的根源在于企业的生产成本、交易成本和信息成本的高低。通过共谋获取长期垄断租金是不可持续的，其原因在于交易成本和信息成本。由于交易成本的存在，共谋各方都有动力违背共谋协议获取更多利益，而基于信息成本高昂的考虑，也不可能实现有效的监督，因此共谋不可能长期存在。他们还认为企业效率差异决定了企业规模的差异而不是相反。因此 SCP 三者的关系是双向动态的，其中企业自身行为分析需要加以重视。索耶（Sawyer，1982）围绕企业行为展开分析，认为企业是产业组织分析中最基本的现实的分析单位，而产业是不确定的，市场结构只是企业竞争关系的一种反映。

二　企业的市场竞争地位

波特以企业竞争优势的差异作为企业异质性分析的核心，把结构—行为—绩效（SCP）的分析范式与企业战略管理研究结合起来，提出决定特定市场结构特征和产业吸引力的五种基本竞争力（新竞争对手的进入、替代产品的威胁、客户讨价还价能力、供应商讨价还价能力和现有竞争对手之间的竞争），他认为五力共同作用决定了产业的市场结构特征和产业吸引力（产业内企业的盈利能力），企业的竞争战略应该是基于对产业市场结构和吸引力的认识和把握，企业选择合适的产业和能确立自身市场地位的战略。企业的竞争优势最终取决于企业的相对成本优势和差异性的程度。而成本优势和差异性优势由产业结构所左右，"这些优势源于企业具有比它的对手更有效地处理五种作用力的能力。"显然，波特仍把竞争优势归结为"产业结构"所决定的，因此这种竞争优势从根本上看仍然是外生的，特定的企业只能根据市场结构和约束条件选择相应的竞争战略。

波特模型把企业作为理论分析的起点，研究的侧重点放在市场结构及其发展趋势，强调企业战略的选择，而企业战略制定实质上就是市场定位的过程，因此他的理论并没有突破 SCP 范式，只不过是把 SCP 范式应用于企业战略分析。

波特的产业结构分析方法从企业面临的产业市场环境角度解释企业在某一时点上具有的竞争力及其构成，例如产品成本、质量差异、顾客服务、营销等优势，但它没有进一步说明这些优势从何而来，因此不能解释企业拥有竞争力的根本原因。现实中，处于同一产业的企业如果选择同样的竞争战略，是否就能够达到同样的绩效，获得同样的竞争优势？如是，那么一个企业的竞争战略只要被分析得出，那么是否就可以被同行业其他企业模仿？在被模仿的情况下，企业的竞争优势还是不是优势？

在实证研究方面，Schmalensee（1985）基于产业组织经济学"行业间差异主要由于企业规模的不同所致"的假设，以市场份额作为度量企业间差异的变量，以 1975 年联邦贸易委员会商业数据和资产报酬率（ROA）为绩效变量，对行业和企业因素如何影响整体利润率进行了分析。结果表明行业因素是利润率的决定变量，而企业差异的影响并不显著。Hansen 和 Wernerfelt（1989）研究了解释企业间利润率差异的经济因素和组织因素的相对重要性，发现行业因素解释了 19% 的利润率方差，而组织因素的重要性约为行业因素的两倍。

但是 Rumelt（1991）认为，Schmalensee（1985）的研究中存在较大的偏差，其中的原因之一是利用市场份额作为企业特有因素的代理变量可能使模型度量存在不足。只用 1 年数据来分析也制约了一个明确综合、能够反映所有企业特有因素效应的企业变量的形成。Rumelt 利用 4 年的数据，涵盖了一个在综合的部门效应的度量指标进行研究，研究中还拓展了 Schmalensee 的描述性统计模型，包含了测量行业效应、企业年龄效应、公司效应和公司/行业交互效应的跨期持续效应。结果表明，行业因素解释了约 9% 的部门报酬方差，其中只有一半是每年稳定的部分。业务部门效应解释了超过 44% 的部门利润方差。

McGahan 和 Porter（1997）的研究却显示，产业因素对企业获利能力的影响因子为 19％，企业独特性因素则为 32％，但是产业因素的影响随着产业的不同而存在很大差异，如在制造业中，产业因素的影响很小，但在娱乐业、零售业和运输业却有较大的影响（表 4-1）。

多数实证研究说明，每个行业内都有高利润的企业，也存在经营不佳的企业。这显然不是企业绩效差异外生论能够解释的。于是许多学者开始把目光投向企业内部，从企业内部挖掘企业绩效差异的原因。Spanos 和 Lioukas（2001）对希腊的 1090 个企业的实证研究得出，产业因素和企业独特因素对企业获利能力都很重要，它们分别解释了企业绩效的不同方面，即产业力量影响市场绩效和获利能力，而企业独特因素则影响企业在市场上的表现（如市场绩效），通过后者来影响企业的获利能力。

表 4-1　企业、行业和其他因素对绩效的影响（单位：％）

	Schmalensee (1985)	Rumelt[b] (1991)		McGahan 和 Porter (1997)
		样本 A	样本 B	
行业效应	19.6	8.3	4.0	18.7
企业效应	0.6	47.2	45.8	36.0
包含				
企业层面效应[a]	0.6	46.4	44.2	31.7
集团效应	N/A	0.8	1.6	4.3
时间（年龄）效应	N/A	N/A	N/A	2.4
行业/年 效应	N/A	7.8	5.4	N/A
误差	80.4	36.9	44.8	48.4

a. 在 Schmalensee 和 Rumelt 的研究中，企业层面的影响是业务部门的影响（business unit effects），因为他们使用的是 FTC 数据集合。在另一个研究中，业务层面的影响是业务细分效应（business segment effects），因为他们使用的是 Computstat 数据

b. Rumelt 使用了两个样本，即样本 A 和样本 B。样本 A 与 Schmalensee 的研究类似，样本 B 的范围比样本 A 更广

资料来源：转引自：Hawawini 等（2003）

综合上述研究结果，尽管产业因素对企业获利能力有一定影响，但是可以看出，企业的异质性对于企业绩效来说是处于决定地位的因素。企业绩效的影响因素不仅要考虑外部因素，更应该考虑企业自身因素，而分析企业自身因素的主要理论就是企业的资源观理论。

第二节　企业内部因素的作用

越来越多的实证研究指出企业特有要素对解释经济租[①]的差异的重要影响

---

① 经济学家区分了三种类型的租金，李嘉图租金是从供给有限或固定的资源中获得的超额利润。帕累托租金（或准租）是资源最优使用和次优使用间的利润差异。垄断租金是来自共谋或政府保护下的租金。

(Jacobson，1988；Hansen and Wernerfelt，1989)。除上面列举的研究外，Cool和 Schendel（1988）描述了美国制药行业同一战略集团内的企业绩效存在着显著差异。Sousa de Vasconcellos 和 Hambrick（1989）的研究表明，每个行业的关键成功因素（key success factors，KSF）是不同的。利用许多成熟产业的数据，他们的实证研究显示产业 KSF 排名最高的组织，其绩效明显超过其竞争对手。一个组织的成功依赖于它的实力与关键成功因素的匹配。但是对关键成功因素概念本身就存在着难以识别、因果关系不清楚等批评（Ghemawat，1991）。

企业的资源观（a resource based view of the firm）是解释企业特有要素对企业绩效的影响的一种新的研究视角（Penrose，1959；Nelson and Winter，1982；Barney，1986a，1986b，1989，1991；Dierickx and Cool，1989；Conner，1991）。这里应该指出的是，资源观侧重解释的是企业竞争优势的来源，而企业竞争优势的存在说明企业间具有绩效的差异，因此笔者在此处把企业竞争优势的存在同企业绩效的差异性等同起来[①]，认为资源观也说明了企业绩效异质性的来源。

资源观理论最早由 Penrose（1959）提出，Wernerfelt（1984）和 Barney（1986，1991）的研究成果标志着资源观理论的正式形成，此后，Barney、Peteraf、Amit、Grant 等为资源观理论研究做出了重要贡献。1990 年，Prahalad和 Hamel 在《哈佛商业评论》发表《公司的核心能力》一文，将资源观理论向工商企业管理实践方向推进了一大步，从而使得资源观逐渐盛行起来。

资源观理论的发展使人们对企业异质性的认识转向企业内部的资源，尤其是围绕资源形成的能力与知识。这一理论把关注点投向企业内部，认为是企业难以模仿的资源是经济租的来源，也是企业绩效和竞争优势的根本动力（Conner，1991）。众多的实证研究也证实了异质性资源对企业绩效直接的正效应（如Miller and Shamisie，1996；Pennings et al.，1998）。

● 一　资源观的基本观点

资源观理论把企业看作是"一系列资源的集合"（Penrose，1959；Wernerfelt，1984）。它放松了经济学理论的假设条件，提出与新古典经济学的理论模型不同的假设，即企业是异质的。从自身资源角度分析，企业的异质性不仅表现在投入品或资源配置的差异，而且表现在要素资源的组合方式存在差异，此外，某些资源本身也存在异质性，例如一些资源（最典型如企业文化）是企业在自身长期发展中逐步形成的，具有独特性。从这个角度看，企业不仅是投入

[①]　对竞争优势与企业超额绩效的关系，可参考：Powell（2001）。

要素的结合体，也是异质性生产要素的创造者①。

从资源观角度出发，企业资源需要重新加以认识。经济学中对资源的认识囿于这样的范围：企业资源主要是资本品、原料和人；这些资源是稀缺的，彼此可以在一定程度上相互替代；每种资源都是同质的，并可以按相同的价格从市场上得到供应。这一假设与现实并不完全相符。现实中的资源并非无差异，有些资源不可替代，而且在市场上难以获取。资源观扩展了资源的概念，界定了更为广泛的资源范畴，资源的成分中涵盖了更为活跃的技能和人力资源。企业的资源被定义为"企业拥有的或者控制的要素的集合"（Amit and Schoemaker，1993）。资源可以结合其他宽泛意义上的资产和机制如技术、管理信息系统、激励系统、管理层和劳动力间的信任等等而转化为最终产品或服务。因此资源包括财务资源、物质资源和人力资源，也包括可交易的知识产权（如专利和许可证）、知识、技术、信息等等更为宽泛的类型。

企业资源中，资金和原材料相对而言具有对所有企业有着同等意义的同质性特征，其他资源如知识、经验、技能、判断力、适应力以及企业组织系统内外的各种联系等，包含太多的活性因素，使每一种资源都富有变化而呈现出千差万别的形态。也就是说，这些资源基本上属于异质性资源，也有学者称其为战略资源（Dierickx and Cool，1989）。

Peteraf（1993）从资源流动性角度区分了两种性质的企业资源：完全不可流动的资源（perfectly immobile）和不可完全流动（imperfectly mobile）的资源。完全不可流动的资源是指不能交易的资源。Dierickx and Cool（1989）也讨论过这类资源。产权不清或者不能记录（bookkeeping feasibility）问题的资源属于这一类（Dierickx and Cool，1989）。有些资源具有显著的特异性，对所属企业非常重要而对其他企业毫无用处，也属于此类资源。另一些资源属于不完全流动性资源。这些资源可以交易，但是在企业内使用比其他的应用方式更有价值。这些资源存在一定的专用性，适应企业特有需求。资源不完全流动的原因主要是信息不对称或交易成本过高（Williamson，1975；Rumelt，1987）。

资源和能力、知识常常联系在一起。资源观在其发展过程中也逐步深化，引申出能力观、知识观等流派，这些流派更加强调企业中无形的异质资源如能力、知识的重要作用。

---

①　这种思想更接近制度经济学提出的观点，即资源不是固有的，而是形成的。显然这里的资源不再是东西或者材料，而是一组能力。这些能力利用了原材料而形成，它定义了资源的功能关系。这种关系就是 Zimmermann 所说的"资源的根本概念"（De Gregori，1987）。

二 能力观

随着资源观研究的发展，能力的重要性凸现出来。1959 年，Penrose（1959）就指出"企业可能不是由于拥有更好的资源而是由于更好的利用资源的能力而实现租金"。因为只拥有战略性资源是不够的，把资源有效利用起来才能获得竞争优势（Mahoney and Pandian，1992；Penrose，1959）。这种核心能力被认为是企业竞争优势的来源（Irvin and Michaels，1989；Wernerfelt，1989；Prahalad and Hamel，1990；Grant，1991；Stalk et al.，1992）。

能力指的是企业利用资源的技能水平，即企业组合、利用资源和组织过程来达到期望的结果。能力被抽象为企业生产与运作过程的"中间品"，为资源带来增值，为最终产品和服务带来战略柔性和保护。

能力与资源不同。许多关于资源的定义都把资源看作是企业完成业务所需要的要素、投入品或者生产要素，资源属于基本单元（Grant，1991）；而能力常常被理解为一种惯例或者相互作用的一系列惯例（Grant，1991），或者说能力存在于组织无形的惯例之中（Leonard-Barton，1992）。能力与资源不同之处在于能力来自于不同资源的组合或者结合（Amit and Schoemaker，1993；Grant，1996；Prahalad and Hamel，1990），能力是以知识为基础的，是在不确定的和复杂的环境中产生的（Amit and Schoemaker，1993），是经过显性知识和隐性知识的相互反馈作用而获得的（Nonaka，1991），也有学者认为能力是通过组织学习过程而形成的（Teece et al.，1997）。因此能力是复杂而动态变化的；资源是相对独立而静止，相对简单。因而资源容易识别，而能力因其复杂性和动态性则很难识别（Black and Boal，1994）。能力比资源更难商业化，更具战略价值也更具异质性（Dierickx and Cool，1989）。

能力观是以资源观为基础的，许多观点与资源观的观点交织在一起，难以截然分开。但能力观更强调协调和运用资源达到经营目标的"才能"，认为这是构成企业竞争优势的基础，一种占优或特异的资源也许会随着竞争环境的变化而失去其优势，但是企业能力则可以长期保持和持续发展，从而成为企业竞争优势的长期保障。正如 Makadok（2001）所说，传统资源观强调资源的选择，而组织能力观强调资源的组合或利用。

目前能力观的研究有宏观和微观两个层面。从宏观层面上看，能力观的研究主要分析的是产业或国家的技术能力及其与国家竞争优势和经济绩效、技术追赶、技术战略的关系。例如 Kim（1980）把发展中国家产业技术能力发展分为引进、吸收和改良三个阶段，Lall（1992）提出了国家技术能力发展的分析框架，Archibugi 和 Coco（2004）构建了国家技术能力指标并测量了两个时期许多国家的技术能力。Fransman 和 King（1984）在《第三世界的技术能力》中强调了第三世界国家应发展技术能力来推动工业化。

在微观层面上，研究主要面向企业核心能力、动态能力（Teece et al.，1997）等方向进行。企业获得的竞争优势不仅来源于它拥有的资源禀赋，更来源于企业对资源的组合方式和使用方式（Penrose，1959）。这种组合和利用资源的能力累积被称为核心能力。核心能力具有企业特质，具有难以模仿性和路径依赖性，同时它也是个同技术和组织均相关的变量。

依据 Barney（1991）对带来竞争优势的资源的分析模型，埃里克森和米克尔森（1996）[①] 对核心能力做了如下概括：①核心能力是有价值的，核心能力应当能够提高企业的效率，即它可以帮助企业在创造价值和降低成本方面比他们的竞争对手做得更好，能够为顾客提供超过其价格的效用和价值。②核心能力是异质的。一个企业的核心能力应当区别于其他企业，在创造价值的过程中能够比竞争对手更有效地运用各种资源。③核心能力是难以模仿的。核心能力是企业较深层次的东西，在市场上难以被其他企业购买和模仿。④核心能力难以被替代。和企业的其他资源相比，核心能力受到替代品威胁的可能较小。由上述特征所决定，企业的核心能力决定了产业内某些企业保持长期而持久的竞争优势。

虽然对于核心能力，研究者给予很大的重视和关切，认为核心能力关系到企业的竞争优势，但实际上，企业核心能力向企业经济绩效的转化过程这一问题，或者说核心能力与企业绩效的关联性研究相对较少，两者之间的关系仅仅是逻辑推理的结论，缺乏深入的理论探讨和实证研究，其中的原因可能在于核心能力的概念及度量都还不完善，虽然可以做理论的分析，但是难以将其付诸行动，进行定量研究的难度较大。从以往的研究来看，尽管核心能力是个企业整体层次的概念，但大多数研究都把注意力集中在一个层面的核心能力，如技术核心能力的研究上，而难以对企业的整体核心能力进行完整的定量研究。例如，Duysters 和 Hagedoorn（2000）试图研究计算机行业的企业核心能力对绩效的影响，研究表明需要构建技术层面的核心能力来促进绩效。Carayannis 和 Alexander（2002）研究了技术学习是否是一种企业核心能力及其对市场绩效的作用。

三 知识观

随着资源观越来越重视无形资源对竞争优势的作用，继能力之后，知识这一因素逐步受到学者们越来越多的关注，形成了知识观这一资源观理论发展的

---

① 转引自：杨瑞龙和刘刚（2001）。

最新方向。知识观把知识看作是最具战略重要性的企业资源（Grant，1996；Hill and Deeds，1996），企业间的知识差异被认为是企业绩效差异的决定因素（Decarolis and Deeds，1999）。

彭罗斯（Penrose，1959）在研究企业内生成长时，强调了企业知识积累与生产可能性边界的扩张相关，认为企业是一个生产性资源的集合体，也是一个管理组织，其内部存在固有的知识积累倾向，会带来生产可能性边界的不断扩展，这种通过知识积累拓展生产领域的机制就是企业的本质。每个企业的知识积累过程形成了独特的管理资源，这些管理资源具有专用性，是企业知识和能力积累的结果，无法从公开市场上购买得到。企业知识积累的方式包括外部知识的内部化和个体知识的联合化，通过这些方式，可以把正式知识转化为非正式的知识，从而实现知识的积累，并实现内部决策的程序化和流程化，克服企业扩张时的管理资源不足问题。而知识积累过程中团队的差异、内部行为准则和文化的差异最终会导致企业成长中知识积累的效率差异，使企业呈现出不同的成长速度和绩效水平。Penrose 的知识积累观点在 Nonaka 等（2000）提出的显性知识和隐性知识相互转化的 SECI 模型中进一步得到体现，Nonaka 提出的企业知识的创新过程是个内在循环过程，知识转化包括四个阶段，分别是社会化、外部化、融合和内部化。其中，融合和内部化类似于上文的联合化和内部化。

演化经济学的先驱阿尔钦（Alchian，1950）建立了抛硬币游戏的模型来说明不确定性对经济行为结果的影响，由于企业缺乏完全知识和预见，企业的长期盈利或亏损有可能是偶然的或者不确定性的结果。现实中的企业是生产性知识和能力积累的载体，不可能缺乏完全的知识，但也不可能拥有完全的知识，因此企业的知识积累及其模仿和创新活动对企业竞争行为和结果有重大影响。纳尔逊和温特（Nelson and Winter，1982）在此基础上提出了完整的演化理论，认为现实企业受到利润的驱动，但是在不确定性条件下企业追求利润时又受到知识和能力的不完全性的限制，企业是在任何给定时间内具有一定能力和决策规则的生产者，即生产性知识和能力的集合，这一集合将随着外在环境和时间的变化而不断演变，在环境选择机制作用下，企业现有的知识基础决定了企业间竞争行为及其结果。

显然，在企业成长与演化的研究中，企业内生性知识和能力的积累一直被认为是企业竞争行为的基础及其利润的来源。受到外部环境的制约和有限理性的影响，企业积累知识和能力的长期动态特征是存在着个体差异的，企业在获取、维持和使用知识上付出的成本也是存在差异的，因此企业的边界由维持自己所需要知识的成本所决定（Demsetz，1988）。在企业内部，出于对组织的忠诚感、使命感以及认同感，组织成员愿意交流彼此的知识和技能，形成组织内的知识资产，有些组织知识则在组织特定的历史背景和文化环境下逐步创造出来，或者从内外部知识的融合过程中逐步形成，组织内因而存在一定程度的特异知识，因此从企业成长和演化理论角度看，企业是异质性的，企业之间存在着核心知识和能力的差异，导致企业的长期竞争优势存在差异。

格兰特（Grant，1996）提出企业是整合知识的组织，他借鉴德姆塞茨有关企业知识不对称性的观点，提出企业知识的获取比知识的使用需要更强的专业化，他强调生产过程中需要专业人员的知识协调，因此企业必须在内部整合员工的专门知识，并提出了四种整合机制：规则和指令（rules and directives）、排序（sequencing）、惯例（routines）和集体问题解决和决策（group problem-solving and decision making）。因此他认为企业的存在本质上是整合知识的需要，市场在协调专业人员的专门知识时会失灵。与 Grant 强调企业知识的利用重于知识创造的观点不同，Spender（1996）强调了企业知识的获得和使用，而 Nonaka 则考察了组织知识的创造，如知识创新过程，即上文提到的 SECI 知识创造过程模型。

知识观对企业知识的创新、转移、应用、整合进行了分析（Demsetz，1988；Grant，1996；Nonaka，2000；Spender，1996）。但是在严格意义上，目前这种理论还没有足够多的自成体系的概念和方法，尚有待深入研究和发展。

综上所述，资源、能力和知识存在这样的关系：资源是组织能力的基础，是构成组织能力系统的基本要素，能力是资源的利用。知识则包含在资源的概念之内的概念，是一定资源和能力的基础。能力观和知识观是资源观进一步深化和演化而形成的学派，与资源观侧重点有所差异。资源观强调资源的异质性，而能力观注重分析资源的组合、利用，知识观则更重视无形资源部分，具体地说就是知识对企业绩效的作用。

第三节　带来竞争优势的资源特征

由于企业资源的异质性以及不完全要素市场，企业之间的差异可能会长期存在，那些长期占有独特战略资源的企业更容易获得持久的经济租。因此企业持久竞争优势来自于异质性资源，异质资源的特殊属性能引致防止或减缓异质资源效能损耗的机制。而资源观分析的主要应用是：鼓励企业识别异质资源，探讨具备何种性质的企业资源才是产生长期竞争优势的源泉（Barney，1991；Conner，1991；Mahoney and Pandian，1992；Amit and Schoemaker，1993；Peteraf，1993）。

● 一 异质资源的自身特征

Barney（1991）认为，作为竞争优势源泉的资源应当具备以下 4 个标准：①有价值；②稀缺；③不能完全被仿制；④其他资源无法替代。虽然有学者提出从经济学的角度看，这个说法显得有些重复，因为如果资源不稀缺就不会有价值，因此稀缺资源是有价值的资源（Lewin and Phelan，2001）。不可模仿和非替代性才是这类资源的关键特征。但是大多数战略研究领域学者都对这四个标准表示认同。Amit 和 Schoemaker（1993）还根据 Barney（1989，1991）、Dierickx 和 Cool（1989）、Ghemawat（1986）对企业资源的期望性质的讨论，总结出战略资源的性质除了稀缺性、难以模仿和替代之外，还有可交易性、可独占性（appropriability）、互补性（complementarity）、耐久性（durability）以及与本行业的战略要素的一致性，如图 4-1 所示。

关于异质资源导致竞争优势的机制，Peteraf（1993）提出了有代表性的模型。他结合了 Rumelt 与 Wernerfelt 的概念，提出四个条件，即"资源异质性"（heterogeneity）、"竞争的事后限制"（ex post limits to competition）、"竞争的事前限制"（ex ante limits to competition）及"不完全流动性"（imperfect mobility），构成的模型使异质性资源给企业带来持续竞争优势。其中，"资源异质性"是公司之超常利润（租）的来源；"竞争的事后限制"则是由隔离机制所产生的，目的是在获得持久租金；"竞争的事前限制"则是指公司应建立使潜在进入者难以跨越的资源位置的机制，使得潜在进入者在高成本壁垒下望而却步，无法进入该市场；"不完全流动性"将导致竞争者难以取得所需之资源，使得该公司能由该资源中持续取得利益。

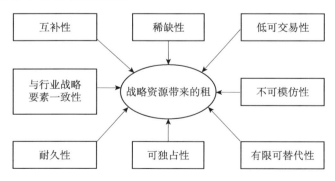

图 4-1　战略资源的性质

二 战略资源的形成特征

持续竞争优势的研究主要集中在识别带来竞争优势的战略资源，分析他们的稀缺性（Barney，1991）。所谓稀缺性指的是竞争对手不能从要素市场上获得这种资源，而且自身开发这种资源也存在障碍（Barney，1986a；Dierickx and Cool，1989）。开发某种资源的所有障碍被统称为"隔离机制"。在资源观的框架下，Rumelt（1984）最早提出隔离机制概念，认为由于异质性资源和竞争优势存在相关性，企业应构建隔离机制来防止其他企业取得或模仿该企业的异质性资源，维护企业的竞争地位。这个概念类似于"进入壁垒"（Bain，1956；Stigler，1968）和"移动壁垒（mobility barriers）"（Caves and Porter，1977；McGee and Thomas，1986），但分析的层面存在差异，"隔离机制"针对企业进行分析，而"进入壁垒"是针对产业的分析，"移动壁垒"则是战略集团层面的分析。

"隔离机制"（isolating mechanism）是异质性资源带来竞争优势的重要解释。通常认为，异质性资源主要通过企业内在的开发过程而得以创建和积累，这种创建或积累的过程往往具有一些特殊特征，包括独特历史条件、因果模糊性、社会复杂性等（Lippman and Rumelt，1982；Barney，1986a；Dierickx and Cool，1989；Schoemaker，1990）。这些过程的特殊性导致生产要素资源的供给不像新古典经济学中所假设的那样是弹性的，而是无弹性的：有的资源和能力依靠路径依赖而发展，有的资源和能力由于因果含糊性而在短期内不知如何获取，有的资源和能力因社会复杂性而无法购买或者销售（Dierickx and Cool，1989；Barney，1991）……这样，其他企业对优势企业的模仿将面临强成本约束，这些资源和能力成为优势企业的"隔离机制"。

1. 时间压缩不经济性（time compression diseconomies）

战略资源通常是知识、能力等无形资源，这些资源的积累不仅是要素投入的线性函数，时间变量在其中也发挥着不可替代的作用。因此，战略资源的积累是时间投入与要素资源投入相结合的漫长过程。人为压缩这一过程，试图在较短时间内通过一定的要素投入构建异质性资源，正如拔苗助长一样是无效率的，可能造成资源的品质达不到预期要求。例如，组织的创新能力不可能在有限时间内形成，而组织的新知识也不是组织人力资本与物质资本、结构资本短期相互作用所能创造的，组织的品牌、信誉、形象等资产更不可能一朝一夕之间建立起来。

因此，对这类战略资源的形成来说，时间是难以逾越的因素之一。模仿企业可以加大其他要素投入，但不可能把时间压缩。因此时间要素成为拥有战略资源的企业维持竞争优势的一道天然屏障。

2. 因果模糊性（causal ambiguity）

Lippman 和 Rumelt（1982）用因果模糊性概念来描述组织行为与结果间的因果联系不明的状态。Barney（1986a）也认为，"在复杂的高度相关的人力或技术系统中，成败的原因常常难以辨别。……因果关系的建立非常困难，伴随而来的绩效评价也十分模糊。"因果模糊性使企业无法辨别取得成功的真正原因或者关键因素，也无法明确指出因素之间的关联或一些资源如何开发出来。因此这种模糊性不仅体现在行为与结果之间，行为过程中也存在大量的隐性成分。例如企业所拥有的知识和能力之间存在着难以言的复杂联系。

因果模糊性的存在使得竞争对手的模仿无从下手，企业的模仿行为将面临更高的成本压力和极大的不确定性，从而制约企业的模仿行为。

3. 独特历史条件（unique historical conditions）

每个企业都有自己独特发展环境、路径、文化和规范（Sathe，1985）。这些因素的沿革与企业异质资源积累同步进行着，其中的相互作用与相互影响不言而喻。某些核心知识和能力是特定历史条件下的产物，是对特定历史机遇把握的结果。社会历史的演进使得特定机遇消失，特定资源产生的条件不复存在，导致特定资源无法形成。因此某些资源的积累过程是"时势"造就的，可以说是独一无二的，即使企业不惜成本复制出完全相同的内部环境和资源，也无法使历史重演，无法使资源积累过程重复发生。因此，受制于独特历史条件，许多企业的刻意模仿行为是毫无意义的。

4. 社会复杂性（social complexity）

MacMillan 等（1985）曾对产品的形成做过分析，认为产品来自不同部门技能的结合，具有复杂性，导致模仿困难。与此类似，特定资源的形成是在一定的复杂社会系统中实现的。以企业为边界，社会复杂性包括外部社会复杂性和内部社会复杂性。外部社会复杂性是企业与利益相关者例如消费者或供应商的跨界网络，可通过信息交流促进企业创新（Tushman，1977），或者通过商务和人际关系建立稳定的利益均占的长期合作。而内部社会复杂性主要指的是团队生产过程中的复杂社会关系。

社会复杂性往往导致因果模糊性（Reed and DeFillippi，1990），使得模仿行为的成本增大，限制企业的模仿行为，保护优势企业的利益。

5. 路径依赖性（path dependence）

路径依赖性是动态过程的非遍历性（non-ergodicity）（Arthur，1989）。在存在路径依赖的情况下，系统的动态变化无法最终趋近特定的稳定均衡结构，企业环境的偶发因素可能影响甚至决定系统发展成为多种不同的结果。因此路径依赖是"敏感依赖于初始条件的"（initial conditions sensitive dependence）[①]。从企业战略资源的积累角度分析，路径依赖意味着企业战略资源的未来积累受到过去和现有资源存量条件和特征的约束（Langlois，1995），由于资源积累具有时间和路径的不可逆性，因而一旦资源拥有了某一特性，它的既定方向会形成正反馈机制，在以后的发展中这一资源特征会不断得到强化，因此现有的资源优势决定着资源积累的方向和未来的资源特征，资源、能力将以既定的方向积淀、发展。例如，企业特定知识的创新受到现有知识存量和人力资源质量的约束。这样，在企业选择开发一定的战略资源时，有必要先对这种资源与自身条件的相宜性进行分析。

路径依赖性说明企业积累战略资源需要一定的必要条件，如果企业的初始条件（资源存量条件和特征）达不到要求，那么模仿行为是无效的，这无形中为竞争企业模仿行为设置了另一门槛。

综上所述，企业战略资源的选择和积累方面的决策，是在兼顾有限理性、时间压缩不经济性、路径依赖性、因果关系模糊（Amit and Schoemaker，1993）等约束条件下做出合理满意的决策。这种资源必须具备有价值、稀缺、不可模仿、非替代性等特质，才能保持企业的竞争优势。

Wernerfelt（1984）也提出过类似于进入壁垒、隔离机制的"资源位置壁垒"（resource position barriers）概念来说明异质性资源特性，她认为在企业资源与绩效高度相关的前提下，企业的竞争优势将随着资源的损耗而丧失，因此为巩固竞争优势，企业应设法建立一些资源位置障碍，以提高其他企业取得这些资源的难度，进而成为进入壁垒的一部分，维护和延续企业的竞争优势。Wernerfelt 还指出，"资源本身的特性"与"资源取得的渠道"都可能是形成资源位置障碍的因素，而且这些障碍往往是耗费相当时日逐渐累积而成的，具有自我成长（self-reproduction）的特性。

三 战略资源的组合特征

正如 Black 和 Boal（1994）所说："……单单列出蛋糕的配料，不等于蛋糕。"单个资源及其特异性并不能自然而然地给企业带来竞争优势。只有把企业资源要素组合起来，产生独特的企业活动，才能真正显示企业的竞争力。因此，企业的竞争优势既来自战略资源优势，也来自于资源组合效率的优势。由于企业资源禀赋不同，企业可能存在着不同的资源组合方式，对生产效率和产品质量产生直接影响，从而带来企业竞争优势的差异。一些独特的组合方式也是能

---

　　① 　Arthur（1990），转引自：张铭洪（2002）。

给企业带来长期的经济租。这种观点最早可以追溯到彭罗斯（Penrose，1959），"企业的两类资源间存在相互作用——它会影响生产与服务。"Barney（1991）也提出无形资源结合或整合起来时，更能够带来超额利润。Teece（1986a）对此进行了研究，提出互补资产的概念，企业只拥有某种能力或者独特的知识是不够的，只有这种能力或知识与其他资产例如生产、制造、销售等资产组合起来，转化为产品或服务，才能真正创造价值。例如一个新车的设计必须与制造和分销系统结合起来才有价值，否则就一文不值。在这种情况下，如果该汽车企业拥有相应的互补资产，则没有问题，但如果该企业没有这些互补资产，这些互补资产又无法通过公开市场获取，那么互补资产也就成为了竞争优势形成与否的关键因素，因此战略资源的组合或战略资源和其他资源的组合可以构筑起企业的竞争优势。Rothaermel（2001）的研究指出，新建的生物技术公司常常缺乏互补资产而难以实现创新的商业化，该行业常常形成新建企业与大型在位企业的合作伙伴，因为这些大型企业拥有制造能力、营销渠道、品牌等互补资产。而 Dyer 和 Singh（1998）也在研究战略联盟时指出联盟伙伴各自的独特资源是实现联盟协同效应的基础。Teece（1986a，1998）还区分了三类互补资产，即通用性互补资产、专用性互补资产和联合专用互补资产，提出联合专用资产（cospecialized assets）是企业的一种"隔离机制"。联合专用资产中所包含的资产不止一项，这些资产必须相互结合使用，或者结合使用能具有更高的经济价值。由于它们没有其他的应用，或者至少其中一种资产具有企业专有性，它们的流动受到限制，它们的优势得以保持。

企业资源的异质性不仅体现资源自身特征以及形成方式上，而且也体现在企业拥有的资源的组合方式上，一定的企业拥有的资源类别、结构、数量、内容上存在差异，其组合的方式也有自身的特点，使企业表现出不同的资源特色，也影响着企业的竞争优势。

四　资源观的基础假设

从本质上看，资源观的基本假设是要素（或资源）市场的不完全性。现实中市场并非新古典经济学所假设的完美市场，而是存在不对称信息、交易成本、不完全竞争以及制度缺陷的非完美市场。在这样的市场上，处于稳定环境中的企业生产要素配置的非均衡态由于要素市场不完全而不会逐渐趋向均衡，反而可能形成正反馈机制使资源积累得到巩固和支持，最终使企业形成"隔离机制"，决定着企业绩效的差异。

要素市场的不完全被认为是形成企业持续竞争优势的根本原因。许多学者如 Wernerfelt 和 Montgomery（1986）、Lippman 等（1991）等都认为要素市场不完全性导致资源流动困难，那些拥有战略资源的企业就能长期保持超常规利润。Barney（1991）也指出，企业的竞争优势只能来源于要素市场的不完全性，如果企业实施竞争性战略的关键资源是企业内部长期发展的结果，那么这种资源就难以通过公开市场获得。资源的特殊性和要素市场不完全性导致这部分资源的供给无弹性，这是核心能力和知识带来企业竞争优势的根本原因。Peteraf（1993）认为，由于资源市场的不完全性和企业在发展和配置资源的管理决策上的差异，企业在其控制的资源和能力上不可避免地存在异质性。对于管理者而言，他们所面临的挑战就是辨别、开发、保护和配置企业的资源和能力以获得竞争优势。"那些与竞争对手相比具有独特性或优越性的资源如果与企业的外部环境机会相互匹配，将成为企业竞争优势的基础。"

　　某些资源供给无弹性的观点并非资源观学者的独创，新古典经济学家实际上也分析过供给无弹性的生产要素与利润的关系问题，代表性的研究来自李嘉图。李嘉图认为除了土地外，还有许多生产要素都具有供给无弹性性质（Peteraf，1993；Dierickx and Cool，1989；Barney，1986b）。因此，资源观只是李嘉图经济学的扩展。Langlois（1995）在 Barney 观点的基础上，进一步分析了企业核心资源或要素的非竞争性特征。他认为企业战略活动所需的要素可划分为两类：竞争性要素和非竞争性要素。前者指可以从其他企业或市场通过交易可以获得的生产要素，后者指不可能通过市场获得的要素。非竞争性关键要素通常因路径依赖、因果模糊、特定历史条件等形成过程的特殊因素而具有难以模仿和替代的特征，而这种要素也无法进行市场交易，企业要想取得成功，只能通过自身的学习、模仿和试错过程积累起非竞争性核心资源。

　　资源的非对称配置和要素市场不完全性或者要素的非竞争性是资源观理论存在的基础。资源观理论强调的战略资源从本质上分析只能来自企业自身积累和创建的无形资源部分，这部分资源天然地在企业间非对称地分布，且难以通过要素市场交易；同时由于这些资源含有隐性成分致使这些资源难以被分离、辨识和模仿、替代，从而这部分资源处于相对稳定的状态，企业由此获得一定时期的竞争优势。而竞争的事后限制（如隔离机制的存在）使这种竞争优势进一步持续。应该指出，隔离机制也可能带来所谓"核心刚性"（Leonard-Barton，1992），企业如果不能适应环境的动态变化，市场的不确定性会把企业的原有战略优势侵蚀殆尽。

五　资源观的研究现状评价

　　总体上，对于企业绩效的决定因素的研究经历了从外向内的审视路径，这一路径的演化反映了对经济学理论假设的深入探究，尤其是打开企业"黑箱"，把企业从"同质性"向"异质性"的演变历程。SCP 范式以及之后波特对企业竞争战略的分析模型都坚持企业竞争优势的外生性，尤其是外部市场不完全性的决定作用，强调合理的产业选择是企业获得竞争优势的关键。但是无论现实情形还是实证验证都对这种外生论给予了批驳，于是出现了企业的异质性、企业超额利润来源于企业内部资源禀赋差异等观点，以 Rumelt、Penrose 以及 Wernerfelt 等为代表的企业的资源观日渐盛行。资源观理论认为，企业间的差异在于独特的资源、尤其是知识和能力的积累，这些独特的资源也被称为战略资源，战略资源具有有价值、稀缺、难以模仿和替代的属性，能够因其形成过程具有独特历史条件、因果模糊性、社会复杂性、时间压缩不经济性等特征而形成"隔离机制"，从而为企业带来持续的竞争优势，这也就是企业绩效存在差异的原因。

资源观是本书考察企业绩效时所重点关注的理论，因为智力资本在本质上看具有战略资源的特性，资源观可为分析智力资本与企业绩效的关系提供理论基础。在资源观的研究中，基于研究现状，笔者认为目前资源观研究存在的欠缺之处有如下几处。

首先，从上述资源观文献回顾可以看出，目前的资源观理论强调能力和知识的作用，但对企业资源的考察忽视了一类重要的资源——社会资本，即社会关系和网络中包含的独特、难以模仿和替代的以关系为特征的资源。这类关系资源一旦形成，在使用过程中能逐步加强，也能为企业所控制，能为企业带来经济利益，这是社会资本研究中已经得到证明的，但目前资源观并未确立这类资源对竞争优势的作用，也缺乏将社会资本理论与资源观结合起来的深入研究。

其次，资源观虽然强调企业是一组资源的集合，但是对于资源组合的研究较为罕见，大多数研究都对于异质性资源给予论述，但是并未研究异质性资源的相互作用。事实上，这也是一些学者对资源观提出批评的主要内容。例如 Foss 和 Knudsen（2003）、Priem 和 Butler（2001）都指出，RBV 缺乏一个关于竞争优势的明确定义，缺乏如何获得竞争优势的明确论述，也没有对有利的资源结构做出说明。虽然有少数研究中提出了资源组合的作用，但是也未进行深入分析和验证，这不得不说是现有研究的一大缺憾。

第五章

基于智力资本的企业理论

智力资本理论是近年来伴随知识经济理论发展的新兴产物，其基本概念与战略管理领域的资源观理论具有共通性。本章首先探讨智力资本与资源观中无形资源的相关性，并在讨论智力资本特征的基础上，分析智力资本的战略资源属性，之后提出一个初步的基于智力资本的企业理论。

第一节　智力资本与资源观中的资源

许多学者都指出，智力资本强调识别、管理人力资本、结构资本、关系资本的观点与企业的资源观具有理论上的一致性。Herremans 和 Isaac（2004）认为，资源观对内部资源的重视与智力资本概念的基本思想是统一的，因为随着知识经济的发展，企业竞争的焦点已经从物质资源转变为知识资产（即智力资本）。Riahi-Belkaoui（2003）指出，资源观认为企业资源与绩效有正相关关系（Canibano et al.，2000）。无形资产具有战略资源的特征，是影响企业绩效的关键要素（Godfrey and Hill，1995），但并非所有无形资产都属于战略资产，在所有无形资产中，智力资本被认为是战略资产的重要部分（Mouritsen，1988）。Meso 和 Smith（2000）基于资源观，指出智力资本日益成为唯一的真正的战略资产，因此需要开发组织知识管理系统来专门管理智力资本。Marr and Spender（2004）指出，商业环境的变化促使企业资源对竞争优势的相对重要性不断演变。资源观强调，企业是具有独特的资源基础的异质性组织（Nelson and Winter，1982；Barney，1991）。这个资源基础包含的越来越多的是知识为基础的资产（Stewart，1997；Roos et al，1997；Sveiby，1997，2001）。企业知识是利润的源泉（Grant，1991）。资源观、能力观以及后来的知识观的发展是智力资本对企业经济租的影响不断增强的结果。Burr 和 Girardi（2002）更明确地指出，企业的资源观暗示智力资本及其向行动的转化会给企业带来竞争优势。

一　资源的类型

企业是有形资源和无形资源以及能力的独特组合（Wernerfelt，1984），资源是资源观的基本分析单位，是非永久性地与企业联系的资产（Maijoor and van Witteloostuijn，1996；Wernerfelt，1984）。

许多研究文献提出资源的分类。Barney（1991）把资源分为三类：物质资本资源（physical capital resources）、人力资本资源（human capital resources）、组织资本资源（organizational capital resources）。物质资本资源包括企业的厂房设备及隐含的技术、地理区位以及原材料和零部件的供给等；人力资本资源指的是企业的培训、经验、知识、关系以及员工的技能和教育水平等资源；组织资本资源则包括组织文化、组织系统、知识产权和其他无形资源等。物质资本资源、人力资本资源和组织资本资源共同构成企业的资源基础。

依据资源的物理形态，Hall（1993）把资源分为有形资源和无形资源两类。有形资源包括物质资本资源如工厂设备、人力资本数量和员工的技能水平以及财务资本资源。无形资源可进一步分为两类：一类是受法律保护的所有权资源如专利、商标、版权、合约和许可证；另一类是能力。

Grant（1991）列举了六类主要的企业资源，即财务资源、物质资源、人力资源、组织资源、技术资源、创新资源等。Hitt 等（1997）依据 Grant（1991）提出资源的分类，如表 5-1 所示。

表 5-1　企业资源的分类

资源种类	主要内容
财务资源	现金及企业的融资能力，创造现金收益的能力
物质资源	生产设备及其布局，原材料及采购渠道
技术资源	各种知识产权以及与之相关的技术知识
创新资源	技术人员和研发所需设备
商誉资源	顾客和供应商所认可的品牌、信誉和合作关系
人力资源	员工培训水平、适应力、判断力和工作态度
组织资源	企业的组织结构和它的计划、控制、协调系统

资料来源：Hitt 等（1995）：72-73. 参考：王迎军（1998）

此外，其他一些学者对于资源类型也提出了各自的观点，如表 5-2 所示。

表 5-2　资源的分类汇总表

学者（年代）	类　型
Wernerfelt 和 Chatterjee（1991）	物质资源、无形资产、财务资产
Collis（1991）	核心能力、组织能力、管理传统
Leonard-Barton（1992）	员工知识与技术、科技系统、管理系统、价值和常规
Collis 和 Montgomery（1995）	物质资产、无形资产、组织能力

资料来源：笔者整理

上述分类虽然因分类的角度或者标准不同而有所不同，但是基本是可以相互对应的，其所包含的内容从总体上看也是一致的。如果把它分为有形资源与无形资源两部分，那么两种资源分别包含以下内容：

（1）有形资源。即具有一定实物形态的资源，包括财务和物质资产，如货币、生产设施、原材料、产品等，它可以在资产负债表中充分表达。

（2）无形资源。即诸如公司的声望、品牌、文化技术知识、专利和商标以及日积月累的知识和经验等不具有具体实物形态的资源。主要包括：人力资本，即企业拥有的参与企业生产经营的劳动者的能力；组织资本，即资产、人员与组织投入产出过程的复杂结合而表现出的能力，包括组织流程、制度文化、技术资本如专利、技术诀窍等。

从上述分析可以看出，智力资本分类与企业资源分类中的无形资源有着诸多类似之处。例如根据 Barney（1991），除物质资本资源外，还有人力资本资源和组织资本资源。把 Grant（1991）的分类综合起来，"科技资源、声誉、组织资源"都是组织资本资源的内容，这样 Grant（1991）的分类和 Barney（1991）的分类基本一致，除了物质资本资源外，人力资本资源和组织资本资源是企业的重要资源。

根据智力资本理论，企业资本是有形资本和智力资本的总和，智力资本是由人力资本、结构资本和关系资本构成的。人力资本包括企业员工的知识技能和培训、经验、动机、对组织的承诺等。结构资本包括企业组织系统、组织机构、组织文化、内部合作交流、组织知识管理等。关系资本包含反映企业与顾客关系的信誉、品牌、顾客忠诚等因素和反映企业与供应商、分销商、合作伙伴及其他利益相关者关系的因素。

可以看出，智力资本的结构同资源观中无形资源的结构极为相似，只是缺少关系资本的内容。如前所述，这一点恰是资源观研究中的忽视之处。关系资本已经成为企业资本（资源）的重要组成部分，有必要作为企业资源进行深入研究。关系资本是社会资本的相关概念。Leana 和 Van Buren III（1999）把企业的社会资本定义为反映企业内社会关系特征的资源。组织的社会资本是一种能使组织（如为股东创造价值）和成员（如增进员工的技能）都获益的资产。Adler 和 Kwon（2002）在关于社会资本的综述中，特别对社会资本的资本特性进行分析，解释社会资本是一种资本，且具有一些特殊属性。社会资本能够促进单位间的资源交换和产品创新（Gabbay and Zuckerman，1998；Hansen，1995；Tsai and Ghoshal，1998）、智力资本的创造（Hargadon and Sutton，1997；Nahapiet and Ghoshal，1998）、和供应商的关系（Baker，1990；Uzzi，1997）以及企业间学习（Kraatz，1998）。关系资本属于社会资本的范畴，是企业与利益相关者的关系特征及其价值。因此，把关系资本置于企业智力资本的框架中进行研究，有助于更全面和深入地认识和分析企业资源系统。

在上面的分析中，资源和资本两词都加以应用，有必要对两个概念进行辨析，以便为下面的分析奠定基础。资源和资本是相互联系又相互区别的概念。

（1）资源

美国著名的资源经济学家阿兰·兰德尔认为：资源是由人们发现的有用途

和有价值的物质。经济资源是一般资源的一个子系统，它是指在人类的经济生活中，一切直接或间接地为人类所需要的，并构成生产要素的、稀缺的、具有一定开发利用选择性的资财来源。其范围仅包括人类所需求的一般资财中，作为生产投资要素的那部分资财。《市场经济大辞典》（1993）指出，资源即"资财的来源"，其本质特征是有用性。

（2）资本

萨缪尔森和诺德豪斯（1996）主编的《经济学》中指出，资本是一种生产出来的生产资料，一种本身就是经济的产出的耐用投入品。资本的投入能够导致产出的增加。林南（Lin，2001）① 认为，资本是市场上的一种期望得到回报的资源投资，"资本作为一种资源存在于两个过程之中。在第一个过程中，资源作为一种投资被生产、改变，即资本是生产过程的结果（产生或是增加了的资源的价值）；在第二个过程中，这种经过生产和改变了的资源将投放到市场中以便获利，即资本很偶然地被作为一种生产要素（资源被交换从而产生利润）"。从会计领域分析，"资本"（capital）一词的基本涵义是：人们通过一定的投资活动而取得的获利手段。凡是预期将来能获得一定的利润或者收益，而在目前一定时期内付出代价获得的所有物，都是资本。现实中"资本"一词的使用形式是多样化的，如在借贷活动或投资活动中的本金（如贷款本金、所有者股本）、在生产过程中投入的生产资料、能够带来未来收益的所有物或者能够带来剩余价值的价值等，都被称为资本。不同存在形态的资本在经济活动中的地位与作用是各不相同的，不仅狭义的物质资本是异质的，而且广义的包括人力资本、知识资本等资本更是异质性的。

从上述分析中可以发现，资本和资源是相互联系、不可分割的两个方面。资源在为企业经过投资获取并作为生产要素投入生产过程的情况下转化为各类资本；资本是资源的货币表现，它强调经济资源所具有的投入产出属性。如前所述，智力资本是由特定企业投资形成的，能够为企业带来收益的资源。由于资源和资本的同质性，资源观研究中并未对资源（resource）和资本（capital）进行明确区分，很多情况下两个概念在交换使用，因此智力资本概念与资源观中具有战略意义的资源概念存在内在一致性。

二 战略资源的特征

根据企业的资源观，企业特有的异质性资源和能力是解释企业绩效的关键，

---

① 转引自：林南．资本理论的社会学转向．牛喜霞译．社会，2003.29-33。该文译自林南主编的《社会资本——关于社会结构和社会行动的理论》一书，剑桥大学出版社，2001年版。

由此可以推论：获得战略资源是竞争优势的关键（Barney，1991；Conner，1991；Mahoney and Pandian，1992；Penrose，1959；Peteraf，1993；Werner-felt，1984）。资源观的核心概念就是企业拥有或者控制的异质性资源，也有的学者称之为战略资源（Barney，1991；Amit and Schoemaker，1993）。

如前所述，Barney（1986）提出异质性资源的特征包括稀缺性、有价值、难以模仿、难以替代，Amit 和 Schoemaker（1993）则根据 Barney、Dierickx 和 Cool 的研究，进一步总结出战略资源的性质除了稀缺性、有价值、难以模仿和替代之外，还有可交易性低、可独占性、互补性、耐久性以及与本行业的战略要素的一致性。

笔者认为，Barney 提出的四个标准是相互联系的，可以视为战略资源的基本性质；Amit 和 Schoemaker（1993）所补充的性质中大部分是可以通过这四个基本性质推论出来的。

首先，稀缺性反映的是在竞争市场中拥有某种资源的企业数量。如果拥有某种特定资源的企业数量很多，那么资源的稀缺性就不高，企业从中获得超额租金的能力就会减少。后者反映资源的价值高低。资源能够使企业利用市场机会或者阻碍竞争威胁，它就是有价值。这种价值性的高低表现为通过该资源获得超额租金的能力。因此稀缺性低的资源的价值必然相对较低。资源带来的竞争优势的可持续性是它的可模仿性和可替代性的函数。某些具有不完全可模仿性或者不可模仿性的资源是竞争优势可持续性的基础。不完全可模仿（imper-fect imitability）是资源形成过程的性质决定的，例如独特历史条件，因果含糊性或者社会复杂性（Reed and Defillippi，1990）的资源难以被模仿。战略资产的替代性意味着一种资源是否具有战略等价物（strategic equivalents）。但是，与"稀缺性"概念类似，它也是一个程度的度量。两种资源若都容易获得并且可以完全被替代，那么一种资源显然会破坏另一种资源的产生租金的能力。但完美替代常常不存在，资源 A 的产生租金能力只是在某种程度上被资源 A 的替代物资源 B 所抵消。如果战略等价物替代存在，但是也很稀缺，那么这种资源仍然具有战略重要性。例如，资源 B 可能是资源 A 的战略等价物，但是资源 B 和资源 A 一样是稀缺的，那么两者都是战略竞争力的来源。因此稀缺性、有价值、难以模仿和难以替代是战略资源的基本性质。

其次，稀缺而有价值、难以模仿和替代的资源只能是无形资源的一部分（Michalisin，Smith and Kline，1997）。这部分战略资源由于稀缺性和难以模仿，必然只具有较低的交易性，而这些资源所获得的租金是可以为企业所独占的。由于资源具有相对稳定性，能带来相对稳定的竞争优势，所以这种租金也是能够相对持久的。由于企业总是处于某个特定行业内，竞争也必然在行业内进行，那么与行业战略要素相一致的标准只是战略资源存在的前提。

最后，互补性表示战略资源通过与其他企业战略资源的结合增加资源的战略价值，互补性资产的重要性在于它是实现价值的必要条件。如果仅有战略资源而没有互补资源，则企业将难以实现战略资源的价值，也难以获得竞争优势，这里唯一的例外恐怕就是软件行业（Teece，1998），因为软件不需要生产制造而且可以借助互联网实现低成本分销。

基于以上分析，笔者认为，战略资源的特征应包含五个方面：有价值、稀缺、难以模仿、不可替代和互补性。下面关于战略资源的分析将基于这五个标准来进行。

三 战略资源与无形性

基于资源观，可以得到这样的推论：战略资源是企业绩效的关键决定因素。战略资源是具有稀缺性、有价值、难以模仿、不可替代和互补性的资源。

企业资源可以分为有形资源和无形资源两大类。有形资源具有物质性，包括土地、工厂设备以及货币资源。有形资源虽然具有一定的稀缺性，但它们都可以在公开市场上购买到，因此它们可被轻易地模仿。在排除由政府限制竞争的法令和政策导致的"法定垄断"（statutory monopoly）① 的有形资源的情况下，以有形资源为基础无法构建持久的竞争优势。

无形资源能够带来相对持续的竞争优势。有的无形资源受到法律保护，这种资源能够有效地保证稀缺性和不完全可模仿性。例如，专利和许可证技术等通过法律手段确保排他性使用权，模仿也被法律禁止，因此这些资源具有的潜在价值在一定期限内持续。其他无形资源如组织文化、员工专门技能（know-how）、社会关系等使企业能以独特的方式更有效地利用物质资源（Barney，1991）。这些无形资源的形成和积累具有因果模糊性、社会复杂性和独特历史条件等特征，因而难以观测。可模仿性很大程度是可观测性（observability）的函数（Godfrey and Hill，1995）。无形资源观测性差决定了该资源难以被模仿，从而巩固其竞争优势。从以上分析可以得知，企业的战略资源必定是企业内无形资源的一部分，物质资源无法成为企业的战略资源。

---

① 经济学上的垄断分为以下三种类型：一是由生产技术上的规模导致的"自然垄断"（natural monopoly），二是由少数厂商的合谋行为导致的"行为垄断"（behavioral monopoly），三是由政府限制竞争的法令和政策导致的"法定垄断"（statutory monopoly）。法定垄断又分为增强效率的垄断和损害效率的垄断两类，前者又分为为了实现规模经济（在自然垄断行业）和为了外部经济的内在化（如专利权）两种情况（参见：张维迎和盛洪（1998））。

第二节　智力资本：企业的战略资源

一　智力资本的特征

结合前人研究成果，笔者认为智力资本具有下列特征：

（一）无形性

智力资本无实体物质形态，本质上与知识、经验、能力、智能及创新有极大的关系。智力资本的诸多要素都是无形的，或者存在于人的头脑中，或者储存在隐性的组织结构和关系中。例如，人力资本所包含的知识、能力、经验都无法编码化，属于隐性知识，只存在于员工的头脑中。企业的品牌、文化、结构、流程等也是不可触摸的，只存在于企业特定的组织结构之中。企业与顾客和供应商的关系是在长期相互磨合和沟通的过程中逐渐培养起来的，并非一朝一夕之功，这种关系的存在可能与某些员工有很大关系，一些员工与顾客或供应商的相应代理人建立起良好的个人关系和互信而持久的组织联系，从而能够维持企业与利益相关者的关系。这种关系也可能只与组织有关，以企业为主体建立的与其他企业或机构的关系跨越个人关系的范畴而稳固存在。

（二）部分可交易性

部分智力资本如专利、商标等是可以在技术（知识产权）市场上公开交易的；在企业的合资合作中，技术也可以作为一种资本入股，可以折合为一定数量的资本金。大多数国家也对人们从事智力劳动的成果给予保护，即知识产权保护法律，而且这个法律已经进入国家间的贸易谈判中，力图实现全球范围的保护。但是大部分智力资本具有企业专用性，无法进行市场交易。一些智力资本在交易时存在许多与有形商品转让显著不同的特点。例如，专利、商标等无形资产可采用所有权与使用权相分离的方式，转让使用权，保留所有权。又如，在交易时，许多智力资本的交易并无统一价格，因为作为独占性商品其定价很难统一，往往是协商定价。

（三）自增强性

智力资本不像其他物质资本那样，随着使用而损耗，价值减少；相反，随着使用的时间推移，智力资本的价值可能没有减少反而逐渐增加。以人力资本中的知识和技能为例，在使用过程中，知识会逐步改进，技能会因熟练而增强。

结构资本中的惯例、流程也是如此，使用的过程就是形成正反馈循环的过程，这一过程会使结构资本得到不断加强。关系资本的使用也可以带来加强的效果。智力资本的损耗只可能在知识过时、组织变革和关系遭遇欺诈或单方面损害的情况下发生。

（四）收益的递增性与不确定性

智力资本与一般实物资本投资的收益表现存在着显著的差异。研究表明以知识为基础的经济活动中，起主导作用的不是投资的收益递减规律，而是收益递增规律，即对于某一特定知识资源的投资来说，随着投资的持续增加，收益不但不会减少，反而会逐渐增加，直至被另外一种全新的知识资源替代为止。阿瑟曾总结出"技术采用的收益递增"的五方面原因，即干中学、网络延伸性、生产中的规模经济、信息的递增收益和技术的相互关联性。

智力资本本质上是基于知识的资本，是企业个人、企业组织自身和企业与外界机构关系中蕴藏的经济性知识资源，因而智力资本投资同样遵从收益递增规律①。智力资本的收益递增主要缘自如下因素。

（1）组织学习效应。阿吉里斯和绍恩（Argyris and Schon，1978）指出，组织学习包括一系列不同于个人的学习活动，它的最大特点是以一个共享的知识基础为中心。组织的智力资本包含显性和隐性知识为基础的要素，通过组织学习机制，不断强化组织文化和价值观、促进组织内部知识共享、提升组织成员技能水平，保证智力资本投资的收益递增。

（2）组织网络的延伸效应。组织内部以及组织间都在不断构建基于共同目标或特定目标的正式和非正式的关系网络。随着这种网络的日益延伸和完善，从组织内部来看，组织正式或非正式交流的作用越来越明显，如果能够保证这种作用与组织的战略和结构相适应，那么组织的效率将会得到持续提高。从组织间关系来看，这种网络的延伸和交流的增加能增进组织间信任，促进组织间交易的高效率。

（3）规模经济效应。随着组织规模的扩大和智力资本存量的增加，总的智力资本投资成本虽然会上升，但单位智力资本生成和管理的费用却可能下降，各种交易费用也会相应降低，从而产生组织智力资本的规模经济。规模经济成为诱致企业持续投资于智力资本的主要因素。

智力资本虽然具有收益递增性，但其收益同时具有较强的不确定性，例如旧知识会迅速被新知识所替代从而造成旧知识的贬值，投资收益会趋于下降。

---

① 张钢（2002b）在研究人力资本和组织资本时，提出过人力资本和组织资本的收益递增效应。笔者借鉴张钢（2002b）的思路对关系资本也作了分析，认为关系资本也存在收益递增效应，因此总体上，智力资本具有收益递增的特点。

投资某种类型的智力资本也并不必然增加其水平（G. Roos and J. Roos，1997）。例如，企业采购的 IT 系统可能并不适合企业，从而无法增加企业结构资本的投资收益。企业的关系资本同样存在收益不确定性。顾客与企业是通过交换关系而实现沟通的，在买方市场下，顾客购买的选择空间极为宽泛，顾客流动性的增强为关系资本的形成造成障碍，也使得关系资本的收益波动性较强。

（五）智力资本的专用性

威廉姆森把资产专用性分为地理区位的专用性等五类，其中人力资本、品牌、商誉等资产都具有专用性特征，由此引申可以认为企业的智力资本是具有专用性特征的。

首先，人力资本具有专用性。人力资本的专用性表现为人力资本在某种特定用途上的价值高于在其他用途上的价值，企业对人力资本的投资是为了提高员工的适应组织需要的业务技能，当员工形成专门适用于特定流程和特定组织结构、设备的技能时，这部分技能就具有专用性。一些技能例如员工获取信息的方式、学习技术的方式是在干中学的过程中形成的，具有缄默性和独特性。如果离开这个企业，员工在其他企业就无法应用原有的知识和技能，也无法适应新的惯例和方式。另外，员工在企业的工作以团队生产的方式进行，团队运作需要相互配合彼此协调，需要掌握团队成员的个性特点和习惯，离开这个团队，员工可能无法表现出工作中的高效率。这些基于一定企业背景的专有的技能、知识和能力就形成具有专用性的企业人力资本。

其次，结构资本具有专用性。任何结构资本投资都天然隶属于组织本身，即都是专用的。结构资本的专用性最突出的表现是它的不可转让性，即不能进入市场交易，即使在企业购并的情况下，结构资本也难以测算，而且随着购并的发生，被购并企业的结构资本将损失殆尽，残留的结构资本不仅难以发挥作用，还会成为购并企业进一步投资于结构资本的壁垒。

最后，关系资本具有专用性。关系专用性资产（relationship-specific assets）的研究表明，关系的专用性投资界定了某种特定关系资产，也创造了投资方的锁定状态。合作网络、契约或信任是在特定的组织间形成的，它不可能通过交易转让给其他组织，为其他组织所用。因此可以认为关系资本也是具有专用性的资本。

智力资本的专用性导致智力资本与企业组织是密切结合在一起的，智力资本的投资会对本企业产生积极影响，投资的回报也依赖于企业的总体绩效，难以分解出具体某一项智力资本投资的收益。因而，从长期发展来看，智力资本投资回报率高低只能是企业集体成就和个人成就的折中反映。

(六) 智力资本要素间的相互依赖性

结构资本、人力资本和关系资本是紧密联系、互为因果、不可分割的，它们之间的作用是一种非线性的相互作用，因而智力资本投资必定是一种具有连锁效应的投资，即投资于人力资本必定连带性地对结构资本与关系资本的形成产生影响，投资于组织资本也必须同时促进组织的人力资本与关系资本，而投资于关系资本也相当于某种程度上投资于人力和组织资本。否则，将会由于投资瓶颈的存在而导致整体智力资本增值的缓慢乃至停滞与萎缩，进而使单要素的智力资本投资失去意义。智力资本投资的这种连锁性特点集中反映智力资本构成要素间的相互依赖性。

二 智力资本的战略资源属性

如前所述，根据资源观理论，拥有持续竞争优势的资源必须具有以下条件：它必须能为公司创造价值、稀缺性、不可被模仿和替代以及互补性，下面将集中探讨智力资本是否符合这些条件。

(一) 智力资本是有价值的

价值是运用资源进行竞争的结果。智力资本所创造的价值难以用数字直接度量，因此这方面研究很少。但是可以从各类智力资本的作用及其影响角度加以推断。

从人力资本来看，Steffy 和 Maurer（1988）指出："公司特定人力资本理论（Hashimoto，1981），提供一个检验人力是否能创造价值的工具。"人力具有的将投入转换为产出的能力是人力创造的价值。传统上将价值概念化应用在人力资源上的例子较为困难，近年来转而利用效用分析评估（Schmidt et al.，1979）。Bourdreau 和 Berger（1985）扩大了 Schmidt 的模型，进一步通过两个途径证实人力资源的价值：①明确计算出人力资源（工作员工）为公司所销售价值，这个销售价值呈现出在公司的生产流程中，人力资源所能增加的价值；②在 Bourdreau 和 Berger 的模型中，以金钱为价值的单位可以让公司容易追踪离职员工与新进员工在价值创造上的差异（Steffy and Maurer，1988），因此从效用分析来看，人力资本资源具有创造公司价值的能力。

结构资本或组织资本的研究中，由于组织资本难以度量因而缺乏对组织资本带来的价值的直接测量。Atkeson 和 Kehoe（2002）认为，美国制造业近 9% 的产出是用物质资本或劳动力所不能解释的。这个产出中约 4% 的产出可以用组织资本解释，即基于经验的组织专用知识。他们发现，组织资本存量价值约为

物质资本存量价值的 2/3。当然这是在宏观层面的研究。从企业层面看，López
等（2004）分析了组织资本的各要素，如组织文化、组织结构、组织学习、业
务流程与竞争优势性质的关系，说明组织资本要素都具有价值，如表 5-3 所示。

表 5-3　组织资本要素性质分析

性质		组织资本要素			
		文化	结构	组织学习	业务流程
战略资源与 能力的特征	有价值	√	√	√	√
	可模仿性	√	×	√	×
	可替代性	×	×	√	×
	可转移性	√	√	√	√
	持续性	√	×	√	√
效应	竞争优势	√	√	√	√
	持续竞争优势	√	×	√	×

资料来源：López et al.（2004）

　　定性分析表明，结构资本能够提高企业运作效率，提高生产力，增强企业
适应性，这些都能够为企业创造价值并增加企业绩效。结构资本中企业文化、
组织结构和组织学习最具代表性。企业文化的价值在于它能够促进企业员工、
顾客、供应商及其他利益相关者的能动性，带来降低成本和促进销售的效果
（Peters and Waterman，1982）。企业文化中如果具有顾客至上的价值观，就会
更接近顾客，提供及时的市场信息，开发符合顾客需求的产品，创造更高的顾
客忠诚度，因此如果企业文化与环境的特征相匹配，那么企业文化能够增加企
业的价值（Barney，1986b；Amit and Schoemaker，1993）。

　　关系资本也具有价值创造的功能，学者关于这个方面的研究大多是间接的。
例如网络关系的存在能够促进企业间学习、知识交换与共享，从而促进企业的
创新活动（von Hippel，1977）；增强与消费者的关系会促进销售增加，增强与
供应商的关系能够有利于获得更及时、满足需求的原料，提高生产效率。这些
都会最终提高经营业绩。例如良好的信誉有助于企业赢得顾客，交易溢价、吸
引更好的人力资源、促进进入资本市场、吸引投资者和获得其他资源（Fom-
brun and Shanley，1990；Rao，1994；Weigelt and Camerer，1988）。它也能增
进新产品和服务的成功率，获得有吸引力的合作伙伴，例如战略联盟和 JIT 安
排。企业信誉还能防止竞争者进入市场和减少对竞争行为的报复可能性（Por-
ter，1980）。换句话说，在资源观逻辑下，良好的信誉能够给企业带来更多的机
会和减少威胁而具有价值。

　　因此总体上，智力资本能够增加企业的价值。

（二）智力资本是稀缺的

　　稀缺是不能同时满足所有的愿望，必然导致选择，带来资源的配置问题。

智力资本，从根本上看是知识和技能，这是知识经济时代竞争的关键要素，因此智力资本必然是稀缺资源。

首先，高水平人力资本是稀缺的。Steffy 和 Maurer（1988）主张现实中人力资本是异质性，大部分员工集中于平均水准上下，拥有高认知能力的人力资源是稀少的，因为它是位于正态分布的极端位置。因此拥有高认知能力员工的组织，将比拥有较低认知能力员工的竞争者创造更多的价值。Snell 等（1996）也说，"如果技能的类型和水平不是平衡分布的，一些企业能获得更多的有技能的员工，那么在其他条件相同的情况下，人力资本的类型能够成为竞争优势的来源。"

其次，适合企业成长的结构资本也是稀缺的，有效的组织制度和结构、流程管理模式、技术系统、激励机制以及组织文化环境等都是不对称分布的。一定的组织管理模式、组织文化都是与特定的企业相适应的，组织只能通过不断的调整和试错来探索合适的管理结构、模式和文化，一旦找到，则可对生产率的提高和绩效的改进产生积极影响。因此适合企业发展的组织结构是稀缺的。再以组织学习能力为例进行分析。组织学习能力是组织应对环境变化的知识获取、信息分享、信息解释和组织记忆的能力（Huber，1991）。这种能力是基于一定的组织特征和历史条件形成的，而且通常涉及隐性知识和组织惯例，高度的组织学习能力意味着企业能够快速灵活地应对环境变化，并非所有企业都具有良好的学习能力。

最后，高层次的关系资本更是稀缺的。关系资本所包含的如信誉、品牌不是所有企业都拥有，而且不同企业的信誉、品牌价值也大相径庭。有的评估价值超千亿美元，如居 BRANDZ 2013 年度全球最具价值品牌排名榜首位的苹果品牌价值达 1850 亿美元；有的品牌价值数百亿元人民币，如 2013 年《中国 500 最具价值品牌》排行榜上，TCL 的品牌价值为 639.16 亿元人民币；一些中小企业的品牌价值甚至不值一提。品牌价值的差异说明品牌资源分布的不平衡性，一些知名的品牌属于稀缺资源。企业与利益相关者的关系也存在同样的情况，与利益相关者的良好关系也属于稀缺资源。

（三）智力资本是难以模仿的

就资源而言，竞争者要模仿必须存在两个要素：第一，竞争者必须很准确地确认竞争优势的来源；第二，竞争者必须准确地复制人力资源与这些资源库发挥功能所存在的条件。对于智力资本来说，竞争者的模仿受这两个条件的阻碍。

结构资本和关系资本是在企业内部经历长期的投资积累而逐步形成的，这一过程不仅受到特定历史条件的影响，这些特定历史环境是难以复制的（Barney，1991），而且也有时间压缩不经济性的限制，同时因果模糊性也阻碍复制的过程，这些资本是难以模仿的。例如组织文化中包含的价值观、信仰等因素是难以描述的，只能意会，组织文化的形成经历独特的历史和组织成员的独特个性（Barney，1986b），因此组织文化都是独特的和难以被模仿的（Dierickx and Cool，1989）。Wernerfelt（1984）也指出，由于形成环境的特殊性，企业创建者的独特个性特征和发展过程的特殊性，企业文化是难以模仿的。正是由于某种企业文化的独特性或者说突出的特色，大多数企业无法学到，才可以带来Peteraf（1993）所说的竞争的事前限制。再以组织结构为例，组织结构定义了组织内部门间、岗位间和人员间的职责权力关系、信息沟通关系和协调关系，这种关系是适合企业的员工特征和行业特征以及生产协作方式的，如果想模仿另一企业的组织结构，往往会因内部特征无法匹配而陷入有名无实的境地，先进的组织结构的高效率更是无法发挥。因此组织结构是难以模仿的。

人力资本是可流动的，从表面上看它是容易被模仿的资源，但是人力资本只有在与企业环境融合起来才能真正创造价值（Klein et al.，1978）。这样，人力资本具有部分企业专用的成分。从其他企业流入的员工要花费一定的调整成本才能在企业创造价值。人力资本的调整过程的特征是因果模糊性、路径依赖性（Becker and Gerhart，1996；Barney，1991）。"首先，难以把握人力资本创造价值的确切机制；其次，人力资本的积累过程是路径依赖的，不能从市场上购买"（Becker and Gerhart，1996）。因此，专用性人力资本也是难以模仿的。由于智力资本是人力资本、结构资本和关系资本三者的综合，这些资本难以模仿会导致智力资本整体上具有难以模仿性。

（四）智力资本是难以替代的

智力资本缺乏战略替代物。人力资源具有两种特色：不会过时和可以随着技术产品或市场的改变而变换其资源价值。虽然技术的改变非常迅速，具有高学习能力的人力资本可以随之而改变。例如，公司拥有一个具有高认知能力的员工，如果能持续进行技术训练，那么可确保资源不会过时，并且认知能力这项资源可转换性很高，可跨越技术产品与市场。企业文化虽然并非完全不可替代，但是不同的企业文化由于与企业战略、企业员工和外部环境因素的适应程度不同会导致不同的经营结果，因此一种特定的企业文化适合于特定的企业，而难以替代。组织学习能力也是无法被其他能力替代的，在面临日益激烈的竞争环境时，良好的组织学习能力能够带来更高的效率和更快的反应速度，能够让企业跟上行业学习竞赛的步伐（Powell，1998）。再以信誉为例，信誉能通过与利益相关者的合同和担保来逐步构建，这种合同或者担保或许有替代物，但是与利益相关者之间形成的关系是复杂的社会经济文化环境共同作用的结果，这是无法替代的，因此关系资本从本质上并无替代物。

(五) 智力资本需要互补资产与之配合

智力资本是典型的无形资产，为了实现其价值，需要实物资产的匹配和融合。例如一个国际领先的专利产品开发成功后，如果企业没有相应的设备、生产人员和管理流程与之相配合，那么这一产品就无法顺利投产。即使生产出产品来后，成功推广上市的过程也要求企业有营销人员、营销渠道、关系资源的支持和配合。这些互补资产的存在是智力资本成功实现其价值、企业形成竞争优势的必要条件。

综上所述，由于智力资本含有大量的隐性成分，而且大部分智力资本只能在企业内部生成，这个过程的特殊性和特定环境的作用以及因果关系含糊性造成智力资本无法明确、完整和清晰的显现，智力资本的异质性就难以被模仿和替代；而智力资本所包含的知识、技能等对企业绩效、竞争优势具有重要作用的资源也导致智力资本的稀缺性和有价值。与此同时智力资本还需要互补资产与之配合来发挥作用。因此智力资本表现是稀缺性、有价值、难以模仿、无法替代和互补性的特征，是典型的战略资源。

第三节　基于智力资本的企业理论的基本观点

笔者将借鉴企业资源观理论来构建基于智力资本的企业理论，因为资源观理论与智力资本理论有许多共通性。首先，目标相同：两者都是为了建立竞争优势和提高公司价值；其次，理论内涵相似：都是强调战略资产和能力的重要性，而不是物质资产，且智力资本就是一种战略资源；最后，两者的分类方式相似：资源的种类与智力资本的分类极为相似。两者也存在一些差异，如资源观侧重深化企业理论，解释企业竞争优势的来源，而没有考虑对资源的定量评价与测度，相反智力资本理论则重视智力资本的衡量，重视智力资本的实践意义。资源观理论强调核心资源观念的重要性，着眼于战略思考，能带给智力资本管理深刻的理论方向，避免流于为衡量公司价值而忽略战略意义的目的。又如，资源观理论比较强调企业内部的资源，但是忽视了组织外部环境，导致的结果没有关注关系这类特殊的介于内外部环境间的资源。智力资本理论把关系资本作为企业智力资本的三大要素之一，显示了这一理论与资源观的一个差异。

一　基本观点

借鉴资源观理论，结合上述讨论，可以提出基于智力资本企业理论的基本观点：

首先，企业是物质资本和智力资本的集合体，嵌入在企业人力资源、企业流程、组织结构、企业文化以及企业与外部环境关系中的知识、能力最终决定企业智力资本的水平，而企业智力资本具有有价值、稀缺性、难以模仿、难以替代等战略资源的特征，企业的智力资本水平决定企业资源配置、生产效率和价值增值，因此智力资本成为企业竞争优势的来源。企业从本质上看，是一个能够创造、积累、利用智力资本的组织。

其次，企业智力资本包含人力资本、结构资本和关系资本三个要素，三类资源及其与物质资产的耦合作用是产生经济租的主要原因。没有获得经济租金的企业试图模仿优势企业的行为是难以奏效的，因为智力资本的整体结构及其相互匹配关系是具有异质性的，这种结构及关系由于历史复杂性、因果关系含糊性以及路径依赖性等因素的存在而使得模仿难以发生。

最后，为获取能够带来竞争优势的智力资本，企业可以从内外部渠道通过组织学习、知识管理、外部网络等途径，获取更多的有用知识，提高内部人员技能，改善内部管理效率，创建更为有利的外部关系网络和更具支持性的外部环境，最终提升企业的智力资本水平，提高企业竞争能力。

本质上，这里提出的智力资本为基础的企业理论是"中层次理论"（mid-range theory）（Pinder and Moore，1979；Peteraf and Barney，2003），即介于工作假设和一般理论之间的理论。一般理论太抽象，可能难以收集数据或资料，因此在做实证研究时就需要建立中层次理论。

作为中层次理论，以智力资本为基础的企业理论把资源观理论作为一般理论，借鉴资源观理论的假设形成和实证研究的过程和观点，指导智力资本为基础的企业理论的研究。由于资源观研究中对于企业内部资源的重视程度较高，但是忽视了关系资源，所以以智力资本为基础的企业理论在这一点上对资源观进行了补充，或者说把社会资本理论与资源观理论进行了一定程度的结合。

如前所述，资源观研究的核心问题是企业资源与竞争优势之间的关系。因此在以智力资本为基础的企业理论进行研究时，智力资本与企业绩效（或竞争优势）的关系是研究内容的核心之一。对这一问题，当前的研究还存在许多不足。

二　当前实证研究的回顾

尽管智力资本对企业的利润以及公司价值都产生较大的影响，例如 Brennan and Connell，2000）发现，智力资本管理对企业长期成功起着非常重要的作用。那些加强自身智力资本管理的公司往往比其他公司表现更佳（Bornemann et al.，1999；Johanson，1999），但是考察智力资本对绩效以及价值创造的作用的实证研究相当欠缺（Gu and Lev，2001；Pena，2002；张炳发，万威武，2001）。

Raine 和 Ilkka（2003）从智力资本（包含人力资本、结构资本和关系资本）以及三类资本的相互作用两方面出发来解释中小企业的预期销售额，他们利用 2002 年芬兰 72 家中小生物科技企业数据的研究结果表明，智力资本三个变量间的相互作用解释了 5 年内 2/3 的预期销售额。基于上述发现得到以下结论：中小企业的预期销售额基于现实的智力资本，人力资本、结构资本和关系资本的平衡能实现最高水平的预期销售额。

Pena（2002）也指出目前智力资本的研究注重的是智力资本定义、分类和度量等问题，很少学者研究智力资本管理对企业绩效的影响。Pena 以新创企业为研究对象，分析智力资本资产与新企业的生存和成长的关联程度。结果显示，企业家人力资本（即教育、企业经验和激励水平）、组织资本（即企业快速适应变化的能力和实施成功战略的能力）和关系资本（即生产性企业网络的发展和迅速接近关键利益关系人）是重要的无形资产，它与投资绩效（venture performance）存在正相关关系。但是这个研究只是说明两者存在正关联，还需收集数据验证智力资本与企业绩效间的因果关系。

Bontis（1998）对企业的智力资本投资与企业绩效的关系进行了探索性研究。此研究以向 MBA 学生发放问卷的方式收集数据，利用偏最小二乘（Partial least Squares）方法进行分析，验证了三种模型结构，其结果都表明大部分智力资本要素和企业绩效之间存在显著的实质因果关系。Bontis 等（2000）利用马来西亚的数据重复此项研究，得到了类似结论。利用 MBA 学生做问卷虽然便利，但存在调查的代表性和适宜性问题，因此 Bontis 等认为这项研究是需要改进的。

Engstrom 等（2003）针对酒店业进行智力资本与企业绩效的关系研究。这个研究的特点是针对酒店业推出特定的智力资本评价方法——ICAP 法，用基准分析（benchmark analysis）来比较智力资本与企业绩效的关系。结果发现，智力资本和企业绩效两者存在关系，结构资本和财务绩效数据（客房利润和食品饮料销售利润）有着紧密关联。酒店的人力资本和结构资本越高，利润越大；客户资本和结构资本越高，企业绩效越高。另外，人力资本和结构资本的关联相比人力资本与顾客资本或者顾客资本和结构资本的关系而言更强。但是他们也承认，大多数情况下分析中使用的权重是根据咨询师的主观感觉确定的，这种做法减弱了智力资本评价的真实性。另一方面，笔者认为上述研究基本上是基于定性分析进行的，不能为研究结论提供足够的支持。

Riahi-Belkaoui（2003）利用美国 Forbes 杂志公布的"最国际化"的 81 家

制造业和服务业公司数据进行了研究。结果表明，智力资本与公司财务绩效存在显著正相关，智力资本是超额利润的来源之一。Tseng 和 Goo（2005）针对台湾制造业企业进行了智力资本与企业价值关系的研究，智力资本包含人力资本、组织资本、创新资本和关系资本四个维度，而企业价值用市场/账面价值比、托宾 Q 以及智力增值系数（value added intellectual coefficient，VAIC）来衡量，证实了智力资本对企业价值的正效应。Hsu and Fang（2008）也对台湾企业的智力资本与新产品开发绩效之间的关系进行了实证研究，结果表明人力资本和关系资本通过组织学习能力这一中介变量促进新产品开发绩效，结构资本对组织学习能力有促进作用，但结构资本对新产品开发绩效可能有负面效应。Subramaniam 和 Youndt（2005）探讨了智力资本对创新能力的影响，发现人力资本、组织资本和社会资本及其相互关系影响着渐进创新能力和根本创新能力。组织资本对渐进创新能力有促进作用，人力资本与社会资本相结合，对根本创新能力有显著影响。但是人力资本自身对根本创新能力有负面影响。社会资本对所有的创新能力均有正效应。借鉴上述研究，张炜（2007）利用浙江中小高技术企业的数据检验了智力资本与组织创新能力之间的关系。结果表明，企业智力资本对组织创新能力具有显著正效应，但仅显著影响渐进创新能力，对根本创新能力无显著效应。智力资本与企业成长的关系方面，王智宁等（2008）发现智力资本与我国企业的可持续成长正相关。

通过上述文献梳理，不难发现，尽管从逻辑推理和常识出发，许多学者得出智力资本与企业绩效相关的结论，但是两者间的关系未见全面系统的理论分析，且实证检验更为欠缺。Bontis 等（2000）也呼吁要对这一领域进行深入研究。目前的研究中，虽然有一些与智力资本有关的单项资本对企业绩效的影响的实证研究，但这些研究呈现不均衡状态：在人力资本与企业绩效方面的研究相对较多，结构资本和关系资本对企业绩效的实证分析则很少。把三种资本联系起来，研究这三种资本对企业绩效的独立作用和交互作用的研究则更为少见。本书正是针对目前智力资本以及相关领域理论研究存在的欠缺而明确这一选题的。

这里提出的以智力资本为基础的企业理论是在资源观理论基础上形成的中层次理论，把资源观研究中所忽视的关系（社会）资本对企业绩效的作用、社会资本理论和资源观有机地结合起来，做出一定的理论贡献。关于这一点，在第六章中还会做重点阐述。

智力资本与企业绩效的
模型与假设

上文中笔者对智力资本与资源观的联系、智力资本的战略资源属性进行了探讨，并对以智力资本为基础的企业理论进行了初步探索，指出以智力资本为基础的企业理论中，智力资本与企业绩效（或竞争优势）的关系是核心研究问题。笔者将在本章中提出智力资本与企业绩效关系的概念模型，并结合前人研究结果提出研究假设。

第一节　研究模型

一　概念模型

本书以资源观理论为一般理论（general theory）、以智力资本为基础的企业理论为中层次理论，考察智力资本与企业绩效的关系这一核心问题。

资源观理论提出企业超常规绩效的来源在于获得、拥有和使用战略资源，而战略资源具有有价值、稀缺等一系列特征（Wernerfelt，1984；Barney，1991）。虽然有形资源和无形资源都可能成为企业的战略性资源，但是在当前市场竞争环境下，无形资源更具战略资源特征（Hall，1992）。以智力资本为基础的企业理论分析得出，智力资本是企业拥有的或控制的、嵌入企业人力资源、结构资本和关系资本中的知识和能力。分析可得，智力资本是企业的战略资源。智力资本决定企业的竞争优势和企业绩效。由此提出本书的研究模型如图 6-1 所示。智力资本包含人力资本、结构资本和关系资本三个要素，研究中企业绩效将考察财务绩效、运作绩效和人员效能等三项内容。本模型表明智力资本对企业绩效具有正效应。智力资本对企业绩效的作用包括两部分：直接作用和交互作用。智力资本的三个要素都会影响企业绩效，而智力资本要素间存在的耦合作用也会对企业绩效产生影响，即不同智力资本结构下，智力资本要素间的相互匹配关系不同，则对企业绩效产生不同的影响。

本模型把智力资本对企业绩效的作用进行分解，既考虑智力资本要素对绩效的直接作用，又考虑智力资本要素间交互作用的影响，因而对智力资本的作用进行更为全面深入的分析。基于智力资本视角的研究考察了关系资本的作用，兼顾资源间的相互影响，因而补充了资源观理论的欠缺，即把企业资源观理论

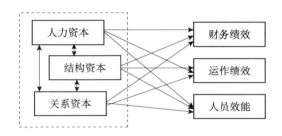

图 6-1 智力资本与企业绩效关系模型

同社会资本理论有机结合起来。

资源观理论特别强调的是内部资源和能力对价值创造的重要性，相对而言，它忽略了企业只是产业链的一个环节。企业必须在一定社会经济环境中运作，它依赖于外界环境（Pfeffer and Salancik，1978）[①]，与外界环境存在广泛的联系。这不仅包括物质、资金、人员、信息等要素的联系，而且还包括社会网络关系。社会资本理论强调企业与外部主体的关系特性。Lee 等（2001）呼吁将这两个理论结合起来，他们对新建企业的分析认为，新建企业不仅要开发企业特有的资源，而且需要通过它的社会网络获取外部补充性资源。他们提出，新创企业的内部能力和外部网络都会影响新创企业的绩效。Lee 等（2001）定义的内部能力概念从本质上属于组织资本的范畴，外部网络则属于关系资本范畴。其研究结果发现，新创企业的绩效取决于内部能力、外部网络以及两者的交互作用。他们的开创性研究工作为本书研究提供了有力的支持。类似地，Riahi-Belkaoui（2003）也指出，把资源观同利益相关者观点结合起来具有重要意义。应该说，任何企业都需要从内部开发资源的同时，充分利用外部资源，发挥内部和外部资源的共同作用。因此有必要将资源观与社会资本理论结合起来对企业绩效做出全面的解释，而不是片面强调内部或者外部资源的重要性。

智力资本概念的出现和发展为资源观理论与社会资本理论的整合提供了良好的概念基础。智力资本作为一个新概念，强调企业内部的无形资源，这种无形资源不仅包括企业内部的无形战略资源，而且包括企业与外部关系资源的协同作用。本书提出的以智力资本为基础的企业理论以智力资本概念为核心，提出智力资本是企业竞争优势的来源，这种观点把资源观理论中的企业战略资源同企业层面的社会资本理论有机整合起来，拓宽了资源观理论对企业战略资源的认识。另一方面，企业智力资本理论目前正处于高速发展时期，来自多种学科的学者对相关问题进行了研讨，但是总体上智力资本理论的实证研究尚较为

---

① 转引自：Lee 等（2001）。

欠缺，因此本书从实证研究出发，检验智力资本与企业绩效的关系，对智力资本理论也具有一定的贡献。

二 结构方程模型

结构方程模型（structural equation modeling，SEM）是一种通用的线性统计建模技术，广泛应用于心理学、经济学、社会学和行为科学等领域的研究中。从本质上看，结构方程模型方法是计量经济学、计量社会学和计量心理学等领域统计分析方法的综合，多元回归、因子分析和通径分析等方法都是结构方程模型中的一种特例。结构方程模型没有很严格的假定限制条件，同时允许自变量和因变量存在测量误差，可分析潜在变量与可观测变量间的关系，具有一些与多元回归、通径分析和联立方程组以及因子分析相比较更为优越的特点，因此根据提出的研究模型，本书提出如图 6-2 所示的结构方程模型，进行检验。

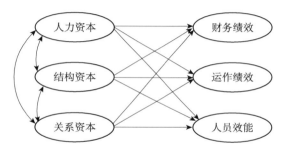

图 6-2　假设模型

为清楚起见，控制变量——企业规模、行业类型和企业年龄未在图中表示出来

结构模型的方程矩阵表示为

$$\boldsymbol{\eta}=\boldsymbol{B}\boldsymbol{\eta}+\boldsymbol{\Gamma}\boldsymbol{\xi}+\boldsymbol{\zeta}$$

其中，$\boldsymbol{\eta}$ 为内生潜变量，即财务绩效（FP）、运作绩效（OP）、人员效能（EP）；$\boldsymbol{\xi}$ 为外生潜变量，即人力资本（HC）、结构资本（OC）、关系资本（SC）；$\boldsymbol{B}$ 为描述 $\boldsymbol{\eta}$ 的各分量间的线性关系强弱的系数矩阵；$\boldsymbol{\Gamma}$ 为描述 $\boldsymbol{\eta}$ 与 $\boldsymbol{\xi}$ 间线性关系强弱的系数矩阵；$\boldsymbol{\zeta}$ 为误差项。

外生测量模型的方程矩阵表示为

$$\boldsymbol{x}=\boldsymbol{\Lambda}_x\boldsymbol{\xi}+\boldsymbol{\delta}$$

其中，$\boldsymbol{\Lambda}_x$ 为描述 $\boldsymbol{\xi}$ 与 $\boldsymbol{x}$ 间线性关系的系数矩阵（公共因素载荷矩阵），$\boldsymbol{\delta}$ 为误差项。

内生测量模型的方程矩阵表示为

$$\boldsymbol{y}=\boldsymbol{\Lambda}_y\boldsymbol{\eta}+\boldsymbol{\varepsilon}$$

其中，$\boldsymbol{\Lambda}_y$ 为描述 $\boldsymbol{\eta}$ 与 $\boldsymbol{y}$ 间线性关系的系数矩阵，$\boldsymbol{\varepsilon}$ 为误差项。

在下面的分析中，将就这些系数矩阵中的参数进行估计，并对假设进行检验。

应该指出的是，图 6-2 中并未标出本书设定的三个控制变量——企业规模、行业类型和企业年龄。在实际分析时，参考 Yli-Renko 等（2001）、Schilling 和 Steensma（2002）等学者的处理方法，控制变量同因变量一起进入结构方程模型进行分析检验假设。

第二节　智力资本要素对企业绩效的直接作用

智力资本是由人力资本、结构资本和关系资本构成的组合，这些单项资本对企业绩效的直接作用已经被许多实证研究所检验。

一 人力资本对企业绩效的直接作用

企业人力资本指的是嵌入员工身上的知识、技能和能力。这既包括显性内容也包括隐性内容。显性内容比如员工教育和培训投资、员工的技术资格等；隐性内容如员工所掌握的隐性知识、技能以及员工所表现出的素质、能力。长期以来，人力资本被认为是企业的关键资源，人力资本对企业绩效的直接作用在人力资本理论、战略管理和组织经济学等学科的研究中都进行过讨论（Becker，1983；Mincer，1974）。早期人力资本和企业绩效关系的实证研究之一来自 Benson 和 Lohnes（1959），该研究总结了有技能的人力资源雇佣密度的差异是系统的，与工厂的主要流程和市场有关。之后许多研究证实拥有技能、知识和能力的人可为企业创造价值；企业旨在增加雇员技能、知识和能力的投资有利于提高个人生产力和增进企业绩效（Rumberger，1987；Tsang，1987）。

战略管理理论中的资源观重点提出雇员作为内部资源对发展和维持企业竞争能力的作用（Barney，1991；Wright et al.，1994），认为由于传统竞争优势的来源如资金、规模经济等随着全球化和其他环境因素的变化而被削弱，人才是持续竞争优势的最终来源。Pfeffer（1994）更进一步提出，在当今全球竞争环境下成功的企业必须进行适当的人力资源投资来获取和保留比竞争对手更出色的人才。这方面的实证研究发现，包括教育水平、经验和技能在内的人力资本属性，特别是高层管理者的特性显著影响企业的成果（outcomes）（Huselid，1995；Pennings et al.，1998；Wright et al.，1995）。劳动力质量能显著地解释企业间生产力的差异（Griliches and Regev，1995），对企业增强回报和增加运营规模的能力也有显著影响（Majumdar，1998）。Pack（1972）针对管理人员的技能表明管理技能是企业生产力增加的关键催化剂。Lynch 和 Black（1995）、

Snell 和 Dean（1992）证明人力资本是组织生产力的决定要素。他们认为，人力资本通过各种途径给企业创造价值，最明显的是企业在通过价值链创造最终产品附加价值的过程中，人力资本与各种投入品相结合转化为最终产品，从而提高产品的附加价值。Wright 等（1994）着眼于人力资源的认知角度说明人力资源对竞争优势的影响，其他学者分别关注能力（competence）（Nordhaug，1998）或技能（capabilities）（Olalla，1999）对竞争优势的作用。

总体上，人力资本在战略管理领域长久以来被视为价值的来源，无论是管理层面（Andrews，1965；Chandler，1962）还是个体层面（Becker，1983）。其原因在于企业间的人力资本是不均衡分布的，高水平的人力资本（如管理者和技术人才）处于短缺状态（Castanias and Helfat，1991），在这种情况下，企业在人力资本的获取和保留方面存在困难。那些拥有高水平人力资本的企业将获得更好的绩效，提高企业人力资本的技能对企业生产力的提高、营运能力都发挥正面作用，人力资源对企业竞争优势发挥决定作用。由此可以推断人力资本对企业绩效必然具有正效应。基于以上研究结果，笔者提出下列假设：

假设 1：人力资本与企业绩效之间存在正相关关系。人力资本越高，企业绩效越好；反之，人力资本越低，企业绩效就越差。

具体：

假设 1a：人力资本与企业财务绩效之间存在正相关关系。人力资本越高，企业财务绩效越好；反之，人力资本越低，企业财务绩效就越差。

假设 1b：人力资本与企业运作绩效之间存在正相关关系。人力资本越高，企业运作绩效越好；反之，人力资本越低，企业运作绩效就越差。

假设 1c：人力资本与企业人员效能之间存在正相关关系。人力资本越高，企业人员效能越好；反之，人力资本越低，企业人员效能就越差。

二 结构资本对企业绩效的直接作用

结构资本是源自组织资本的概念，结构资本对绩效的影响可以借鉴组织资本的研究成果。组织资本对企业产生多重影响，包括劳动生产率、工资、劳动力需求等方面（Black and Lynch，2002），但大多数这方面的研究目前仅限于定性研究，由于度量组织资本存在一定的困难，组织资本的定量研究并不多。一些行业内研究，包括 Ichniowski 等（1997）、Arthur（1994）、Kelley（1994）、Bailey（1993）、Dunlop 和 Weil（1996）的结果显示，组织资本越高，企业生产力越高。一些行业的研究成果总结新的人力资源管理实践系统的应用，例如灵活的工作定义、交叉培训、工作团队、激励性薪酬的联盟能够带来较高的生产率水平。另一些研究用行业间的数据检验劳动力实践对绩效例如生产率或获利率的影响。这些研究包括根据英国和法国数据的 Black 和 Lynch（2001，2002）、Bresnahan 等（2002）、Caroli 和 van Reenen（2001），以及 Ichniowski（1990）、Huselid（1995）、Huselid 和 Becker（1996）、Delaney 和 Huselid（1996）。所有这些研究都表明人力资源管理系统和企业绩效（如劳动力生产率、托宾 Q 值，现金流和企产值的现值）间存在相关性。此外组织学家（Kraatz，1998；Quinn et al.，1996）还研究了作为组织学习的方式的文化资本对绩效的作用。

尽管缺乏组织资本对企业绩效影响的整体性研究，但是在某些与组织资本相关联的领域，例如人力资源管理实践（HRM practices）、企业文化、企业创新能力等等，这些方面的研究成果相对较多。在人力资源管理实践领域，早期有些研究曾表明人力资源实践的投资和企业绩效没有关联性。例如，Nkomo（1987）利用横截面数据检验了人力资源计划和企业绩效的作用，但是没有发现相关性。Delaney 和 Ichniowski（1988）以调查为基础的研究也得到同样结论。之后的研究结果则推翻了这种认识，证实两者存在紧密的关系。Becker 等（1997）研究了高绩效管理与企业财务绩效的非线性关系。某些人力资源实践对特定组织成果产生正效应。例如，培训计划的采用会直接促进财务绩效（Russel et al.，1985；Bartel，1994）。工作保障、工会的存在、薪酬水平影响员工流失率（Arnold and Feldman，1982）。其他相关研究还包括 Black 和 Lynch（2001，2002）、Bresnahan 等（2002）、Caroli 和 van Reenen（2001），以及 Ichniowski（1990）、Huselid（1995）、Huselid 和 Becker（1996）、Delaney 和 Huselid（1996）等。所有这些研究都说明人力资源管理系统和企业绩效（如劳动力生产率、托宾 Q 值、现金流和企业生产价值的现值）间存在相关性。Huselid（1995）研究了高绩效实践系统与企业绩效的关系，发现这些实践对企业短期和长期的财务绩效存在统计上的显著影响。Chand 和 Katou（2007）利用印度酒店业数据研究了人力资源管理系统对组织绩效的影响，发现酒店招聘、人力资源规划、工作设计、培训发展、薪酬系统等人力资源管理系统与酒店绩效正相关。Joseph 和 Dai（2009）发现人力资源管理实践与企业绩效显著正相关。

单一的人力资源实践对绩效的影响很难揭示，因为单一人力资源实践对竞争优势的影响是有限的，也是难以分离出来的，因此人力资源实践的组合对企业绩效和竞争优势产生更大的影响。Huselid（1995）发现，把人力资源管理实践与战略联系起来的组织具有更高的绩效。Arthur（1992，1994）发现，旨在增强雇员承诺（commitment）的一类人力资源实践（例如分散决策、全面培训、雇员参与）与更高的绩效相关。相反，旨在控制、效率和减少雇员技能的人力资源实践会增加雇员流失率，制造绩效变差。

组织学家（Kraatz，1998；Quinn et al.，1996）研究了作为组织学习方式的文化资本对绩效的作用。组织文化是组织效率提高和企业绩效改进的主要因素（Cremer，1993；Kotter and Heskett，1992）。研究表明，文化资本对企业绩效有三大效应：第一是目标设定效应，即文化能够让员工明确企业目标并指导员工的日常决策；第二是协作效应，即文化能降低沟通成本，促进员工间的协调；第三是激励效应，即文化能够对员工起到激励作用。

Lee 等（2001）针对高技术新创企业的实证研究中，提出新创企业的内部能力对企业绩效的影响，内部能力主要包括企业家导向、技术能力和财务资源。从他们对内部能力的分析来看，内部能力是类似组织资本的概念。企业家导向不是指个人层面而是指组织层面的有利于组织战略实施的流程、方法等，它根植于组织惯例中，属于无形资源，只能花费时间和精力加以培育而无法购买。技术能力则是组织所拥有的科技知识、专利以及生产技术的总称。财务资源是针对新创高技术企业一般缺乏运营和研发资金的现实状况而提出的。不考虑研究对象的特质，则企业内部能力的核心是企业家导向和技术能力，这些都是组织资本的范畴。他们以销售增长为新创企业绩效指标进行回归分析的研究结果表明，内部能力显著影响新创企业绩效。

我国学者张钢（2000a）认为，组织资本是"导致企业生产可能性边缘外移的催化剂"，因为组织资本能够使企业克服 X-非效率，也能够通过战略、结构与文化的协调作用将物质资本和纯粹人力资本调动到实现企业技术创新的方向上来，从而提供企业的技术水平，最终增进企业的经济效益。

综上所述，虽然缺乏从总体上研究结构资本对企业绩效作用的文献，但组织资本领域的相关研究仍然具有启示意义，从中可以推断具有更高结构资本的企业必然表现出更高的绩效。因此可得到下列假设：

假设 2：结构资本与企业绩效之间存在正相关关系。结构资本越高，企业绩效越好；反之，结构资本越低，企业绩效就越差。

具体：

假设 2a：结构资本与企业财务绩效之间存在正相关关系。结构资本越高，企业财务绩效越好；反之，结构资本越低，企业财务绩效就越差。

假设 2b：结构资本与企业运作绩效之间存在正相关关系。结构资本越高，企业运作绩效越好；反之，结构资本越低，企业运作绩效就越差。

假设 2c：结构资本与企业人员效能之间存在正相关关系。结构资本越高，企业人员效能越好；反之，结构资本越低，企业人员效能就越差。

三 关系资本对企业绩效的直接作用

经济行为根植于更大的组织间网络（Granovetter，1983），外部关系对企业获取补充资源和能力、开发新的商机方面发挥重要作用。组织只是产业链上的一环,是环境的一分子,它的生存和发展必然依赖于环境。企业管理企业间关系的能力提供一种竞争优势,关系资本表达企业间关系对企业绩效的价值。一般认为,企业间的关系可以有获取更多资源、把握机会从而带来竞争优势等作用。Pennings 等(1998)等说明了社会资本能够使资源相互结合从而促进组织绩效。企业社会资本在 Gabbay 和 Leenders(1999)看来是嵌入关系网络中的资产,关系网络如果有益于目标达成则可以转化为社会资本,企业通过社会关系能够积累的有形资源和无形资源的综合,促进企业目标的实现。

从利益相关者角度分析,外部关系网络能够促进企业与利益相关者建立更好的关系,从而给企业带来利益。Lee 等(2001)主张企业的外部网络是企业绩效的主要贡献因素之一,组织与供应商、其他合作伙伴建立良好关系,有助于以更优惠的价格获取外部资源用于产品或服务的生产,以更高质量的产品吸引和保留顾客(Pennings et al.,1998;Uzzi,1996)。Johnson(1998)考察了工业机械设备分销行业的买卖方关系,把供应商关系的战略整合看作能够增强财务绩效的资源。Dollinger(1985)提供证据说明成功的企业家都与商业伙伴和政府官员保持着密切联系。Hansen(1995)也发现类似的结论:企业家网络与组织的成长正相关。Lee 等(2001)试图把资源观与社会资本理论结合起来,解释高技术新创企业的绩效。他们认为,新创企业的内部能力主要包含企业家导向、技术能力和财务资源。外部网络包括伙伴网络(partnership-based linkages)和支持网络(sponsorship-based linkages)。伙伴网络是指与其他企业、风险投资机构形成的战略联盟、与大学或研究院所的合作关系。支持网络是企业从商业银行和政府获得的财务和非财务支持。以销售增长作为新创企业绩效的指标,研究结果表明,内部能力显著影响新创企业绩效。与风险投资机构的关系也对绩效有显著关系。

信誉是重要的关系资本之一。一些实证研究显示,公司信誉是带来持续竞争优势的关键性无形资源(Petrick et al.,1999)。公司信誉主要通过公司与员工、顾客、供应商以及其他利益相关者建立长期良好的关系而逐步形成。信誉传递着企业在市场上优势地位的信息,能够带来持续的竞争优势。

在关于战略联盟的研究中,企业可以通过联盟关系,利用合作伙伴开发自身的资源(Combs and Ketchen,1999),这也对企业绩效产生正面影响。Hitt 等(2000)指出,在新兴市场,联盟伙伴的选择是基于伙伴的财务资源、技术能力、无形资源以及共享经验的意愿来确定的。来自发达国家市场的企业在寻找伙伴时往往会强调独特能力和本地市场知识来寻找发展中国家市场的伙伴。在任何情况下,战略联盟中的企业总是寻求补充自己的资源。Stuart(2000)发现,一个企业的资源概况是形成战略联盟的主要因素。新建小企业在缺乏领先技术的情况下,往往倾向于与较大的具有先进技术的企业建立合作关系。没有特定资源的企业总是寻找那些有这些资源的企业做联盟伙伴（Doh，2000）。

通过组织学习获取新知识也是企业间关系尤其是战略联盟关系能够带来的一种利益。联盟提供接触新技能、新知识的机会，通过共同解决问题、共同行动的过程产生知识转移，有利于企业的知识获取和更新（Inkpen，1996）。

一些社会学家研究了社会资本与其他资本结合对组织绩效和价值创造的影响（Burt，1997；Nahapiet and Ghoshal，1998；Uzzi，1997）。Nahapiet 和 Ghoshal（1998）提出社会资本促进新智力资本的创造，组织相对于市场的优势在于创造和分享企业的智力资本，而这是由于组织具有更高密度的社会资本。Smith 等（2001）延续和扩展了 Nahapiet 和 Ghoshal（1998）的研究，探讨了物质资本、人力资本和社会资本如何与智力资本相结合来促进创新绩效。他们分别考察了单项资本的作用以及资本间相互结合的影响，结果显示，企业的创新率是智力资本的函数，而智力资本是以物质资本、人力资本和社会资本及三者与智力资本的相互作用为基础的。

关系资本是由社会资本引申出来的概念，关系资本的类型可以分为供应商关系、顾客关系和其他利益相关者关系三类，如图 6-3 所示。供应商关系资本主要考察企业与供应商之间关系形成的资本，企业供应商包括战略性供应商和普通供应商两类，两类供应商与企业形成的关系资本是不同的。顾客关系主要考察企业与中间商的关系和企业与最终消费者的关系。企业与其他利益相关者的关系主要考虑行业协会、政府机构以及其他相关机构如高校、科研机构、消费者协会等组织之间的关系。在学者关于社会资本对企业绩效的影响的基础上，可以认为上述关系资本，与社会资本类似，能够对企业资源的获取、机会的把握、新知识的获取与创造、建立更好的外部网络以及提升其他资本存量和质量等具有正面效应。具有更高密度关系资本的企业将能够获得更高的企业绩效。

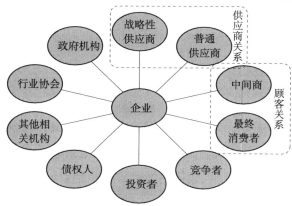

图 6-3　关系资本的类型

根据以上分析，提出如下假设。

假设3：关系资本与企业绩效之间存在正相关关系。关系资本越高，企业绩效越好；反之，关系资本越低，企业绩效就越差。

具体：

假设3a：关系资本与企业财务绩效之间存在正相关关系。关系资本越高，企业财务绩效越好；反之，关系资本越低，企业财务绩效就越差。

假设3b：关系资本与企业运作绩效之间存在正相关关系。关系资本越高，企业运作绩效越好；反之，关系资本越低，企业运作绩效就越差。

假设3c：关系资本与企业人员效能之间存在正相关关系。关系资本越高，企业人员效能越好；反之，关系资本越低，企业人员效能就越差。

第三节　智力资本的交互作用及其对企业绩效的影响

资源观理论提出，即使一种资源自身具有价值，并具稀缺性和难以模仿性，它也仍需要与其他资源互补才能更好地发挥竞争优势（Amit and Schoemaker，1993；Barney，1992；Teece et al.，1997；Teece，1998）。单项资源对竞争优势的贡献固然重要，资源的互补性或组合也值得关注。任何单个企业都不可能拥有企业发展和获得竞争优势所需的所有资源或者构建所有新的资源（Dyer and Singh，1998）。现代产品和服务的技术复杂性更增加了组织间相互依赖的程度（Harrison et al.，2001）。资源组合的研究有两类，一类是有形资源与企业特有的无形资产的组合，另一类是无形资源的组合研究。这里主要考察无形资源——智力资本要素间的相互作用问题。

如前所述，智力资本的单个要素间的交互作用是值得深入研究的重要问题，目前的研究很少涉及这个领域。诸如"一种资本的变化是否影响其他类型的资本""一种资本能否向另一种资本转化""三种类型资本的投入怎样影响智力资本"的研究问题已有学者提出，但是目前尚无系统的分析和研究。仅有的几项研究均认为智力资本要素间存在相互作用（Cetin，2000；De Pablos，2003）。Reinhardt等（2001）把这种相互作用描述为智力资本交互作用转化为财务资本再转化为市场价值的模式。Knight（1999）把智力资本要素间的相互作用称为"螺旋上升"，即人力资本的增加促进结构资本和关系资本的发展，智力资本因素的提升增进企业绩效，继而企业会增加对智力资本的投资，从而形成良性循环过程。

笔者认为，智力资本单个要素间的确存在着错综复杂的相互影响关系。在智力资本的结构中，人力资本是智力资本的能动因素，在智力资本中最具主动性，是智力资本发挥价值增值作用的活性因素；结构资本是智力资本的保障支持因素，确定智力资本中人与人、人与组织的关系，为智力资本的创造、积累和增值提供制度保障；关系资本是其他资本与外部相联系的主导因素，通过内外部联系可以实现智力资本的更新和再创造。三者相互促进、相互补充，三者的相互作用对企业绩效产生影响。如果一个关键的资本不足或存在缺陷，那么智力资本的作用就无法充分发挥。

一 人力资本与结构资本的交互作用

人力资本是体现在企业员工身上的知识、技能和能力的综合，是智力资本结构中具有主动性的要素。人力资本中很大部分是隐性的，具有社会复杂性的，例如经验和技能（Barney，1992；Coff，1997），要激活这些隐性成分，需要与其他资本相结合（Penrose，1959）。研究表明，员工需要通过激励才能使他们的技能和知识得以开发和利用。组织文化对雇员的招募和保留都有重大影响。根据 McKinsey 公司 1999 年进行的"智力之战"（War for Talent）调查，58％的雇员认为组织文化和价值观是他们最看重的。支持性公司文化和价值观被认为是公司成功的内在原因（Peters and Waterman，1982）。Nerdrum 和 Erikson（2001）的研究提出受过正规教育的人力资本会在企业提供的培训中表现出更好的适应性，因而提高个人生产率。另一个影响人力资本的是激励系统和绩效评价系统。研究表明，不同的激励系统直接影响企业绩效。上面阐述的人力资源管理实践与企业绩效的关系研究说明组织管理中对人的激励所带来的效益，这种效应从根本上说是结构资本与人力资本交互作用的结果，因为人力资源管理实践的措施只有发挥组织中员工的激励作用，才能最终提高企业的绩效。

许多企业资本理论研究表明，人力资本的投资会影响组织资本（Reinhardt et al.，2000）。组织资本的主要作用是结合组织资源进入组织过程来创造价值和持续竞争优势（Dess and Picken，1999）。组织资本包括组织结构，运作系统，流程步骤和任务设计，信息基础设施，资源获取开发和配置系统，决策过程和信息流动，激励、控制和绩效评价系统，组织文化，价值观和领导，等等。对于组织资本来说，关键是"员工的经验水平和受激励程度直接决定做什么工作，怎么完成工作"（Delaney and Huselid，1996）。员工参与度、内部职业阶梯、团队工作都被证实与组织绩效正相关（Delaney and Huselid，1996）。此外 Zink（1995）对全面质量管理的研究表明，对 TQM 培训课程的投资能提高员工工作能力，从而提高整个企业经营情况。因此可以说，组织资本发挥作用的关键资本是员工，更准确地说是企业的人力资本。人力资本是组织资本的增长源，人力资本通过学习机制向组织资本的转换，促进组织资本的增长和企业绩效。

另一方面组织资本只有与人力资本相结合才能发挥作用。我国学者张钢

（2000a）在分析组织资本的性质时指出，组织资本是一种同人力资本密切联系的资本形式，组织资本如组织战略、结构和文化的协调，能够对一般物质资本和纯粹人力资本起到激活和催化作用。

综合以上前人研究成果，本书认为人力资本与结构资本间存在正向关系，人力资本与结构资本的相互作用对企业绩效产生正向效应。这是由于人力资本对组织的依赖性，人力资本与非人力资本结合才能发挥作用；而结构资本依赖员工才能发挥其作用，结构资本是人力资本与非人力资本结合的桥梁。有效的组织结构设计，适当的集权和分权，与企业历史、组织规模、经营领域相适应的企业文化以及高水平企业知识资产等都能够激发员工学习与工作的创造性和积极性，从而有利于企业人力资本的价值实现。因此拟验证下列假设：

假设 4：人力资本与结构资本存在正相关关系。

假设 5：人力资本与结构资本的交互作用对企业绩效产生正向效应。

具体：

假设 5a：人力资本与结构资本的交互作用对企业财务绩效产生正向效应。

假设 5b：人力资本与结构资本的交互作用对企业运作绩效产生正向效应。

假设 5c：人力资本与结构资本的交互作用对企业人员效能产生正向效应。

二　人力资本与关系资本的交互作用

有关关系资本与人力资本相互影响的研究较少，但是从人力资本和关系资本的概念和相关理论上分析，人力资本与关系资本具有紧密的联系。关系资本主要指企业与利益相关者的关系，这种关系的建立和维系主要需要人力资本的配合和支持，从这个角度看，人力资本和关系资本是不可分割的。较高水平的员工素质和交际能力（即高水平的人力资本）能够为企业吸引和留住更多的客户，为企业带来更和谐的合作伙伴关系（即促进企业关系资本的增加），最终能够带来企业绩效的增长。更高水平的关系资本能够获取更多的信息，拥有这种关系的员工就可以利用信息完成更好的业绩（例如创新、学习、销售等）。因此这里存在一个动态的正循环：企业人力资本通过关系资本而得到促进，人力资本又带来更多的关系资本的增加，进而促进企业绩效。

关系资本与社会资本理论一脉相承，因此社会资本研究中的一些与人力资本相关联的研究也非常具有借鉴意义。许多社会资本研究（Coleman，1988；Putnam，1993）都指出，人力资本的价值增值作用可以通过"社会关系及其互动带来的良好信誉"得到加强（Adler and Kwon，2002）。丰富而良好的内外部社会联系包含可信赖、高能力的信息，能够减少收集信息的成本，因此能够促进人力资本的知识扩散和知识整合，创造新的知识，也能够增加企业的财务绩效（Nahapiet and Ghoshal，1998）。Blyler 和 Coff（2003）也认为，人力资本如果不与社会网络结合起来则无法形成新的资源。Smith 等（2001）延续和扩展了 Nahapiet 和 Ghoshal（1998）的研究，探讨了物质资本、人力资本和社会资本如何和智力资本相结合来促进创新绩效。他们分别考察了单项资本的作用以及资本间相互结合的影响。结果显示，企业的创新率是智力资本的函数，而智力资本是以物质资本、人力资本和社会资本及三者与智力资本的相互作用为基础的。此外，还有研究表明，对人力资本和社会资本的投资可以增进员工的绩效（Mincer，1974）和新建企业的绩效（Pennings et al.，1998）。

鉴于上述研究成果，笔者认为人力资本与关系资本间存在正向关系，更高水平的人力资本与关系资本的相互作用对企业绩效产生正向效应。因此拟验证下列假设：

假设 6：人力资本与关系资本存在正相关关系。

假设 7：人力资本与关系资本的交互作用对企业绩效产生正向效应。

具体：

假设 7a：人力资本与关系资本的交互作用对企业财务绩效产生正向效应。

假设 7b：人力资本与关系资本的交互作用对企业运作绩效产生正向效应。

假设 7c：人力资本与关系资本的交互作用对企业人员效能产生正向效应。

三 结构资本与关系资本的交互作用

结构资本（或关系资本）与关系资本的交互作用的理论研究非常少。Lee 等（2001）进行了内部能力与外部关系对新创高技术企业影响的研究，既分析了单项要素的作用，也分析了要素交互作用的影响。他们的研究表明，新创企业的内部能力和伙伴关系间的交互作用对绩效有显著影响。支持网络与财务资源和技术能力的交互作用也对绩效有倍增效应（multiplicative effect）。

张钢（2000b）把组织资本与企业内部关系联系在一起，他认为，组织资本是一种根植于组织关系之中，由企业投资于各种正式和非正式关系所形成的资本形式。所以，组织资本也可以看作一种关系资本。也正是这种关系资本反映企业的组织特性对企业核心能力和劳动生产率的影响。

本书中的结构资本定义也充分考虑企业内部关系和外部关系的差异，考虑到企业内部关系难以从结构资本中分离出来，所以笔者在定义时将企业内部关系包含在结构资本之中，关系资本所包含的是企业与外部利益相关者的各种关系所带来的利益。

结构资本与关系资本的关系体现在，合理的经营流程、经营制度、经营领域有助于企业开拓市场，增强企业信誉、获取政府支持、获取融资渠道、保障供应商和中间商的合作，提高顾客忠诚度等，最终使企业的客户资本增值。研究表明，企业与顾客、供应商以及其他利益相关者的关系需要通过一定的组织机构、流程系统来保证。例如客户关系管理的成功需要必要的组织制度来保障（欧海鹰等，2002）；投资于供应链系统促进企业与供应商的关系等，这种活动客观上能够开发更多地客户和供应商资源，保障客户的品牌忠诚和与供应商的持久关系。关系资本在一定条件下，可以使组织获得更多的信息、知识和技能，从而增加结构资本。社会资本有助于增进企业内部能力，因为外部网络提供一定的渠道，促使企业积累所需的知识和能力。

　　鉴于上述研究成果，笔者认为结构资本与关系资本间存在正向关系，结构资本与关系资本的相互作用对企业绩效产生正向效应。因此拟验证下列假设：

　　假设 8：结构资本与关系资本存在正相关关系。

　　假设 9：结构资本与关系资本的交互作用对企业绩效产生正向效应。

　　具体地，

　　假设 9a：结构资本与关系资本的交互作用对企业财务绩效产生正向效应。

　　假设 9b：结构资本与关系资本的交互作用对企业运作绩效产生正向效应。

　　假设 9c：结构资本与关系资本的交互作用对企业人员效能产生正向效应。

　　综上所述，智力资本的核心特征之一就是互补性，即相互促进相互补充的特点，智力资本要素间的互补性也十分突出，智力资本要素间的这种交互作用越强，则会对企业绩效产生更为明显的正面效应。

第七章

研究变量与问卷数据

本书为检验上文提出的假设，在企业访谈的基础上，结合前人研究成果设计调查问卷，之后发放问卷，收集数据，对研究所需的相关变量进行度量。下面笔者从问卷设计、数据收集、变量度量和验证方法等方面介绍研究中与方法相关的问题。

第一节 研究变量

一 被解释变量

企业绩效是本书的被解释变量。绩效被视为企业战略目标的达成度，绩效评估是资源稀缺性约束下组织面临的重要管理议题。通过对组织的绩效评估，可以深入了解组织对资源运作的整体绩效，也可以用评估结果指引组织的未来经营策略及资源分配方向。因此，组织的绩效评估是评估一个组织功能的最终标准。

Venkatraman 和 Ramanujam（1986）指出，企业中各项活动的最终目的是绩效提升，而绩效的改进更是战略管理的核心，但是组织绩效理论却没有一般公认的观点，其原因是组织绩效对于不同的组织类型、具有不同兴趣和价值观的评估者有着不同的意义。因此学者运用多种方法和理论模型，如生产管理学、劳动经济学等对组织绩效进行衡量。

Compell（1977）在回顾组织效能文献的基础上，整理出 30 个衡量组织绩效的指标，归结为五类：①生产力：由生产资料求得；②整体绩效（overall performance）：员工和管理者共同评定；③员工满足：由问卷得出；④利润或投资报酬率：由会计资料中计算得到；⑤员工流动率：由人事资料衡量。Ruekert 等（1985）将组织绩效分为：效率（efficiency，指投入与产出的比率，用投资报酬率表示）、效能（effectiveness，指企业产品或服务与竞争者比较而言的优势，销售增长率和市场占有率等）和适应性（adaptability，指企业面对环境的应变能力）。Venkartraman 和 Ramanujam（1986）认为应从财务绩效（投资报酬率、销售增长率）、运作绩效（新产品导入、附加价值率）和组织效能（员工士气）三方面完整衡量企业绩效；Nkomo（1987）指出财务绩效和人力资本绩效两方面评价的重要性，财务绩效指标包括营收增长率、盈余增长率等，人力资本绩效指标包括每名员工平均获利、每名员工平均生产额等。Arthur（1994）提出员工生产力、品质与员工流动率的评价标准。Youndt 等（1996）区分了三种类型的绩效：机械绩效（如设备使用率、瑕疵率等）、顾客满意（如产品品质、及时送货）与员工生产力（如员工士气、员工生产力）。Huselid（1995）以人力资源管理为研究主题，提出包括人力资源管理的绩效指标如员工流动率、生产率和财务绩效如托宾 Q 值、资产毛利率等指标。

Robbins（1990）把组织绩效的评估途径分为四种：目标达成导向法（goal attainment approach）、系统导向法（system approach）、战略性顾客导向法（strategic constituencies approach）和竞争性价值导向法（competing value approach）。系统导向法认为，组织是一个开放系统，接受输入，从事转换产生输出。系统导向法重视过程，强调增加组织的长期生存能力，例如获得资源、维持组织内部为社会有机体、能与外界环境互动的组织能力。

本书从系统角度分析，在参考 Venkatraman 和 Ramanujam（1986）的组织绩效衡量方法以及 Nkomo（1987）、Arthur（1992，1994）、Delaney 和 Huselid（1996）等研究的基础上，选择过程指标和结果指标为绩效衡量的主要指标。过程指标（process indicator）包括员工士气、员工生产力、企业对人才的吸引力、员工对组织的承诺、产品品质、创新能力和市场竞争能力；结果指标（output indicator）包括销售收入年均增长率、年均利润总额、利润总额年均增长率、年均总资产收益率、市场占有率。依照 Venkatraman 和 Ramanujam（1986）的分类，上述指标也可以分为财务绩效指标（销售收入年均增长率、年均利润总额、利润总额年均增长率、年均总资产收益率）、运营绩效指标（产品品质、创新能力和市场竞争能力、市场占有率）和人力资本（人员）效能（员工士气、员工生产力、企业对人才的吸引力、员工对组织的承诺）。笔者采用 7 点李克特量表方法。1～7 表示完全不同意到完全同意，共 12 个题项，见附录。

在智力资本与企业绩效的探索性研究中，Bontis（1998）选用的绩效指标包括行业领先、未来展望、利润、利润增长、销售增长、税后资产回报率、税后销售利润率、竞争的整体反应、新产品推出的成功率、企业整体绩效等指标，这与本书选择的指标有许多类似之处，但是 Bontis 的研究更侧重财务指标。本书则希望全面评价组织绩效，因此采用多维度绩效指标。

许多企业出于保密性考虑，对绩效指标公开有抵触情绪，同时由于本研究的样本来自不同行业，标准化的客观绩效评价比较不适宜，因此本书的绩效评价主要采用 7 点李克特量表、被调查者自我评价的方式。以往有些研究认为采用自我评分衡量绩效的方式较容易出现宽容偏差（leniency bias）的现象（Prien and Liske，1962），Brownell 和 McInnes（1986）认为，即使偏差有高估的现象，但结果所受的影响并未如预期的严重。根据 Beard 和 Dess（1981），这种主观评价方式已被证实具有有效性。笔者选择利用经理对行业内与竞争对手比较的相对绩效来评价。

Dess 和 Robinson（1984）对高层管理人员的主观绩效评价和客观绩效评价之间关系的研究表明，高层管理人员对资产回报率和销售增长率的主观绩效评价和客观绩效评价具有显著相关性。他们建议，在无法得到客观精确的绩效评价数据情况下，可以考虑使用主观的组织绩效评价。

为克服自我评价可能带来的问题，可采取多种手段来确保指标的信度和效度（Youndt et al.，1996）。首先，采用近三年绩效平均值的叙述方式来减少数据随机波动和异常。其次采取多题项的方式进行评价，以减少其他效应带来的随机误差。虽然任何单一题项都会有方差和系统误差、随机误差，但是多个测量项的平均值会减少随机误差。

二 解释变量

如上所述，智力资本包含三个要素，即人力资本、结构资本和关系资本，这三类资本构成本书的解释变量。

1. 人力资本

人力资本的测量研究仁者见仁、智者见智，至今没有统一结论。根据 Guthrie（2001），人力资本包含员工个人的显性和隐性的知识资产。它不仅包括员工获得的知识和技能，而且包括员工与其他员工形成的团队关系，涉及员工的激励、个人目标和团队目标的关联等。

针对企业层面人力资本的度量，许多学者在智力资本研究中提出不同的指标或题项。例如，Engstrom 等（2003）在针对酒店业智力资本的研究中提出，人力资本包括能力改进"系统"、智力敏感性、表现、态度和动机，并借鉴 Bontis（1998），提出三级指标如持续培训计划、更新员工技能、员工话语权、员工是行业内最好的、员工满意度等共计 16 个题项；Palacios-Marques 和 Garrigos-Simon（2003）在针对电信和生物技术行业的研究中提出技术知识、经验、领导能力、团队精神、工作稳定性、应对挑战的管理能力、计划能力等类共计 48 个题项；De Pablos（2002）认为应从员工概况和员工承诺与动机两方面提出测量人力资本的指标；Pena（2002）把新设立公司的智力资本作为研究对象，主要设计和度量新设立企业的企业家人力资本。

本书主要度量企业层面的人力资本，笔者认为企业层面的人力资本可以从多个角度进行度量。根据上述前人实证研究的经验，从以下四个维度来考察人力资本是比较适宜的：人力资本的基本素质（包括教育水平、工作经验、在职经验，反映人力资本一般水平）、企业对人力资本的投资（包括企业对员工的培训投资、培训天数、员工工资水平，反映人力资本的企业专用性）、态度与能力（反映员工的工作能动性、胜任程度及尽责程度）、员工流动性（反映员工的离职率）。这一评价中考虑了企业的员工素质、态度和胜任能力、员工培训和投资以及离职率，能够对企业人力资本进行全面的考察。

2. 结构资本

结构资本的主要作用是把组织资源与价值创造和持续竞争优势联系起来（Dess and Picken，1999）。这包括：组织结构和报告结构、运作系统、流程、步骤和任务设计、信息和沟通基础构成、资源获取、开发和配置系统、决策过程与信息流动、激励系统、控制系统和绩效测度系统、组织文化、价值观和领导等。目前的研究中，Lev 和 Radhakrishnan（2003）提出组织资本包括运营能力、投资能力和创新能力。Engstrom 等（2003）提出结构资本有四个维度——效率与效益、更新和发展、系统和步骤以及气氛，每个维度都有若干指标或题项来定量化。Palacios-Marques 和 Garrigos-Simon（2003）则将结构资本的维度设计为 7 个，分别是法律保护的内部知识和外部知识、知识的获得程度和利用程度、现有知识的有效利用程度、知识的交流和扩散的社会机制、组织文化、知识水平以及与战略的一致性，并提出 40 个题项，采集的数据进行验证性因子分析，证明这个维度设计是有效的。De Pablos（2002）则在考察和比较一些倡导智力资本度量和报告的亚洲、欧洲和中东公司的基础上提出基础设施、顾客支持、管理过程、创新、质量和改进以及知识基础设施的结构资本维度。Bontis（1998）的实证研究中，对结构资本没有进一步细分，而是提出包含支持性气氛、实施新创意、支持创意的开发、企业有效率等在内的 16 个题项来度量结构资本。

结合以上观点，笔者提出，结构资本可分为四个维度：组织系统、流程与文化反映组织内部管理与文化，研发能力反映企业研究开发投资与能力，知识管理反映的是企业内部知识的获得和保护，交流与合作体现促进学习与成长的信息交流和合作。

3. 关系资本

Bontis（1998）、Engstrom 等（2003）的研究面向顾客资本，研究度量顾客关系的测量项，包括顾客满意度、顾客忠诚度、顾客重复购买率、市场占有率等。Palacios-Marques 和 Garrigos-Simon（2003）、De Pablos（2002）的范围有所扩大，定义了关系资本，包含企业—顾客关系、企业—供应商关系、企业—其他利益相关者关系等；关系资本的实质是企业与竞争者、供应商、顾客等外部关系中获得的知识和有潜在价值的资源，例如信誉、品牌、商标、形象等。

我国学者边燕杰和丘海雄（2000）在"企业的社会资本与功效"的实证研究中，把企业的社会资本分为企业的纵向联系、横向联系和社会联系等三类。这些联系涵盖企业上下游关系，与政府部门、上级领导机关关系以及与其他利益相关者的关系。

根据上述研究结果，结合本书对关系资本的定义，笔者提出关系资本的维度包括企业—顾客关系、企业—供应商关系、企业—其他利益相关者关系等企业和其他组织或个人间的关系。这样的维度划分方式与 Renko 等（2002）的划分相同，三个维度勾画了企业外部关系的框架，通过下列题项可以说明这些关系的发展程度。

三 控制变量

除解释变量外，尚有一些控制变量可能对被解释变量（即企业绩效）产生影响，这些控制变量包括企业规模、行业属性和企业年龄等。

1. 企业规模

企业规模对企业绩效具有强有力的解释作用（Weiner and Mahoney，1981；Wernerfelt and Montgomery，1988）。企业规模越大，其拥有或控制的资产越多，越能够发挥杠杆作用，企业的规模经济效应和信誉优势越明显，则企业财务绩效可能越好（Lee et al.，2001）。此外根据 Blau（1970）[①]，企业规模对企业信息处理具有重要作用，中层管理者是 CEO 和底层管理者的桥梁，高层与中层管理者信息和知识共享的水平是组织规模的直接函数。从这个角度看，组织规模还对企业的运作绩效和组织效能具有重大影响，这种影响的方向和程度值得深入分析，但这不是本书的研究范围。因此本书将企业规模作为影响企业绩效的控制变量。企业规模变量用销售收入度量。测量题项见附录。

2. 行业属性

早在 20 世纪 70 年代末期，产业组织经济学就已经证明产业结构特征是绩效的主要影响因素（Porter，1980），结构-行为-绩效（SCP）模型就是对产业结构与利润率间关系分析的理论框架之一。既然不同的行业利润率是不同的，那么行业属性的差异必然对企业绩效产生影响。在分析行业影响时，笔者将软件、电子信息和医药业作为高技术行业，将机械等其他行业作为非高技术行业，设置虚拟变量来区分行业对企业绩效的影响。当样本企业属于上述高技术行业时，令该行业虚拟变量为 1，否则为 0。测量题项见附录。

---

① Blau（1970）。转引自：King 和 Zeithaml（2001）。

3. 企业年龄

企业年龄变量能够预测绩效是由于"新手风险"（liability of newness）[①] 的存在（Stinchcombe，1965[②]）。一般而言，企业特有的知识和能力是随着时间的推移而逐步积累起来的，这些知识和能力不仅会影响企业财务绩效，也会影响企业运作效率和组织效能。企业的成立时间越长，越可能积累知识优势、能力优势和经验优势，从而对企业绩效产生影响。因此企业年龄也是影响绩效的重要变量。在本书中，企业年龄是企业自成立起到 2003 年为止所经历的年数。测量题项见附录。

四 主要分析方法

本书以问卷调查方式收集资料，对于回收的问卷资料进行描述性统计、信度和效度、统计学等分析工作。本书研究所使用的分析软件，包括 SPSS for windows 11.0 版、Lisrel 8.2 版。

1. 描述性统计分析

描述性统计主要对样本基本资料——企业的规模、所属行业、员工人数、成立时间等进行统计分析，说明各变量的平均数、百分比、次数分配表等，以描述样本的类别、特性以及比例分配状况。

2. 信度和效度检验

信度是指衡量效果的一致性和稳定性，利用 Cronbach's α 值来衡量。本书将针对每个维度所对应的问卷题项，计算 Cronbach's α 值评价信度。

效度是指测量工具能准确测量出想要衡量的性质的程度，即测量的正确性。效度可分为内容效度（content validity）、准则相关效度（criteria-related validity）和建构效度（construct validity）等三类。本书中的各个测量题项都是直接测量，在同一时期内很难找到其他标准资料作辅助，无法进行准则相关效度的分析，因此仅讨论内容效度和建构效度。

内容效度旨在检测衡量内容的适切性，本书在研究时为达到内容效度，以相关理论为基础，参考过去实证研究的问卷结果并加以修订。问卷初稿完成后，多次与企业人员和学者讨论修正，因此，确信应有相当的内容效度。

建构效度指测量出理论的概念和特征的程度，所以因素分析有时被用来检测建构效度。本书针对问卷的题项进行验证性因素分析，以确定各题项是否具

[①] 新手风险系指新组织不利于存活。

[②] 参考：Lee 等（2001）。

有建构效度。

3. 相关分析

本书以 Person 相关分析建议企业的人力资本、结构资本、关系资本与企业绩效的有关变量间的相关系数，考察各研究变量间是否有显著相关，作为下一步分析变量间相互作用的基础。

4. 结构方程模型

在收集问卷资料并进行必要的数据分析后，本书计划运用结构方程模型（structural equation modeling，SEM）来验证研究模型和假设，选择以 LISREL 8.2 作为分析工具，探讨人力资本、结构资本、关系资本对企业绩效的作用和交互效应的影响。本书将针对回收问卷，进行以下分析：①用 CFA 检验潜变量的测量模型，分析测量的效度；②用 SEM 检验模型，进行路径分析和检验研究假设。

第二节　问卷设计

由于单一题项一般只能界定狭窄的概念，因此复杂的组织现象的度量常常需要通过多个题项完成。多个题项在变量的测量题项具有一致性的情况下能够增进信度（Churchill，1979）。因此大多数变量都使用多项题项来促进度量的信度和效度。

根据许多学者（Churchill，1979；Dunn et al.，1994；Gerbing and Anderson，1988）的建议，测量题项是这样开发的：①题项通过文献回顾和与企业界的经验调查/访谈形成；②学术界专家讨论；③企业界专家讨论；④通过预测试对题项进行纯化，最终问卷定稿。本书的问卷设计经历以下阶段：①大量的文献研究。笔者阅读了大量有关智力资本、人力资本、结构资本和关系资本的相关研究文献，吸收其中与本书有关的部分，在深入分析研究背景和问题的基础上，形成研究变量的测量题项。②征求学术团队的意见。在文献阅读和实地访谈之后，设计问卷初稿在笔者所在的学术团队（其中，包括数位教授、副教授和 30 多位博士研究生、硕士研究生），征求团队专家和相关研究者对问卷初稿的意见。根据团队专家对问卷初稿的反馈意见，对问卷进行修改，并形成调查问卷二稿。③与一些企业高层经理进行深度实地访谈（field interview）。笔者共与 10 位企业高层经理进行了交流，征求他们对研究问题的意见，包括研究模型的表面效度（face validity）[①] 和如何测度人力资本、结构资本、关系资本、智力

[①]　表面效度是指测量工具在外显形式上的有效程度。

资本等。④预测试。在 3 个企业进行预测试，根据它们的回答和反馈，对问卷的语言和遣词造句进行进一步修改，最终形成调查问卷最终稿。前已述及，智力资本的度量是个公认的难题（Bontis，1998；Palacios-Marques and Garrigos-Simon，2003）。为设计调查问卷，需要对概念模型中相关变量的度量进行研究。

调查问卷包括填答问题部分和选择问题部分，选择问题部分用 7 点李克特量表（完全不同意-完全同意）来表示，每个题项用中等长度问题（16 到 24 个词语）表示，符合 Andrews（1984）[①] 的建议。调查问卷见附录。

一 人力资本的测度项

如前所述，笔者提出从四个维度来考察人力资本，分别是基本素质（包括教育水平、工作经验、在职经验，反映人力资本一般水平）、企业对人力资本的投资（包括企业对员工的培训投资、培训天数、人员工资水平，反映人力资本的企业专用性）、态度与能力（反映员工的工作能动性、胜任程度及尽责程度）、员工流动性（反映员工的离职率）。具体的问卷题项如表 7-1 所示。人力资本共包含 25 个题项，其中 8 个客观题项，17 个主观题项。主观题项采取 7 点李克特量表打分，每个题项从 1 到 7 表示从完全不同意向完全同意过渡。

表 7-1　人力资本的测度题项

变量	二层指标	三层指标	指标设计来源
HC1	员工素质	员工总数	Bukh 等（2001）、Edvinsson 和 Malone（1997）
HC2		大学本科以上学历员工的比重	Bukh 等（2001）、Van Buren（1999）、De Pablos（2002）
HC4		在本企业工作超过 3 年的员工人数	Van Buren（1999）
HC5	企业对人力资本的投资	企业员工平均年收入	Bukh 等（2001）、Van Buren（1999）
HC6		近 3 年来，本企业平均每年每位员工用于培训的经费支出	Edvinsson 和 Malone（1997）
HC7		近 3 年来，企业每年每位员工的平均培训天数	Edvinsson 和 Malone（1997）、Van Buren（1999）
HC8		企业提供足够的培训使员工能顺利完成自己的工作任务	自行设计
HC9		企业关心员工的职业发展计划并使之与企业目标协调一致	自行设计

① 这是对英语问卷的要求，在此仅作为借鉴。参考：Andrews（1984）。

续表

变量	二层指标	三层指标	指标设计来源
HC10		本企业让员工发挥最大的潜力	Bontis（1998）、Engstrom 等（2003）
HC11	员工流动率	近3年来，平均每年辞职人员数占员工总数的比率	Bukh 等（2001）、De Pablos（2002）
HC12		近3年来，平均每年的新招募员工占员工总数的比率	Bukh 等（2001）、De Pablos（2002）
HC13	态度与能力	员工能主动确保产品与服务符合标准	Edvinsson 和 Malone（1997）、Zwell 和 Ressler（2000）
HC14		员工能主动满足内部和外部顾客的要求	Zwell 和 Ressler（2000）
HC15		员工能快速回应不确定的环境	Zwell 和 Ressler（2000）
HC16		员工能主动积极地解决问题	Zwell 和 Ressler（2000）
HC17		本企业中层管理者能够妥善安排员工的工作内容并分配资源	Zwell 和 Ressler（2000）、Palacios-Marques 和 Garrigos-Simon（2003）
HC18		本企业中层管理者能使用多种方式帮助企业员工发展其能力	Palacios-Marques 和 Garrigos-Simon（2003）、Zwell 和 Ressler（2000）
HC19		本企业高层主管具有领导企业实现目标的能力	Zwell 和 Ressler（2000）
HC20		本企业高层主管能担负领导本企业并且引导组织变革的责任	Zwell 和 Ressler（2000）
HC21		本企业高层主管了解企业自身的竞争地位，以此为基础制定短期和长期战略	Zwell 和 Ressler（2000）
HC22		员工常会主动和同事讨论有关工作的事情	Van Buren（1999）、Roos 等（1997）
HC23		员工常会主动和主管讨论有关工作的事情	Van Buren（1999）、Roos 等（1997）
HC24		员工常会主动提出自己的意见	Van Buren（1999）、Engstrom 等（2003）
HC25		员工能与他人共同合作并协助他人的工作以达成共同目标	Zwell 和 Ressler（2000）

二 结构资本的测度项

笔者提出测度结构资本的四个维度，其中组织系统、流程与文化反映组织内部运作系统、流程效率和氛围；创新维度反映企业创新投资与能力；知识管理反映的是企业内部知识的获得和保护；交流与合作体现促进学习与成长的信息交流和合作。表 7-2 中的题项是对上述维度的反映。结构资本共包含 39 个题项。其中，3 个客观题项，36 个主观题项。主观题项采取 7 点李克特量表打分，每个题项 1~7 分别表示从完全不同意向完全同意过渡。

表 7-2　结构资本的测度题项

变量	二层指标	三层指标	指标设计来源
SC1	组织系统、流程与文化	本企业提供充分的激励促使员工完成自己的工作	Van Buren（1999）
SC2		企业在深入了解员工的能力的基础上为员工分配适当的工作	Brooking（1996）
SC3		企业提供足够支持，帮助员工解决工作中遇到的问题	Bontis（1998）
SC4		员工有足够的权力全权处理顾客或生产线的问题	Van Buren（1999）
SC5		本企业鼓励员工提出新观点（或新建议）	Bontis（1998）、Dzinknowski（2000）
SC6		本企业具备很强的新产品开发能力	Van Buren（1999）
SC7		本企业提供各种资源，大力支持研发活动	Van Buren（1999）
SC8		本企业对技术和市场的变化具有很强的适应能力	自行设计
SC9		本企业把握新的市场机会的能力很强	Van Buren（1999）
SC10		企业鼓励员工的探索行为和创新行为	自行设计
SC11R		在本企业，员工会因怕被认为在某方面的知识不足而不提问题	Brooking（1996）
SC12		企业的每个工作流程有很高的效率	Bukh 等（2001）
SC13		本企业的气氛是开放且彼此信任的	Bontis（1998）
SC14		主动交流信息的员工受到广泛尊重	Bontis（1998）
SC15		企业的文化氛围促进员工相互合作	Bontis（1998）
SC16	研究开发	研发费用占总销售收入的比例	Dzinknowski（2000）、De Pablos（2002）
SC17		研发人员数占员工总数的比例	Dzinknowski（2000）、Edvinsson 和 Malone（1997）
SC18		专利数	Van Buren（1999）、Edvinsson 和 Malone（1997）、Dzinknowski（2000）
SC19	知识管理	企业的每个工作流程（包括生产、销售、财务、研发等等流程）都有完整明确的书面说明文件	Bukh 等（2001）
SC20		企业应用信息技术来提高工作流程的效率	Bukh 等（2001）

续表

变量	二层指标	三层指标	指标设计来源
SC21		企业对于产品知识的记录和归档有明文规定	Reed 等（2006）
SC22		企业对于工艺、流程知识的记录和归档有明文规定	Reed 等（2006）
SC23		企业收集员工个人的成文知识归入资料库或数据库	Reed 等（2006）
SC24		企业收集员工个人的工作经验归入资料库或数据库	Reed 等（2006）
SC25		员工经常在数据库或资料库中搜寻所需信息（知识）	Palacios-Marques 和 Garrigos-Simon（2003）
SC26		企业有明确的措施防止内部知识和信息被滥用	Reed 等（2006）
SC27		企业有明确的措施防止内部知识和信息被剽窃	Reed 等（2006）
SC28	交流与合作	企业的组织结构有利于员工间的合作	Dess 和 Picken（1999）
SC29		企业的组织结构有利于员工间的信息交流	Dess 和 Picken（1999）
SC30		企业对相互合作的员工给予奖励	自行设计
SC31		企业对进行信息交流的员工给予奖励	自行设计
SC32		企业通过岗位轮换来促进信息交流	Palacios-Marques 和 Garrigos-Simon（2003）
SC33		企业通过建立跨职能工作团队来促进信息交流	Palacios-Marques 和 Garrigos-Simon（2003）
SC34		企业应用信息技术（如建立数据库、内部网等）促进信息交流	Van Buren（1999）
SC35		本企业不同部门的员工在工作中密切合作	Bukh 等（2001）
SC36		企业内不同部门的员工间有一定的机制来相互交流信息	Palacios-Marques 和 Garrigos-Simon（2003）、
SC37		企业通过岗位轮换来促进员工间合作	Bukh 等（2001）
SC38		企业通过建立跨职能工作团队来促进员工间合作	Bukh 等（2001）
SC39		企业应用信息技术（如建立数据库、内部网等）促进员工间合作	Van Buren（1999）

三 关系资本的测度项

笔者提出关系资本的维度有企业-顾客关系、企业-供应商关系、企业-其他利益相关者关系等三部分，反映企业和其他组织或个人间的关系。三个维度勾画了企业外部关系的框架，通过 23 个题项可以说明这些关系的发展程度，如表7-3 所示。这些题项包括 2 个客观题项和 21 个主观题项。主观题项采取 7 点李克特量表打分，每个题项从 1 到 7 表示从完全不同意向完全同意过渡。

表 7-3　关系资本的测度题项

变量	二层指标	三层指标	指标设计来源
RC1	企业—顾客关系	主营业务产品市场占有率	Bontis（1998）、Van Buren（1999）
RC2		商标数	Bontis（1998）
RC3		企业非常了解顾客的需求	Bontis（1998）
RC4		顾客对企业产品品质的满意度很高	Bukh 等（2001）、De Pablos.（2002）；Bontis（1998）
RC5		顾客对本企业服务的满意度很高	Bukh 等（2001）、De Pablos（2002）、Bontis（1998）
RC6		顾客对本企业的品牌忠诚度很高	De Pablos（2002）、Bontis（1998）
RC7		企业与大客户建立长期信任的关系	Mouritsen（1998）、Bontis（1998）
RC8		企业从顾客处获得许多需求信息	Bontis（1998）、Van Buren（1999）
RC11	企业-供应商关系	企业与主要供应商保持着长期信任的关系	Palacios-Marques 和 Garrigos-Simon（2003）
RC12		企业从供应商处获得许多信息	Palacios-Marques 和 Garrigos-Simon（2003）
RC13		与供应商的合作是企业产生创意（或新产品构想）的方式之一	Palacios-Marques 和 Garrigos-Simon（2003）
RC14		企业与供应商共享着有形和（或）无形资源	Palacios-Marques 和 Garrigos-Simon（2003）
RC15		企业与供应商的沟通效率很高	Palacios-Marques 和 Garrigos-Simon（2003）
RC18	企业-其他利益相关者关系	企业与大学和研究机构进行有效合作	Palacios-Marques 和 Garrigos-Simon（2003）
RC19		企业与专家和咨询机构进行有效合作	Palacios-Marques 和 Garrigos-Simon（2003）
RC20		企业与同行业其他企业进行有效合作	Palacios-Marques 和 Garrigos-Simon（2003）
RC21		企业与政府部门保持着良好关系	Palacios-Marques 和 Garrigos-Simon（2003）
RC22		企业与债权人保持着良好关系	Palacios-Marques 和 Garrigos-Simon（2003）
RC23		企业与投资人保持着良好关系	Palacios-Marques 和 Garrigos-Simon（2003）

四 防止偏差的措施

本问卷的题项采取 7 点李克特量表，被调查者对问题的回答主要建立在主观评价之上，因此可能会导致问卷结果出现偏差。Fowler（1988）[①] 认为，主要有 4 个导致问卷应答者对题项做出非正确性回答的可能原因，分别是：①应答者不知道所提问问题答案的信息；②应答者不能回忆所提问问题答案的信息；③虽然知道这些问题答案的信息，但是应答者不想回答这些问题；④应答者不能理解所问的问题。尽管没有措施能够完全消除上述 4 个因素可能带来的问题，但是采取一定的措施，可以限制这些问题可能带来的影响。

为避免第一种原因，在书时要求问卷的应答者均为熟悉企业情况的中高层管理人员，应答者在不知道问题答案的情况下，通常会请求其他人员协助完成问卷。

为避免第二种原因，本书设计的调查问卷所提问题大多为公司现阶段情况，因此不存在需要回忆或者寻找以前数据的问题。

为避免第三种因调查意愿引起的问题，在调查问卷中明确告知应答者，问卷数据仅用于学术研究，不涉及商业用途，并承诺对应答者姓名、公司名称以及应答者提供的一切信息保密。同时应答者如需要研究结论，可通过电子邮件发送给他们，以期为企业经营活动提供一定的参考。此外，为考察应答者的回答意愿，笔者在问卷中专门设计了一个全局题项（global item），以确定应答者是否愿意回答问卷，并将该题答案值小于 4 的问卷从有效问卷中排除。

为避免第四种原因，笔者对问卷进行预测试，听取企业界人士和团队学者的意见，对问卷的言词进行修改，对个别名词进行注释，尽量避免题项难以理解或者意义含糊不清的情况发生。问卷中还标明作者的姓名、通讯地址、电子邮箱和联系电话，以便应答者在不理解问题题意的情况下与作者联系，从而降低由于不理解某些题项的含义而可能带来的问题。

此外，为判断是否存在单一应答者回答偏差，笔者采取以下措施：从回收的问卷中随机抽取 20 份问卷，根据这些问卷的应答者所提供的公司网址，登录这些公司网站，查询公司基本情况信息（员工人数、企业性质、所属行业），并与问卷填写的信息进行比较，结果表明应答者对公司基本情况的回答与网上资料一致，不存在偏差问题。

根据 Lee 等（2001）避免一致性问题的建议，笔者在调查问卷的题项安排上，将企业绩效的题项放在智力资本的相关测度项后面，这样的安排能在一定

---

① 转引自：李正卫（2003）。

程度上防止被调查者在问卷填写过程中形成自己的因果逻辑，影响问卷结果的可靠性。

第三节　数据收集和描述性统计

本书采用向企业发放问卷调查的方式收集数据。调查对象是企业中高层管理人员，中高层管理人员有足够的知识，能够回答问卷中关于企业全面信息的问题。调查问卷涉及行业范围较为广泛，以增强研究结论的一般性。

问卷的发放采取多种方式进行。

第一种方式是通过电子邮件将问卷传递给 3 位联系人，他们均为政府机关工作人员，利用他们与企业的广泛联系，由他们将问卷以纸质或电子问卷形式发放给相关企业的被调查者，请被调查者填写问卷并将问卷交给联系人，然后联系人再将问卷邮寄或发送电子邮件寄回给笔者。这种方式共发出问卷 200 份，问卷的发放和回收主要经历两个阶段：首先由联系人将问卷发给被调查者，提醒被调查者尽快填写问卷；2 周后，根据问卷回收情况，笔者以电子邮件或电话方式提醒联系人，由他们与未回复的被调查者联系，再次提醒他们对问卷作出回答。这种方式最终回收问卷 74 份，其中有效问卷 63 份，问卷回收率和有效问卷率分别达到 37％和 31.5％。

第二种方式是笔者将纸质问卷带到 4 位高校教师的课堂上，利用他们给企业人员授课培训的机会发放问卷，请被调查者现场填写，问卷现场回收。这种方式共发放问卷 150 份，回收问卷 58 份，其中有效问卷 48 份，问卷回收率和有效问卷率分别达到 38.6％和 32％。

第三种方式是由笔者在企业进行调研活动时直接发放，在调研结束后把纸质的调查问卷留给企业相关人员，请被调查者尽快填写问卷并邮寄给笔者。这种方式共发放问卷 22 份，回收问卷 21 份，其中有效问卷 21 份，问卷回收率和有效问卷率分别达到 95.5％和 95.5％。此外，笔者还利用自己的关系网络通过电子邮件发放 27 份问卷，结果回收有效问卷 15 份，问卷回收率和有效问卷率分别达到 55.6％和 55.6％。作者以两种形式发放的问卷总数为 49 份，回收问卷共 36 份，其中有效问卷共 36 份，问卷回收率和有效问卷率分别为 73.5％和 73.5％。表 7-4 为调查问卷发放与回收情况汇总。

表 7-4　调查问卷发放及回收情况

发放方式	发出问卷数/份	问卷回收率/％	有效问卷率/％
政府联系人	200	37	31.5
高校教师	150	38.6	32
笔者	49	73.5	73.5
合计	399	42.1	36.8

本书发放问卷采取 3 种方式，这 3 种方式发放之问卷如存在显著差异，则不适宜把 3 种方式收集的问卷合并进行数据分析。为考察以不同方式发放的问卷是否可以合并，本书随机选择分别反映智力资本构成要素和企业绩效的题项，进行单因素方差分析。选择的题项是 HC6、SC27、RC18、FP2、OP1 和 EP4。表 7-5 为 3 种方式发放之问卷中随机选择题项的方差分析表。结果表明，3 种方式发放之问卷的随机选择题项的均值均不存在显著差异，因此 3 种问卷发放方式下收集的有效问卷可以合并进行数据处理。

表 7-5　三种方式发放之问卷的题项方差分析

		离差平方和	自由度	均方	F	Sig.
HC6	组间	2.987	2	1.494	0.649	0.524
	组内	331.475	144	2.302		
	总和	334.462	146			
SC27	组间	5.792	2	2.896	1.138	0.323
	组内	366.535	144	2.545		
	总和	372.327	146			
RC18	组间	6.703	2	3.351	2.252	0.110
	组内	214.317	144	1.488		
	总和	221.020	146			
FP2	组间	0.559	2	0.279	0.140	0.870
	组内	287.809	144	1.999		
	总和	288.368	146			
OP1	组间	4.233	2	2.117	1.038	0.357
	组内	293.658	144	2.039		
	总和	297.891	146			
EP4	组间	7.279	2	3.639	2.233	0.111
	组内	234.721	144	1.630		
	总和	242.000	146			

由于本书的解释变量和被解释变量数据都来自单一被调查者，同时都采用自我评价的方式收集数据，两者间可能会由于共同方法变异（common method variance）而产生高相关（Podsakoff and Organ，1986），使得研究结果混淆。因此需要对共同方法方差问题是否存在进行检验。依据 Podsakoff 和 Organ（1986）、Parke（1993）、Lane 等（2001），哈曼单因子测试（Harman's Post-hoc single factor test）可以用于检验共同方差问题。如果存在较大的共同方差问题，在对所有变量进行因子分析时，会出现单一因子或者一个综合因子，该因子能解释大部分变量方差。本书针对所有题项进行的主成分分析表明，存在 17 个特征值大于 1 的主成分，一共解释了全部方差的 78.45%，第一主成分解释了全部方差的 38.8%。多个因子的存在和单个因子相对较低的方差解释比例说明不存在单一主因子，也不存在一个综合因子可以解释大部分变量方差。这说明不存在由于较大的变量共同的系统方差而引起的测度有效性问题。

　　表 7-6 为样本基本资料统计。从回收的有效问卷来看，本书所得样本涵盖的行业范围较广，既包括传统产业，也包括高技术产业，高技术产业的企业占据比例达到一半。从成立年数来看，样本企业既包括成立 1 年的新企业，也包括历史长达 50 余年的老企业，总体上以成立年数在 5～10 年的企业居多。样本企业的所有权性质分为国有或国有控股企业、民营企业、股份制（非国有控股）企业和三资企业等，民营企业所占比重相对较多。从企业规模来看，年销售额在 3000 万元以下的小型企业约占 40%，年销售额 3000 万～3 亿元的中型企业和超过 3 亿元的大型企业各占 20%。从员工总人数来看，既有不到 50 人的小企业，也有万人大企业。综合以上分析得知，研究样本覆盖范围较为广泛，具有较好的代表性。

表 7-6　样本基本资料

企业特性	分类标准	样本数	占样本总量的百分比/%	累计百分比/%
产业类型	传统产业	40	27.2	27.2
	知识（技术）密集型产业*	76	51.7	78.9
	服务业	31	21.1	100.0
产权性质	国有或国有控股企业	34	23.1	23.1
	民营企业	52	35.4	58.5
	股份制企业（非国有控股）	33	22.4	81.0
	三资企业	28	19.0	100.0
企业年龄	5 年以下	33	22.4	22.4
	5～10 年	53	36.1	58.5
	10～15 年	31	21.1	79.6
	15～20 年	7	4.8	84.4
	20 年以上	23	15.6	100.0
年销售额	100 万元以下	4	2.7	2.7
	100 万～300 万元	5	3.4	6.1
	300 万～3000 万元	49	33.4	39.5
	3000 万～1 亿元	26	17.7	57.2
	1～3 亿元	26	17.7	74.9
	3 亿元以上	37	25.1	100.0
	合计	147	100.0	100.0

　　* 经济合作与发展组织（OECD）根据 1980～1995 年 R&D 投入的强度和产品的技术含量指出，高技术产业包括航空航天、计算机和办公机械、电子通信、制药，中高技术产业包括科学仪器、电子机械、自动车辆、化学制品、非电类机械（non-electrical machinery）。国家统计局目前列出的高技术产业包括制造业中的核燃料加工业、信息业、化学品制造业、航空航天器制造业、电子计算机及办公设备制造业、医疗设备及仪器仪表制造业以及信息传输、计算机服务和软件业中的公共软件服务业。结合这两种观点，笔者确定，本研究中知识（技术）密集型产业包含电子机械制造业、电子及通信设备制造、医疗设备及仪器仪表制造业、软件业等行业，传统产业包含包括非电子机械制造业、石油化工、日用品生产等行业，服务业包含金融保险、科技服务、物流、进出口贸易等行业。

第八章

智力资本与企业绩效的测量模型

结构方程模型可分为测量模型（measurement model）分析（或称验证性因子分析（confirmatory factor analysis，CFA））与结构模型（structural model）分析。测量模型旨在设定潜在变量（latent variables）与观测变量（observed variables）间的关系，可以显示观测变量的信度与效度；结构模式则可以设定和检验潜在变量间的因果关系，计算出解释与未解释的变异量。Anderson 和 Gerbing（1988）提出，研究中在以 SEM 来分析测量模型和结构模型即进行研究模型拟合度（model fitness）检验之前需先得到可接受的测量模型，这样能够避免因不正确的测量模型所造成的混淆结果。因此在分析时依据这样的建议分别检验测量模型和结构模型。首先将测量模型分离先行分析，即针对智力资本的维度进行验证性因子分析，以确认各维度的建构效度，然后进行结构方程模型的发展与分析，并进行假设检验。

第一节　测量模型的检验

为确保数据分析结果的正确性，本书在进行研究假设检验即变量间的实质关系的检验之前，先对研究模型的测量模型进行检验，确认模型中测量题项是否具有足够的建构效度（Anderson and Gerbing，1988）。建构效度一般可由收敛效度（convergent validity）和区别效度（discriminatory validity）两个效度来检验。

由于本书的测量模型中包含的测量题项较多，相对而言样本数量则相当有限，无法将所有测量题项纳入同一个测量模型以完整模型估计（full model）的方式来检验收敛效度，因此，本书依据 Sethi 和 Carraher（1993）的建议，采用有限信息（limited information）的分析方式，将研究模型按理论分割为自变量、应变量等若干较小的测量模型，分别进行检验，以确保建构效度分析结果具有足够的因素稳定性（factorial stability）。

依据 Sethi 和 Carraher（1993）建议，本书将测量模型分为 6 部分——人力资本、结构资本和关系资本以及财务绩效 3 个子测量模型分别进行检验。智力资本的测量模型的衡量题项均属于反映型（reflective）题项，因此本书采用二阶验证性因素分析（confirmatory factor analysis，CFA）来进行检验。企业绩效的测量模型则采取一阶 CFA 进行检验。用 CFA 进行检验时，依据 Fornell 和

Laker（1981）的建议，各题项的因子载荷的最低可接受值为 0.5 且需显著。

一 人力资本测量模型

表 8-1 为人力资本测量模型的结果（含描述性统计分析）。结果显示，各题项的因子载荷都大于 0.5，且都达到统计显著或非常显著的水平。二阶因素——人力资本由一阶因素决定，除员工教育水平与员工流动性外，二阶因子载荷均大于 0.5，且具有统计上的显著性。

模型整体的拟合情况良好，失拟指数 RMR 尚可，χ^2/df 小于 3，符合要求。拟合优度指数中仅 NFI 和 NNFI 略小，其余均在 0.90 以上，合乎要求。因此本二阶测量模型可以接受，上述参数估计有效。

表 8-1　人力资本测量模型的因子载荷和整体拟合优度
（a）一阶因子载荷

指标	题项符号	均值	标准差	标准因子载荷	t 检验值	标准误差
态度与能力	HC8	4.91	1.351	0.76		
	HC9	4.73	1.439	0.82	34.44	0.03
	HC10	4.81	1.383	0.77	33.58	0.03
	HC13	5.45	1.153	0.72	28.91	0.03
	HC14	5.37	1.062	0.71	27.49	0.03
	HC15	4.94	1.158	0.75	30.62	0.03
	HC16	5.06	1.180	0.82	31.81	0.03
	HC17	5.21	1.272	0.82	32.38	0.03
	HC18	4.91	1.349	0.83	33.40	0.03
	HC19	5.54	1.277	0.81	32.02	0.03
	HC20	5.29	1.351	0.81	33.13	0.03
	HC21	5.33	1.240	0.76	31.13	0.03
	HC22	5.27	1.124	0.65	26.31	0.03
	HC23	5.06	1.088	0.76	28.87	0.03
	HC24	5.06	1.152	0.69	27.90	0.03
	HC25	5.24	1.024	0.67	25.57	0.03
员工教育水平	HC2	4.06	2.396	0.96		
	HC5	2.73	0.953	0.53	3.57	0.06
员工流动性	HC11	3.48	1.921	0.81		
	HC12	4.35	1.915	0.90	21.46	0.05
员工培训投入	HC6	3.18	1.462	0.64		
	HC7	2.97	1.202	0.85	10.15	0.11

（b）二阶因子载荷

一阶因子	标准因子载荷	t 检验值	标准误差
态度与能力	0.96		
员工教育水平	0.20	6.68	0.09
员工流动性	0.08	2.68	0.04
员工培训投入	0.71	12.19	0.05

（c）模型拟合优度指标

$\chi^2=582.92$, $df=220$, $\chi^2/df=2.65$	GFI $= 0.97$, AGFI $= 0.96$
RMR $= 0.14$	CFI $= 0.91$, IFI $= 0.91$
	NFI $= 0.88$, NNFI $= 0.89$

注：表中一些变量（或题项）因设置该负荷为1，不计算 t 值，因此未列出 t 值和标准误差

二 结构资本测量模型

结构资本的测量模型检验如表8-2所示（含描述性统计分析）。可以发现，各题项的因子载荷都大于0.5，且都达到统计显著或非常显著的水平。二阶因素——组织资本由4个一阶因素决定，除研究开发外，其他一阶因素的因子载荷均大于0.5，且具有统计上的显著性。

模型整体的拟合情况良好。拟合优度指数均在0.90以上，显示出良好的拟合状态。失拟指数中 RMR 尚可，χ^2/df 较大。但由于 χ^2 与自由度高低和样本量大小有关，Hair 等（1998）建议其他的拟合优度统计量用于评价模型，χ^2 用于不同模型的比较[①]。因此本二阶测量模型可以接受，上述参数估计有效。

表8-2　结构资本测量模型的因子载荷和整体拟合优度
（a）一阶因子载荷

指标	题项符号	均值	标准差	标准因子载荷	t 检验值	标准误差
组织系统	SC1	4.84	1.411	0.83		
和文化	SC2	4.69	1.410	0.84	61.76	0.02
	SC3	4.99	1.261	0.84	58.97	0.02
	SC5	5.37	1.332	0.82	58.97	0.02
	SC6	4.87	1.507	0.78	61.65	0.02
	SC7	4.90	1.561	0.81	63.81	0.02
	SC8	4.91	1.378	0.80	59.36	0.02
	SC9	4.90	1.400	0.81	60.27	0.02
	SC10	5.18	1.385	0.88	62.59	0.02
	SC12	4.63	1.380	0.84	60.41	0.02
	SC25	4.44	1.499	0.77	60.41	0.02
	SC28	4.87	1.324	0.84	58.95	0.02
	SC29	4.90	1.369	0.83	59.55	0.02
	SC35	5.04	1.243	0.74	51.15	0.01
	SC36	4.89	1.256	0.75	53.61	0.01
	SC13	5.04	1.431	0.86	62.82	0.02
	SC14	5.03	1.367	0.86	62.24	0.02
	SC15	5.11	1.339	0.87	61.77	0.02

① 转引自：Yli-Renko 等（2001）。

续表

指标	题项符号	均值	标准差	标准因子载荷	t检验值	标准误差
交流合作	SC30	4.31	1.582	0.86		
	SC31	4.08	1.541	0.88	63.02	0.02
	SC32	4.10	1.509	0.76	58.18	0.01
	SC33	4.48	1.548	0.85	60.89	0.01
	SC37	4.21	1.512	0.85	61.41	0.02
	SC38	4.46	1.533	0.80	59.49	0.01
	SC39	5.04	1.521	0.80	60.43	0.02
知识与信息管理	SC19	5.16	1.451	0.81		
	SC20	5.14	1.374	0.80	54.72	0.02
	SC21	5.26	1.288	0.69	48.78	0.02
	SC22	5.24	1.279	0.99	9.35	0.04
	SC20	4.83	1.346	0.73	52.67	0.02
	SC34	5.27	1.473	0.72	53.56	0.02
研究开发	SC16	3.65	1.854	0.91		
	SC17	4.61	2.265	0.61	12.46	0.07

（b）二阶因子载荷

一阶因子	标准因子载荷	t检验值	标准误差
组织系统和文化	0.84		
交流合作	0.94	16.83	0.07
知识与信息管理	0.89	17.64	0.06
研究开发	0.17	15.05	0.02

（c）模型拟合优度指标

$\chi^2 = 1982.72,\ df = 488,\ \chi^2/df = 4.06$	GFI $= 0.99$, AGFI $= 0.98$
RMR $= 0.11$	CFI $= 0.95$, IFI $= 0.95$
	NFI $= 0.93$, NNFI $= 0.95$

注：表中一些变量（或题项）因设置该负荷为 1，不计算 t 值，因此未列出 t 值和标准误差

三 关系资本测量模型

表 8-3 关系资本测量模型的因子载荷和整体拟合优度

（a）一阶因子载荷

指标	题项符号	均值	标准差	标准因子载荷	t检验值	标准误差
顾客关系	RC3	5.46	1.245	0.83		
	RC4	5.31	1.169	0.82	29.34	0.03
	RC5	5.24	1.191	0.87	30.28	0.03
	RC6	5.19	1.218	0.82	29.44	0.03
	RC7	5.56	1.111	0.81	28.02	0.03
	RC8	5.40	1.226	0.83	30.13	0.03

续表

指标	题项符号	均值	标准差	标准因子载荷	t 检验值	标准误差
顾客关系	RC11	5.56	1.099	0.85		
	RC12	5.31	1.168	0.84	27.71	0.04
供应商关系	RC13	4.96	1.243	0.78	27.61	0.04
	RC14	4.88	1.216	0.71	26.57	0.04
	RC15	5.18	1.086	0.82	26.87	0.04
	RC18	5.03	1.282	0.76		
	RC19	4.90	1.209	0.71	25.62	0.03
其他利益相关	RC20	4.96	1.303	0.70	27.26	0.03
者合作关系	RC21	5.54	1.136	0.82	27.16	0.03
	RC22	5.31	1.237	0.80	27.67	0.03
	RC23	5.47	1.143	0.90	27.86	0.04

(b) 二阶因子载荷

一阶因子	标准因子载荷	t 检验值	标准误差
顾客关系	0.81	18.26	0.05
供应商关系	0.79	15.27	0.05
其他利益相关者合作关系	0.88	32.25	0.03

(c) 模型拟合优度指标

$\chi^2=241.58$, $\mathrm{d}f=113$, $\chi^2/\mathrm{df}=2.14$ RMR$=0.073$	GFI $=0.99$, AGFI $=0.99$ CFI $=1.00$, IFI $=1.00$ NFI $=0.98$, NNFI $=1.00$

注：表中一些变量（或题项）因设置该负荷为 1，不计算 t 值，因此未列出 t 值和标准误差

关系资本的测量模型检验如表 8-3 所示（含描述性统计分析）。由表 8-3 得知，各题项的因子载荷都大于 0.5，且都达到统计显著或非常显著的水平。二阶因素关系资本由 3 个一阶因素决定，二阶因素的因子载荷均大于 0.5，且都具有统计上的显著性。

以上分析说明，智力资本模型整体的拟合情况非常好。拟合优度指数均在 0.90 以上，显示出良好的拟合状态。失拟指数中 RMR 较小，χ^2/df 为 2.14，小于 3，符合要求。因此本二阶测量模型可以接受，上述参数估计有效。

3 个子测量模型均具有良好的拟合性，模型中各题项的标准因子载荷大于 0.5 且显著，因此可以判定研究中提出的二阶测量模型具有较高的收敛效度（convergent validity）。本书的研究结果中，智力资本的测量模型假设与最终的测量模型基本一致，但并不完全相同，这主要是在进行数据分析过程中适当的处理造成的，例如删去那些不具显著性的题项以增加模型的拟合优度。

四 绩效测量模型

对于财务绩效、运作绩效和人员效能的一阶 CFA 分析如表 8-4 所示。由表 8-4 得知，各题项的因子载荷都大于 0.5，且都达到统计显著或非常显著的水平。

表 8-4 财务绩效、运作绩效和人员效能的因子载荷和整体拟合优度

(a) 财务绩效

测量项	标准因子载荷	t 检验值	标准误差
销售收入年均增长率	0.84	12.36	0.08
年均利润总额	0.81	11.80	0.09
利润总额年均增长率	0.97	15.70	0.08
年均总资产收益率	0.83	12.23	0.08

(b) 模型拟合优度指标

$\chi^2=3.71$, df=2, $\chi^2/df=1.86$ RMR=0.025	GFI=0.9, AGFI=0.94 CFI=1.00, IFI=1.00 NFI=0.99, NNFI=0.99

(c) 运作绩效

测量项	标准因子载荷	t 检验值	标准误差
市场占有率	0.62	8.00	0.10
产品品质	0.81	11.57	0.09
创新能力	0.81	11.48	0.10
市场竞争能力	0.94	14.53	0.08

(d) 模型拟合优度指标

$\chi^2=2$, df=2, $\chi^2/df=1.00$ RMR=0.023	GFI=0.99, AGFI=0.97 CFI=1.00, IFI=1.00 NFI=0.99, NNFI=1.00

(e) 人员效能

测量项	标准因子载荷	t 检验值	标准误差
员工士气	0.90	13.86	0.09
对人才的吸引力	0.91	14.19	0.09
员工生产力	0.90	13.87	0.08
组织承诺	0.91	14.04	0.09

(f) 模型拟合优度指标

$\chi^2=2$, df=3.82, $\chi^2/df=1.91$ RMR=0.024	GFI=0.99, AGFI=0.93 CFI=0.99, IFI=0.97 NFI=0.99, NNFI=0.97

表 8-4 显示，绩效测量模型的拟合情况良好。财务绩效、运作绩效和人员效能的拟合优度指数均在 0.90 以上，显示出良好的拟合状态。失拟指数中 RMR 小于 0.05，χ^2/df 较小。各测量项的标准因子载荷均大于 0.50，且 t 检验显著。因此本测量模型可以接受，上述参数估计有效。

第二节 信度、效度检验和相关分析

一 信度检验

信度表示测量工具的一致性和稳定性。问卷的信度是指问卷测量所得结果的内部一致性程度，它考察问卷测量的可靠性。在对问卷进行数据分析前，必须考察问卷的信度来确保测量质量。检验信度的一般指标是克隆巴赫 α 值一致性系数，这个系数决定变量测度的各题项间多高频率保持得分的相同（Truran，2001），较高的一致性系数才能保证变量的测量符合信度要求。内部一致性系数最适合同质性检验，即检验每个因素中的各个项目是否测量相同和相似的特性。根据经验判断方法，保留在变量测量题项中的题项对所有题项（item to total）的相关系数应大于 0.50，并且测度变量的克隆巴赫 α 值应大于 0.70（Nunnally，1978；Nunnally and Bernstein，1994）[①]，如表 8-5 所示。

表 8-5　变量信度检验

变量类别	变量	克隆巴赫 α 值	item to total 相关系数	
			最小值	最大值
企业绩效	财务绩效	0.9196	0.7772	0.9020
	运作绩效	0.8681	0.5937	0.8322
	人力效能	0.9460	0.8671	0.8728
智力资本	人力资本	0.8883		
	• 员工态度与能力	0.9568	0.6672	0.8053
	• 员工整体素质	0.7021	0.5409	0.5409
	• 员工流动率	0.8388	0.7224	0.7224
	• 员工培训投资	0.7159	0.5455	0.5455
	结构资本	0.9720		
	• 组织系统和文化	0.9739	0.7277	0.8640
	• 交流合作	0.9391	0.6887	0.8540
	• 知识与信息管理	0.8890	0.6128	0.7757
	• 技术创新投资	0.7147	0.5561	0.5561
	关系资本	0.9576		
	• 顾客关系	0.9327	0.7413	0.8653
	• 供应商关系	0.8934	0.5169	0.6445
	• 其他利益相关者合作关系	0.9049	0.6595	0.8118

由表 8-5 可知，本书各变量的克隆巴赫 α 值均远大于 0.70，item to total 相关系数基本在 0.50 以上，符合要求，这表明研究所设计的问卷整体具有较高的信度。

二 内容效度检验

模型建构效度在上文关于测量模型的验证性因素分析中已经反映出来并进行说明，此处不再赘述。

内容效度是测量内容能够涵盖研究主题的程度。内容效度的关键要素是开

发衡量工具时是否遵守适当的程序（Churcill，1995）。一般认为，问卷设计过程中，各测量题项能以理论为基础进行设计，参考以前学者类似问卷内容加以修订，与专家学者讨论审核，并经过预测试，则可称具有内容效度。在本书的问卷设计过程中，笔者参考了国内外学者的相关理论研究和经验研究成果，在一定的理论基础之上进行设计；而且与 4 位学者讨论修改，还对十余名企业界人士进行预测试，综合上述意见最终修订而成，因此本问卷应具有相当程度的内容效度。

三　变量相关分析

为了探讨模型中智力资本与企业绩效变量之间的关系，有必要首先在相关变量之间进行相关分析。相关关系是指两类现象在发展变化的方向和大小方面存在一定的关系，但不能确定这两类现象之间哪个是因、哪个是果。本书采用 Pearson 相关系数进行分析，求出上述变量间的相关情形与显著水平。

1. 人力资本与企业绩效的相关分析

从表 8-6 可以看出，在人力资本的 4 个维度中，员工态度与能力与企业财务绩效都在 0.01 的水平上显著正相关。人力资本培训投资与利润总额年均增长率和年均总资产收益率显著正相关，说明企业对人力资本的投资具有后劲，能够促进企业盈利持续增加，也有助于增加企业的获利能力。员工的流动性与企业财务绩效的多数指标未显示出明显的相关性。员工的整体教育水平与财务绩效的两项指标显著负相关，也就是说，雇用受教育程度较高员工的企业年均总资产收益率反而较低，这种现象需要进一步深入研究。一种可能的解释是近年来国

表 8-6　人力资本与绩效的相关分析

		员工态度与能力	员工整体素质	员工流动性	员工培训投资
财务绩效	销售收入年均增长率	0.406 ***	−0.159	0.155 *	0.105
	年均利润总额	0.458 ***	−0.064	0.018	0.098
	利润总额年均增长率	0.457 ***	−0.108	0.068	0.174 **
	年均总资产收益率	0.428 ***	−0.187 **	0.091	0.255 ***
运作绩效	市场占有率	0.354 ***	−0.202 **	−0.072	0.062
	产品品质	0.458 ***	−0.257 ***	−0.077	0.204 **
	创新能力	0.625 ***	−0.194 **	0.101	0.243 ***
	市场竞争能力	0.598 ***	−0.189 **	−0.068	0.225 **
人员效能	员工士气	0.753 ***	−0.169 **	0.026	0.201 **
	对人才的吸引力	0.729 ***	−0.131	0.059	0.206 **
	员工生产力	0.679 ***	−0.229 ***	−0.014	0.181 **
	组织承诺	0.668 ***	−0.210 **	0.041	0.242 ***

*** 在 0.01 水平上显著（双尾）；** 在 0.05 水平上显著（双尾）；* 在 0.10 水平上显著（双尾）

内许多企业招聘员工行为可能存在片面追求高学历的问题，受教育程度较高的员工必然要有与其教育水平相适应的符合企业需要的技能水平。但是从经济学角度分析，人才的投入产出比例是非线性的，如果不能知人善任，使员工人尽其材，以及没有恰当的激励机制，雇佣受教育程度较高的员工可能会得不偿失。

员工态度与能力与企业运作绩效都在 0.01 的水平上显著正相关。人力资本培训投资与产品品质、创新能力和市场竞争能力也显著正相关，说明人力资本的积极性、能力、工作态度对市场占有率、产品品质、创新能力、市场竞争力均有显著影响力。员工的整体教育水平对企业运作绩效负相关，而员工的流动性与企业运作绩效未显示出明显的相关性。

在人力资本的 4 个维度中，员工态度与能力、人力资本培训投资均与企业人员效能都显著正相关，这与直观认识是一致的。员工整体教育水平也直接影响员工生产力相关，员工对组织的承诺和员工士气，而与企业对人才的吸引力没有明显关系；人力资本流动状况与人员效能没有明显关系。

2. 结构资本与企业绩效的相关分析

从表 8-7 可以看出，在结构资本的 4 个维度中，组织系统和文化与企业财务绩效、运作绩效和人员效能都在 0.01 的水平上显著正相关。企业内的交流合作与财务绩效和人员效能有正相关，与企业市场占有率和研究开发也有显著的相关性。

表 8-7 结构资本与绩效的相关分析

		组织系统和文化	交流合作	知识管理	研究开发
财务绩效	销售收入年均增长率	0.397 ***	0.207 **	0.198 **	0.029
	年均利润总额	0.429 ***	0.190 **	0.151 *	−0.049
	利润总额年均增长率	0.437 ***	0.255 ***	0.169 **	0.025
	年均总资产收益率	0.463 ***	0.206 **	0.117	0.023
运作绩效	市场占有率	0.294 ***	0.256 ***	0.185 **	−.099
	产品品质	0.529 ***	0.026	0.245 ***	−0.176 **
	创新能力	0.634 ***	0.193 **	0.301 ***	0.075
	市场竞争能力	0.597 ***	0.114	0.265 ***	−0.037
人员效能	员工士气	0.709 ***	0.238 ***	0.365 ***	0.048
	对人才的吸引力	0.627 ***	0.222 **	0.351 ***	0.109
	员工生产力	0.616 ***	0.226 **	0.326 ***	−0.002
	组织承诺	0.699 ***	0.225 **	0.215 **	0.022

*** 在 0.01 水平上显著（双尾）；** 在 0.05 水平上显著（双尾）；* 在 0.10 水平上显著（双尾）

正如许多研究所证实的，企业的知识管理和应用信息技术能够促进绩效的改进。从相关系数看，企业的知识与信息管理这个维度对运作绩效和人员效能都具有正相关性，与财务绩效中除年均总资产收益率之外的指标存在正相关性。

研究开发与人员效能和财务绩效部分指标的关联性不显著，而与运作绩效中的产品品质存在负相关。笔者认为，这可能与企业实践中出现的研究开发投资没有显现出直接效益有关。导致这种现象的原因有许多。例如，研究开发的投资效益具有长期性，一项投资往往要经历数年，其对绩效的影响短期内不明显；再如，企业研究开发的效益与非技术因素有密切关系，如果没有与环境因素的协调，技术创新效率不高，那么预期效益也将难以实现。

3. 关系资本与企业绩效的相关分析

从表8-8可以看出，关系资本的3个维度与企业的财务绩效、运作绩效和人员效能都显著正相关。显然，企业与供应商和客户的关系、企业与同行企业、大学科研机构、咨询机构和专家等的合作关系成为企业绩效的重要因素，这与近年来许多研究都证实的企业社会资本、客户关系管理、产学研合作、战略联盟对企业绩效的促进作用（Nahapiet and Ghoshal，1998；Zahay and Griffin，2004；Marri et al.，2001；Koka and Prescott，2002）是相一致的。

表8-8　关系资本与绩效的相关分析

		顾客关系	供应商关系	其他利益相关者关系
财务绩效	销售收入年均增长率	0.320***	0.202**	0.296***
	年均利润总额	0.327***	0.221***	0.303***
	利润总额年均增长率	0.297***	0.262***	0.331***
	年均总资产收益率	0.320***	0.205**	0.348***
运作绩效	市场占有率	0.309***	0.202**	0.276***
	产品品质	0.460***	0.277***	0.348***
	创新能力	0.322***	0.280***	0.533***
	市场竞争能力	0.450***	0.321***	0.382***
人员效能	员工士气	0.449***	0.390***	0.487***
	对人才的吸引力	0.388***	0.341***	0.486***
	员工生产力	0.468***	0.373***	0.440***
	组织承诺	0.514***	0.307***	0.439***

*** 在0.01水平上显著（双尾）；** 在0.05水平上显著（双尾）；* 在0.10水平上显著（双尾）

第九章

智力资本与企业绩效关系的实证检验

在对智力资本和企业绩效的测量模型进行检验的基础上，本章将检验结构模型并进行路径分析，验证所提出的假设。

第一节　结构模型的检验

一　正态性检验

使用最大似然法进行结构方程模型估计时，其假设是观测变量为具有多元正态分布的连续性变量，违反正态分布的假设将导致统计假设检验无效（Hair et al.，1998；Kline，1998[1]），因此需要首先对各变量是否服从正态分布进行检验。

一般地，变量的正态性是通过峰度和偏度分析进行检验的（Byrne，1998；Kline，1998[2]）。峰度值和偏度值为 0 表示变量的数据分布具有优异的正态性。表 9-1 表明，变量的峰度值和偏度值均未超过绝对值 1。运用动差法进行 U 检验，结果发现，各变量的 U_1 和 U_2 值[3]在 $-1.39\sim1.92$，符合 ±2 的检验标准，因此各变量均可在 $\alpha=0.05$ 的水平上接受假设，即可认为该模型的变量服从正态分布。

表 9-1　变量的峰度、偏度

变量	均值	标准差	峰度	偏度
员工态度与能力	0.000	1.000	0.642	-0.774
员工整体素质	0.000	1.000	-0.987	-0.118
员工流动率	0.000	1.000	-0.249	0.384
员工培训投资	0.000	1.000	0.061	0.596
组织系统和文化	0.000	1.000	-0.074	-0.279
交流合作	0.000	1.000	0.591	-0.651

[1]　转引自：Yoon（2002）：90。
[2]　转引自：Yoon（2002）：90。
[3]　$U_1=g_1/S_{g1}$，$U_2=g_2/S_{g2}$。其中，g_1 为峰度系数、g_2 为偏度系数。S_{g1}、S_{g2} 分别为 g_1，g_2 的抽样误差。峰度系数和偏度系数在 ±2 的范围内，说明变量具有正态性。

续表

变量	均值	标准差	峰度	偏度
知识与信息管理	0.000	1.000	0.740	−0.490
技术创新投资	0.000	1.000	−0.778	−0.272
顾客关系	0.000	1.000	0.673	−0.470
供应商关系	0.000	1.000	0.911	0.269
其他利益相关者合作关系	0.000	1.000	0.330	−0.101
销售收入年均增长率	4.884	1.179	−0.481	−0.408
年均利润总额	4.578	1.344	−0.156	−0.529
利润总额年均增长率	4.633	1.234	−0.463	−0.266
年均总资产收益率	4.605	1.247	−0.439	−0.158
市场占有率	4.680	1.360	−0.244	−0.462
产品品质	5.306	1.138	0.712	−0.654
创新能力	4.762	1.421	0.041	−0.587
市场竞争能力	5.041	1.271	−0.159	−0.524
员工士气	5.000	1.355	0.702	−0.737
对人才的吸引力	4.837	1.448	0.150	−0.740
员工生产力	5.075	1.277	0.670	−0.942
组织承诺	4.898	1.408	0.250	−0.772
企业规模	1.857	0.794	−0.378	0.262
行业类型	1.694	0.799	−0.228	−0.370
企业年龄	2.551	1.320	−0.610	0.694

二　嵌套模型检验

结构方程模型中各潜在变量均以多个测量题项加以测量，若均以具有多重指标的潜在变量进行结构方程分析时，有可能因为结构方程的数理运算过于复杂，估计参数过多，而将导致模型的拟合度降低。由前面的分析结果可知，各变量进行验证性因素分析结果说明建构效度均达到可接受的标准，因此以单一衡量（single measures）指标取代多重衡量指标是合理的。在近年的结构方程模型应用中，许多学者采用一些替代方法来避免样本量偏少或测量项过多所带来的模型估计不稳定的问题。例如，Hair 等（1998）、Bollen（1989）都建议，通过计算因子得分来获得复杂变量的单一度量值，因子得分可以通过题项原始得分乘以估计的因子载荷而后加总来获得。Baumgartner 和 Homburg（1996）也建议在确保建构效度的前提下，所有潜变量都采用以测量题项的加总平均的组合分数（composite score）作为变量的单一衡量指标来分析。Wayne 等（1997）的研究采用了探索性因素分析精简题项以及综合为单一指标进行结构方程模型的方法。

考虑到研究获得的样本量（147 个）不够大，不足以把所有指标列入分析，为确保自由度，笔者在进行研究时也选择单一衡量指标代替多重衡量指标的方法。用测量题项的公共因子得分作为显变量进行结构方程分析。测量题项经过精简，不显著的题项与数据予以删除。利用单一指标方法，假设模型包含 18 条路径，用 147 个样本量检验，样本与预估路径的比率达到 8∶1，超过推荐的 5 的最小比率要求（Bentler，1985）[1]。

在进行资料分析与假设检验时，首先以"嵌套模型方法"（nested-model approach）（Loehlin，1987）[2] 进行整体结构方程模型的验证，而后再以个别路径系数的 t 值验证个别假设是否成立（Anderson and Gerbing，1988）。

利用嵌套模型，可以对一组数据建立两个或更多的模型比较它们之间的合理性。本书提出 4 个嵌套模型作为备选模型进行卡方差异度检验，分别是：①空模型（null model）：潜在变量间的路径系数全部限定为零，即潜在变量间不存在任何关系的模型；②饱和模型：包括所有潜在变量间的直接和间接路径关系的模型；③假设模型 1（交互效应模型）：人力资本、结构资本和关系资本外生潜变量间存在相关关系，这 3 个外生潜变量与 3 个内生潜变量间存在关系的模型，如图 6-2 所示；④假设模型 2（独立模型）：潜变量——人力资本、结构资本和关系资本之间相互独立，只存在 3 个变量与企业绩效的路径的模型。

结构方程模型中，对于嵌套关系的模型可以使用似然比检验（likelihood ratio test），即通过模型拟合优度的卡方检验值的变化及其自由度计算其差异以取得卡方统计量及其自由度（称卡方差异度检验，chi-square difference test）。如果卡方值变化比其自由度变化更大，就说明模型中的变化的确是一种改善。如果模型不嵌套，则可以用 3 种信息标准指数（information criteria indexes）——AIC、CAIC 和 ECVI 可以作为标准来进行模型的比较，不论所比较的模型是否有嵌套关系。这 3 个指标值越小，说明模型越简约，并拟合很好。但小到什么程度最好并没有明确界限。应用时，可以先估计每个模型，将它们按照其中的一个指标进行比较，然后选择其中值最小的模型。

表 9-2 和表 9-3 分别列出 4 个模型的拟合优度统计量和卡方差异检验结果及其比较分析。

表 9-2　嵌套模型统计量比较

模型	χ^2	P	df	GFI	IFI	NFI	CFI	标准化 χ^2
空模型	2249.54	0.00	299	0.42	0	0	0	——
饱和模型	422.35	0.00	260	0.96	0.91	0.87	0.91	1.62
交互模型	456.51	0.00	283	0.98	0.98	0.94	0.98	1.61
独立模型	1172.34	0.00	280	0.96	0.91	0.87	0.91	4.19

GFI，绝对拟合优指数；IFI，II 类增值拟合指数；NFI，赋范拟合指数；

---

① 转引自：Wayne 等（1997）。
② 转引自：Yli-Renko 等（2001）。

CFI，比较拟合指数。Normed χ^2 是经自由度调整的 χ^2。χ^2 值受自由度和样本量影响。因此一般建议，其他拟合优度统计量用于评价模型，而 χ^2 值用来比较不同模型的差异（Hair et al.，1998）[1]。

从表 9-2 可以看出，除空模型的拟合情况不佳外，饱和模型、交互模型和独立模型的拟合优度指标 GFI、CFI、IFI 均达到 0.90 以上，饱和模型和独立模型的 NFI 值低于 0.90，独立模型的经自由度调整的 χ^2 较高。总体上，交互模型的拟合情况良好，独立模型和饱和模型的拟合情况一般，空模型拟合情况较差。

表 9-3　嵌套模型的差异比较

模型	χ^2 差异	df 差异	P	比较结果
饱和模型比空模型	1384.03	39	<0.005	饱和模型更优
独立模型比饱和模型	749.99	20	<0.005	饱和模型更优
交互模型比饱和模型	34.16	23	<0.10	交互模型更优

首先，以空模型为基准，探讨路径存在的必要性。饱和模型与虚拟模型相比，饱和模型的整体拟合情况与空模型有显著差异，饱和模型的拟合优度更好，显然优于空模型。因此拒绝空模型，认为潜在变量间存在着路径关系。

其次，以饱和模型为基准，将其他假设模型与饱和模型进行比较。与饱和模型相比，独立模型的 χ^2 值较高，交互模型的 χ^2 值略高，而独立模型和交互模型的自由度分别比饱和模型提高 20 和 23，因此独立模型与饱和模型有显著差异，饱和模型拟合优度更佳，因此饱和模型优于独立模型。交互模型与饱和模型相比，χ^2 值提高 34.16，自由度增加 23，在 0.10 的水平上具有统计显著性，因此交互模型与饱和模型有显著差异，而交互模型路径关系更简约、拟合优度更佳，因此交互模型优于饱和模型。

综上所述，嵌套模型的分析表明，交互模型比饱和模型、独立模型对数据拟合得更好，也更为俭约（parsimony）。交互模型的其他拟合指标也反映出良好的拟合状态。例如，标准化残差（Standardized residual）Q 图表明，标准化残差大致位于对角线位置且近似直线，表明这个模型未违反正态分布假设。模型的稳定性系数（最大特征值）为 0.82，未超过 1，表明模型系统是稳定的。

第二节　路径分析与效应分解

一　直接路径分析

为了深入了解变量间路径关系并验证研究假设，笔者进一步进行路径分析

---

① 转引自：Yli-Renko 等（2001）。

和比较。如表 9-2 所示，交互模型显示出良好的拟合状态，拟合优度指标 GFI＝0.98，IFI＝0.98，NFI＝0.94，CFI＝0.98 均达到参考值 0.90 以上，表明模型中各潜变量间的关系与实际资料之间具有相当高的拟合度。交互模型是较为俭约的模型，在此基础上，本书首先分析潜在变量的直接路径系数，如表 9-4 所示。路径系数采用标准化系数，该值越大表示在路径关系中的重要性越高。

表 9-4　交互模型的直接路径系数

	交互模型路径	系数	t 检验值
智力资本变量	人力资本→财务绩效	0.38 **	8.00
	人力资本→运作绩效	0.57 *	7.42
	人力资本→人员效能	0.46 *	9.40
	结构资本→财务绩效	0.38 **	7.51
	结构资本→运作绩效	0.60 *	7.84
	结构资本→人员效能	0.48 *	9.68
	关系资本→财务绩效	0.52 *	6.54
	关系资本→运作绩效	0.81 *	9.08
	关系资本→人员效能	0.69 *	8.50
控制变量	企业规模→财务绩效	0.10 *	3.08
	企业规模→运作绩效	0.02	1.70
	企业规模→人员效能	0.04	0.23
	行业类型→财务绩效	0.13 *	4.38
	行业类型→运作绩效	0.01	0.11
	行业类型→人员效能	0.04	0.26
	企业年龄→财务绩效	0.01	0.14
	企业年龄→运作绩效	0.06	0.99
	企业年龄→人员效能	0.08	0.59

** $p \leqslant 0.05$；* $p \leqslant 0.10$

表 9-4 是交互模型中潜在变量间直接路径的分析结果。结果显示，假设 1a、假设 1b、假设 1c、假设 2a、假设 2b、假设 2c、假设 3a、假设 3b 和假设 3c 均在不同的显著性水平上得到支持。

人力资本与企业绩效存在正相关关系。人力资本与企业财务绩效间的直接路径系数 $\gamma = 0.38$（$p \leqslant 0.05$），说明人力资本能够提升企业财务绩效，假设 1a 成立。人力资本也能够促进企业运作绩效，两者间的直接路径系数 $\gamma = 0.57$（$p \leqslant 0.10$），这验证了假设 1b。人力资本与企业的人员效能的直接路径系数 $\gamma = 0.46$（$p \leqslant 0.10$），说明人力资本对企业人员效能的提高也有积极的作用（假设 1c）。

表 9-4 还表明，结构资本与企业绩效具有正相关关系。结构资本与企业财务绩效间的直接路径系数 $\gamma = 0.38$（$p \leqslant 0.05$），说明结构资本越大，企业财务绩效越高，这个结论支持假设 2a。结构资本与企业运作绩效间也存在显著的正向直接路径系数 $\gamma = 0.60$（$p \leqslant 0.10$），说明结构资本能够提升企业运作绩效，假设 2b 获得支持。结构资本与企业人员效能间的直接路径系数为 $\gamma = 0.48$（$p \leqslant 0.10$），显

示结构资本的提高能够促进企业人员效能的增强，因此假设 2c 获得支持。

关系资本同样能够促进企业绩效的提升。关系资源与企业财务绩效的直接路径系数 $\gamma=0.52$（$p\leqslant0.10$），说明关系资本越高，企业财务绩效越高，这支持假设 3a。关系资本与企业运作绩效也存在正相关关系，两者的直接路径系数 $\gamma=0.81$（$p\leqslant0.10$），这验证了假设 3b。假设 3c "关系资本与企业人员效能正相关" 也是成立的，关系资本与人员效能的直接路径系数 $\gamma=0.69$（$p\leqslant0.10$），表明两者间存在显著正相关关系。

关于控制变量的分析结果如表 9-4 所示，在企业规模、行业类型和企业年龄等 3 个控制变量与企业绩效的关系之中，只有企业规模与财务绩效、行业类型与财务绩效存在显著相关性。

二　效应分解

结构方程模型结果发现，智力资本要素间存在着较为显著的相关性。表 9-5 得知，假设 4（人力资本与结构资本正相关）获得支持。人力资本与结构资本间存在显著相关（$\varphi=0.78$，$p\leqslant0.10$）。说明人力资本与结构资本间存在显著的正相关关系。假设 6（人力资本与关系资本正相关）也得到支持。人力资本与关系资本的路径系数为 $\varphi=0.52$（$p\leqslant0.05$），这个结果支持人力资本与关系资本间正相关的假设。假设 8（关系资本与结构资本正相关）同样获得支持，关系资本与结构资本间的路径具有正的系数 $\varphi=0.50$，且在 0.05 的水平上显著，说明关系资本与结构资本间的确存在显著的正相关关系。

表 9-5　智力资本要素间的相关性

	人力资本	结构资本
结构资本	0.78*	
关系资本	0.52**	0.50**

** $p\leqslant0.05$；* $p\leqslant0.10$

为深入了解潜在变量间的关系，本书还比较了潜在变量间的作用效果，以便更为全面清晰地解释变量间的关系。潜在变量间的效应包括直接效应（direct effect）、间接效应（indirect effect，亦即另外考虑经由其他中间变量的间接效果）、虚假效果和未分解效果等四种。虚假效应是指两个变量之间存在相关关系，但并不是因为这两个变量间确实存在相关，而是因为这两个变量都与第三个变量共同发生联系，第三变量的变化致使这两个变量表现出共同变化的趋势。变量间还可能存在未分解效应，如果两个变量之间存在相关关系，但是在模型中又找不到共同的前置变量时，则称这两个变量间存在未分解效应。在本书模型中直接效应指的是外生潜变量与内生潜变量间的直接作用关系，从模型中可知，智力资本的构成要素均与企业绩效存在直接路径，说明两个变量间具有直接关系。从模型图中可以看到，企业绩效变量间存在一定的关系，智力资本的构成要素——人力资本、结构资本和关系资本会经由这些中间变量与企业绩效变量产生联系。例如，人力资本对财务绩效的影响效果不仅具有直接效果，而且具有人力资本经由运作绩效而对财务绩效发生作用的间接效果。由于人力资本、结构资本和关系资本具有相关性，人力资本对企业财务绩效的作用还存在未分解效果，即人力资本通过组织资本作用于企业财务绩效、人力资本通过关系资本作用于企业财务绩效等未分解效应。所以，未分解效应的分析实际上是对本书智力资本构成要素间的交互作用对企业绩效的影响的分析。

表 9-6 显示各潜在变量间的直接、间接和未分解效应。由表 9-6 得知，人力资本、结构资本与关系资本直接的相互关系对企业的财务绩效、运作绩效和人员效能有正效应。这个正效应可以从未分解效应的分析上得到验证。如前所述，未分解效应是由于外生潜变量间的相关关系引起的，由于这种相关关系的前置变量未知，因此被命名为未分解效应。在表 9-6 中，人力资本对企业财务绩效、运作绩效和人员效能的效应除了直接效应，还有由于与结构资本和关系资本的相关性所导致的未分解效应，这种效应均为正值，分别达到 0.50，0.47 和 0.55，说明结构资本与人力资本的相关性、关系资本与人力资本的相关性对企业绩效都有正向作用，因此假设 5a、假设 5b 和假设 5c 得到了验证。同样，结构资本对企业财务绩效、运作绩效和人员效能间也存在未分解效果，这种未分解效应是由于人力资本与结构资本、关系资本与结构资本的相关性而发生作用的，未分解效应均为正，说明人力资本与组织资本、关系资本与组织资本的相关性对企业绩效有正效应。因此，假设 7a、假设 7b 和假设 7c 得到验证。最后关系资本对企业财务绩效、运作绩效和人员效能间存在正的未分解效应，这种未分解效应是由于人力资本与关系资本、结构资本与关系资本的相关性而发生影响的，未分解效应均为正，反映了人力资本与关系资本、结构资本与关系资本的相关性对结果变量即企业绩效有正效应。这说明假设 9a、假设 9b 和假设 9c 成立。

表 9-6　潜在变量的直接效应、间接效应和未分解效应

变量关系	直接效应	间接效应	未分解效应	虚假效应
人力资本→财务绩效	0.38	−0.04	0.50	0
人力资本→运作绩效	0.57	−0.07	0.47	−0.07
人力资本→人员效能	0.46	0	0.55	−0.22
结构资本→财务绩效	0.38	−0.05	0.49	0
结构资本→运作绩效	0.60	−0.07	0.35	−0.07
结构资本→人员效能	0.48	0	0.47	−0.22
关系资本→财务绩效	0.52	−0.06	0.35	0
关系资本→运作绩效	0.81	−0.10	0.22	−0.07
关系资本→人员效能	0.69	0	0.32	−0.21

综合上述分析，本书假设在不同的显著性水平上得到验证，汇总如表 9-7 所示。图 9-1 为研究模型的总体分析结果。

表 9-7　研究假设验证情况汇总表

假　设	内　　　容	验证情况
假设 1	人力资本与企业绩效之间存在正相关关系	证实
假设 1a	人力资本与企业财务绩效之间存在正相关关系	证实
假设 1b	人力资本与企业运作绩效之间存在正相关关系	证实
假设 1c	人力资本与企业人员效能之间存在正相关关系	证实
假设 2	结构资本与企业绩效之间存在正相关关系	证实
假设 2a	结构资本与企业财务绩效之间存在正相关关系	证实
假设 2b	结构资本与企业运作绩效之间存在正相关关系	证实
假设 2c	结构资本与企业人员效能之间存在正相关关系	证实
假设 3	关系资本与企业绩效之间存在正相关关系	证实
假设 3a	关系资本与企业财务绩效之间存在正相关关系	证实
假设 3b	关系资本与企业运作绩效之间存在正相关关系	证实
假设 3c	关系资本与企业人员效能之间存在正相关关系	证实
假设 4	人力资本与结构资本存在正相关关系	证实
假设 5	人力资本与结构资本的交互作用对企业绩效产生正向效应	证实
假设 5a	人力资本与结构资本的交互作用对企业财务绩效产生正向效应	证实
假设 5b	人力资本与结构资本的交互作用对企业运作绩效产生正向效应	证实
假设 5c	人力资本与结构资本的交互作用对企业人员效能产生正向效应	证实
假设 6	人力资本与关系资本存在正相关关系	证实
假设 7	人力资本与关系资本的交互作用对企业绩效产生正向效应	证实
假设 7a	人力资本与关系资本的交互作用对企业财务绩效产生正向效应	证实
假设 7b	人力资本与关系资本的交互作用对企业运作绩效产生正向效应	证实
假设 7c	人力资本与关系资本的交互作用对企业人员效能产生正向效应	证实
假设 8	结构资本与关系资本存在正相关关系	证实
假设 9	人力资本与关系资本的交互作用对企业绩效产生正向效应	证实
假设 9a	结构资本与关系资本的交互作用对企业财务绩效产生正向效应	证实
假设 9b	结构资本与关系资本的交互作用对企业运作绩效产生正向效应	证实
假设 9c	结构资本与关系资本的交互作用对企业人员效能产生正向效应	证实

本书基于智力资本理论和资源观理论，提出智力资本与企业绩效存在正相关关系的总体假设，并在上面的研究中，通过调查问卷数据分析和结构方程模型的检验，证实人力资本、结构资本和关系资本均与企业财务绩效、运作绩效和人员效能具有显著正相关，人力资本、结构资本与关系资本相互作用对企业绩效也具有正效应。

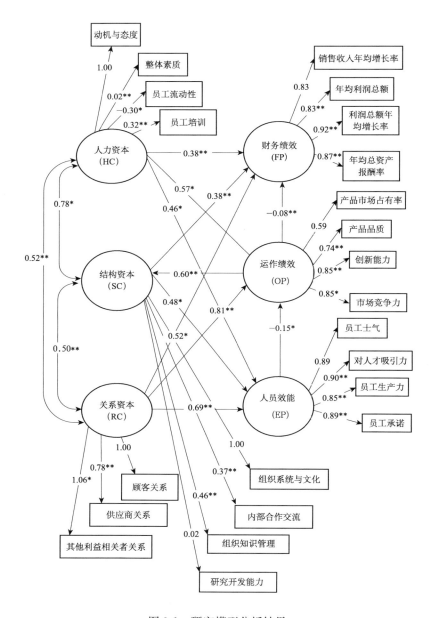

图 9-1　研究模型分析结果

因篇幅所限，图中未标出控制变量模型拟合优度指标。

* $p \leqslant 0.10$；** $p \leqslant 0.05$。

χ^2 (df) = 456.51 (283)，p=0.00，χ^2/df=1.61；

GFI=0.98，CFI=0.98，IFI=0.98，NFI=0.94

第十章

智力资本与企业绩效关系：
基于实证的讨论

上文研究已表明，智力资本对企业绩效存在显著的正效应，这一实证研究的结论对智力资本、企业资源观和社会资本理论都有深刻的影响，本章将对研究结果进行讨论，并分析研究的理论意义。

第一节 智力资本要素与企业绩效的关系

本书有力地支持智力资本与企业绩效的正效应。在许多学者的理论演绎中，智力资本对企业绩效存在着必然的正相关关系。从资源观角度和以智力资本为基础的企业理论角度分析，智力资本实质上是企业的战略资源，而且日益成为企业的唯一战略资源。因为战略资源应具有有价值、稀缺、难以模仿和难以替代四种特性（Barney，1991），智力资本固有的知识性、柔性和缄默性的特质及其与人力、组织、社会系统相结合的特征使得它能够创造价值，能够保持企业专用性和构筑隔离机制（Rumelt，1984；Mahoney and Pandian，1992）。战略资源能够为企业带来持续竞争优势，必然带来企业绩效的提高。这种逻辑思路非常清晰，但是理论界鲜有验证。本书结论对这个理论观点进行了检验，证明这个观点的正确性。将该观点深化细化，本书研究结果证实了智力资本的构成要素——人力资本、结构资本和关系资本对企业财务绩效、运作绩效和人员效能的正向作用。

本书用验证性因素分析证实了企业人力资本的 2 个维度：态度与能力、和员工培训投资。人力资本对企业绩效的作用主要表现为这 2 个维度对绩效的正面影响。这个研究结论与 Rumberger（1987）和 Tsang（1987）观点即"拥有技能、知识和能力的人可为企业创造价值；企业投资增加雇员技能、知识和能力提升生产力和增进企业绩效"是一致的。Huselid（1995）、Pennings 等（1998）证实了教育水平、经验和技能在内的人力资本属性显著影响企业的成果。劳动力质量能显著地解释企业间生产力的差异（Griliches and Regev，1995）。本书研究结果对于企业人力资本管理活动的一个启示是：投资于长期的人力资本管理活动具有必要性。人力资本的长期投资活动包括广泛而有计划的员工培训、具有发展性的员工业绩评估、内部升迁以及完整的职业生涯规划等。这类活动能够传达组织愿意维系与员工间长期关系的承诺，强调组织目标与员工个人目标的一致性，由人力资本长期投资培植起来的员工的组织特有技能（organization-specific skills）具有组织专用性，难以转移到其他企业或被其他企业模仿。同时，借此建立员工与组织的互信互利关系，可以加强双方的情感承诺，构筑员工对组织的忠诚，不仅能够降低员工离职率，保持企业人员稳定性，而且能够在员工与组织间的传统交换关系之中增添社会情感的特有要素，增加员工对企业的奉献意识和敬业态度。因此，组织要获得良好的绩效表现，需要员工具有高素质和技能水平，也需要员工具有高度动机，愿意自发地为实现组织目标而努力（MacDuffie，1995）。

结构资本与企业绩效的关系在本书中得到证实，结构资本虽然被学者提出，但是这个研究领域至今仍较为零散，也缺乏必要的实证分析。本书通过验证性因素分析表明结构资本的维度包括组织系统和文化、组织知识管理、内部交流和合作状态。这与 Lev 和 Radhakrishnan（2003）、Evenson 和 Westphal（1995）的分析内容基本保持一致。结构资本对企业绩效产生的多重影响在研究中得到证实，例如在运作绩效、财务绩效、人员效能等方面，这个结果也验证了 Black 和 Lynch（2000）的定性分析。

本书对关系资本与企业财务绩效、运作绩效和人员效能的分析是从顾客关系、供应商关系和其他利益相关者关系三个角度展开的。组织只是产业价值链的一环，其运作必然依赖于环境。外部联系在企业资产的获取、企业家机会的识别中都发挥重要的作用，因为经济行为总是包含在更大的组织间网络之中（Burt，1997；Granovetter，1983）。本书表明组织外部关系对财务绩效、运作绩效和人员效能都有正效应。这个结果与 Leenders 和 Gabbay（1999）、Pennings 等（1998）、Uzzi（1996）的观点保持一致。组织与供应商和其他合作伙伴建立良好关系，有利于以更优惠的价格获得外部资源用于产品和服务的生产，以更高质量的产品吸引和保留顾客，从而使组织获得更好的财务业绩，同时外部关系也有助于企业间知识的转移，促进组织提高运作绩效和人员效能。

本书在一定程度上支持资源观理论。本书认为智力资本与企业绩效存在正向的效应。这个结果与资源观理论是一致的。根据资源观，企业独特的资源或者异质性资源是企业经济租的来源，也是企业竞争优势的决定因素（Conner，1991；Miller and Shamisie，1996；Pennings et al.，1998）。企业特有资源的特征在于有价值、稀缺、难以模仿和替代（Barney，1991），Barney（1991）还进一步把资源分为三类——物质资本资源、人力资本资源和组织资本资源，其中人力资本和组织资本属于企业特有资源，本书即证实了人力资本和组织资本对企业绩效的显著影响。

本书还把资源观同社会资本理论结合起来，提出关系资本也是企业的重要战略资源的观点，对资源观给予有益的补充。资源观强调"知道什么（what you know）"的问题，这里的资源包括财务资源、物质资源、人力资源、组织资

源、技术资源、创新资源等（Grant，1991；Hitt et al.，1997），而未强调企业
与外界相联系所带来的价值；社会资本则回答"知道谁（who you know）"的问
题，把研究的注意力从企业内部转向企业与外部供应商、顾客、战略伙伴、投
资人等利益相关者的关系（Jarillo，1988；Pennings et al.，1998；Starr and
MacMillan，1990）。许多资源观和社会资本理论的研究显示出某种侧重，有的
强调外部网络的重要性（Starr and MacMillan，1990；Uzzi，1996），有的则注
重内部资源的作用（Grant，1991；Prahalad and Hamel，1990）。对于在一定经
济、政治、社会环境中从事经营活动的企业而言，"知道什么"和"知道谁"的
问题是同样重要的，前者面向企业内部，回答企业拥有哪些资源和条件；后者
则突破企业边界，考察企业可以控制的资源和能力、信息。两者都为企业获取
超额绩效具有一定的贡献，因此都具有重要性。本书把两者结合起来，表明内
部资源在外部关系资源的推动下会带来更优异的企业绩效，社会资本也只有与
企业内部的人力资本和结构资本相结合才能发挥其价值。

第二节　智力资本要素的交互作用 及其与企业绩效的关系

智力资本要素对企业绩效的作用并非是相互独立的（Bontis，1998）。在智
力资本要素的关联性研究方面，本书研究结果表明人力资本与结构资本、关系
资本三者间的交互作用对企业的绩效存在正向效应。这个结果支持了理论假设，
对智力资本理论中许多学者关于智力资本要素间关系的论述进行了证实，即智
力资本因素结合起来能够创造更好的财务表现，这与 Reinhardt 等（2001）和
Knight（1999）的观点是一致的。例如，Reinhardt 等（2001）提出人力资本、
组织资本和客户资本之间的相互作用会给企业带来财务利益，进而影响企业的
市场价值。智力资本要素间的相互影响关系表明，对一种智力资本要素的投资
可能带来其他智力资本要素的增加，从而对企业绩效产生更大的影响。Knight
（1999）也说，投资于人力资本会带来组织资本的增加。人力资本与结构资本的
改进通过传递给顾客，从而增进关系资本。

本书证实智力资本构成要素间的相互作用关系，智力资本要素间存在相互
促进和相互依赖。只有三种要素均具有较高水平，才可能发挥智力资本的作用。
如果只对任一要素进行投资，而忽视其他要素，势必出现经济学中的短板现象，
形成智力资本发挥作用的一个瓶颈，从而制约其他要素作用的发挥，使智力资
本不仅无法实现增加企业价值的目标，而且还有可能使已形成的智力资本要素
贬值。本书也证明智力资本要素间的相互作用会对企业绩效产生影响，这种效
应是利用路径分析的效应分解得到的，这在一定程度上验证了 Knight（1999）

和 Reinhardt 等（2001）的观点。

值得注意的是，虽然上述分析证实了智力资本要素间关系的存在及其对绩效的显著影响，但是从上述分析中无法得到智力资本要素间相互作用的模式。因此有必要对这一问题再进一步加以研究。

笔者认为，智力资本三要素间的作用可以借助经济学中商品间的替代和互补效应的思路加以分析。首先智力资本的三大构成要素间存在一定程度的类似替代效应。缺乏一种要素时，可以用另一种要素来替代以发挥作用。例如企业内缺乏具有某种特殊技能的人才时，可以利用组织的关系资本在供应商、客户中寻找这种人才来到本企业参与工作。但这种替代效应不会很突出，因为三类资本的异质性较强。智力资本要素间的互补作用更强，这种效应体现在：三种资本的结合能够对企业绩效带来更大的贡献。

作为智力资本要素中唯一专属于企业的结构资本要素，在许多学者看来是具有特殊重要性的，他们认为结构资本是智力资本对绩效产生显著正效应的关键，虽然人力资本、结构资本、关系资本缺一不可，但是结构资本往往起到基础性作用，如果缺少支持性的组织结构、系统与文化，高水平的人力资本和关系资本就会失去发挥作用的制度环境与机制，从而导致智力资本无法对企业绩效产生显著的正面影响。具有高水平组织资本的企业能够为个人提供支持的文化来促进员工的学习和创新，组织信息系统能够促进组织内的知识转移，有利于个人知识向组织知识的转化以及组织记忆的积累（Bontis，1998）。许多人力资本与企业绩效的研究都隐含对企业结构资本的要求。如前所述，人力资本企业绩效的促进是通过在组织的价值链将人力资本与各种组织要素投入相结合转换为最终产品，以提高产品的附加价值。在此过程中，每个拥有人力资本的劳动者，必须同时知道什么时候和以什么方式与其他劳动者交流信息，这种协调被称为"制度知识"。分工越发达，专业化程度越高，相互之间的协调就越必要，制度知识对个人和组织就越重要。这种知识只能在投入长期的时间和精力于工作环境中并进行学习、与同伴长期合作等过程获取。因此人力资本投入生产过程的程度是由组织的激励机制、绩效评估系统、组织文化等决定的，旨在增进员工承诺、提高工作满足感和员工工作意愿的措施会提高人力资本对企业绩效的影响力。关系资本对企业绩效的影响是通过结构资本来实现的。Burt（1997）认为，社会资本有助于增进企业内部能力，因为外部网络提供一定的渠道促使企业积累所需的知识和能力。因此可以说，人力资本和关系资本对企业绩效的影响可能是以结构资本为中介而发生的。

为此，本书还进一步检验了以结构资本为中介变量的模型，结果表明，模型拟合情况尚可。（从整体拟合情况看，该模型不如交互模型。）χ^2（df）＝621.75（286），$p＝0.00$，$\chi^2/df＝2.17$（略高），GFI＝0.96，CFI＝0.94，IFI＝0.94，NFI＝0.89（略小于0.90），RMSEA＝0.090。模型的路径系数如

图 10-1 所示。模型显示，结构资本在人力资本和关系资本中发挥中间变量作用。这说明，结构资本的中介作用的确存在，但是被淹没在智力资本要素间复杂的相互关联作用之中。

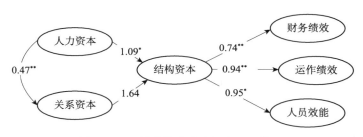

图 10-1 以结构资本为中间变量的模型

$* \ p \leqslant 0.10$；$** \ p \leqslant 0.05$

因此，组织资本的中介作用只是智力资本构成要素间作用的一种形式，对于智力资本要素间的相互作用还需深入研究，上面提出的要素间的替代效应、互补效应还有待进一步实证检验。

本书结论在一定程度上支持资源观中资源组合的作用的观点。资源观理论提出，即使一种资源自身具有有价值、稀缺和难以模仿性，它仍需要与其他资源互补才能更好地发挥竞争优势（Amit and Schoemaker 1993；Barney 1992；Teece et al.，1997）。资源组合包括有形资源与企业拥有的无形资产之组合和无形资产的组合两类。本书主要考察无形资源——智力资本要素间的相互作用问题。结果表明，智力资本要素间的相互作用对企业绩效产生正效应，这说明无形资源间的互补和组合能够提高企业绩效。

第三节　研究的理论意义

本书在总结和借鉴前人研究成果与研究方法的基础上取得研究成果的理论贡献主要体现在以下两个方面：①通过将智力资本与企业绩效紧密联系起来，全面分析智力资本对企业财务绩效、运作绩效和人员效能的影响，为智力资本理论的发展与完善做出了新的贡献；②对于企业绩效来源的解释为企业战略管理理论尤其是资源观与社会资本理论的结合架起了桥梁，从而为企业战略研究尤其是资源观理论的发展做出了一定贡献。

一　对智力资本理论的贡献

如前所述，智力资本这一研究领域尚处于萌芽阶段，目前关于智力资本的研究属于探讨性的文章居多，定量研究较少，特别是缺乏智力资本与企业绩效关系的实证研究。本书提出以智力资本为基础的企业理论，并以面向我国企业的问卷调查收集的数据为基础，在系统分析和整理智力资本研究文献的基础上，提出智力资本与企业绩效关系的概念模型，对智力资本与企业绩效的关系进行了较为系统的定量研究，这一研究不仅可以为智力资本作用的定性分析提供实证支持，而且也对我国企业智力资本的定性定量研究具有一定的参考意义和借鉴作用。

企业智力资本的构成要素包括人力资本、结构资本和关系资本，虽然现有的研究从理论上说明了智力资本的构成要素间相互影响和相互作用，但是在现有研究对这种交互作用关系以及这种交互作用对企业绩效的效应缺乏认识。在研究中，笔者注重智力资本构成要素间的交互作用及其对企业绩效的影响，利用结构方程模型方法，通过路径分析对智力资本要素间的相互作用进行探讨，并利用效应分解对智力资本要素间的相互作用对企业绩效的影响进行比较具体的分析，为企业进行智力资本管理、提升智力资本对企业绩效的作用提供了理论依据。

目前的智力资本研究在智力资本的测度方面欠缺系统性，对智力资本评价体系也缺乏必要的验证。本书提出了二阶智力资本测量模型，并对人力资本、结构资本和关系资本的测量维度、测量题项进行验证性因素分析，得到了较为可靠的智力资本测量模型。

此外，在为数不多的关于智力资本与企业绩效关系的研究中，智力资本与企业财务绩效的关系是研究的重点，而其他企业绩效方面则很少有学者去考虑。本书注重全面评价智力资本对企业绩效作用，利用结构方程模型进行检验，证实智力资本不仅影响企业财务绩效，也对企业运作和人员效能具有积极的影响。

二　对资源观理论和社会资本理论的贡献

目前资源观理论的研究中未强调企业与外部机构的关系对企业竞争优势的重要意义，本书从实证角度分析企业的三种战略资源——人力资本、结构资本和关系资本对企业绩效的作用，不仅验证了资源观理论，而且在资源观理论与社会资本理论间架起桥梁，将两种理论在智力资本概念下有机地结合起来。

资源观之"资源"包括财务资源、物质资源、人力资源、科技资源、声誉、组织资源（Grant，1991；Hitt et al.，1997）。根据 Barney（1991），企业独特的、能够带来竞争优势的战略资源的特征是：有价值、稀缺性、难以模仿和替代性。在上述资源类别中，物质资源和财务资源应被排除在战略资源之外。其他几类资源从本质内容上看，可以归为本书中所称的人力资本和结构资本，本书验证了人力资本和结构资本对企业绩效的正效应，也在一定程度上验证了资源观理论即战略资源是带来企业竞争优势的核心资源。

本书的研究结论也支持资源观中资源组合的观点。资源观理论认为，单一一种资源即使自身具有有价值、稀缺和难以模仿性，但它并不能自然而然地给企业带来竞争优势，只有把企业资源要素组合起来，产生独特的企业活动，才能真正显示企业的竞争力（Black and Boal，1994；Amit and Schoemaker，1993；Barney，1992；Teece et al.，1997）。本书主要分析智力资本要素间的组合问题。研究结果表明，智力资本要素间的相互作用对企业绩效产生正效应，资源间的互补和组合能够提高企业绩效。

本书还在智力资本的框架下，把资源观同社会资本理论结合起来，把关系资本在企业的作用和对企业的贡献进行研究。研究表明，关系资本是企业重要的战略资源。资源观理论更多强调了内部拥有的异质性资源的价值，而未强调企业与外界相联系之关系所带来的价值；社会资本理论的注意力在于企业与外部供应商、顾客、战略伙伴、投资人等利益相关者的关系（Jarillo，1988；Pennings et al.，1998；Starr and MacMillan，1990）。在现有的许多资源观和社会资本理论的研究中，研究者或者强调外部网络的重要性（Starr and MacMillan，1990；Uzzi，1996），或者注重内部资源的作用（Grant，1991；Prahalad and Hamel，1990）。企业的内外部资源只有有机组合，才能对绩效发挥最大作用。在本书中，两个理论在智力资本的概念下结合起来，研究表明内部资源在外部关系资源的推动下会带来更优异的企业绩效，社会资本也只有与企业内部的人力资本和结构资本相结合才能发挥其价值。

第十一章

智力资本与企业绩效的引申问题

如前所述，智力资本对企业绩效产生显著正效应。这种正效应的存在主要基于智力资本所具有的知识内涵和智力特征。正因如此，智力资本与面向企业的组织学习、知识管理、组织文化中的知识特质等都存在密切联系。Wiig（1997）强调智力资本管理和知识管理的差别在于知识管理有战略和运作两个层面，知识管理比智力资本管理更为复杂并且着眼于促进及管理与知识相关的活动，如创造、获取、转换和使用知识，它的功能在于计划、实施、运作和监测所有与知识有关的活动和方案，而这些活动和方案都有赖于有效的智力资本管理。因此他认为必须把知识管理与智力资本管理的整合视为一个动态的过程。Bontis 等（2002）认为，在一般分析层面上，智力资本代表在某一特定时点组织内的知识存量（stock），它反映组织已经认知到的所有事物；知识是不断流动和增长的，管理知识存量属于知识管理的范畴，智力资本随时间的推移而发生的变化依赖于组织的知识管理战略；组织学习则把研究扩展到个人、群体和组织的行为和过程方面，研究旨在增加知识存量的创造和利用知识的行为和过程。

因此，加强组织学习、提升学习能力、完善知识管理和构建学习型组织文化都影响组织的智力资本，进而对企业绩效产生正面影响。本章将对智力资本与绩效的关系进行两个方面的引申研究，分别研究组织学习导向、知识管理能力和绩效的关系，以及组织文化、学习能力与绩效的关系。

由于智力资本研究的一个新兴领域是关于国家智力资本的研究，在此笔者还对这一领域的问题进行了探讨，以多个国家的面板数据重点研究国家智力资本对国家经济的贡献，这可以看作从宏观层面上探讨智力资本的整体绩效。

第一节　学习导向、知识管理与外向型企业的绩效

在不同行业内管理者都面临着巨大的挑战和机会，尤其是信息技术的快速变化影响着企业的商业流程和运作方式。在这种环境下，企业必须对企业战略和竞争优势进行评估和调整。

资源观理论强调独特的难以复制的资源、技能和知识对企业绩效的贡献（Barney，1991；Dierickx and Cool，1989；Wernerfelt，1984）。企业必须利用拥有的知识以及创造的新知识来进行更有效的竞争。知识管理能力是能够为企业带来竞争优势的核心能力之一。学习导向在知识创造和获取中发挥重要作用，

是建立和维持竞争优势的重要资源。在当今经济全球化日益深化的形势下，我国企业尤其是外向型企业面对动荡的全球市场，面临着严峻而持续变动的竞争态势，需要发展动态能力（Teece et al.，1997）、增强知识管理能力来增进持续竞争优势。

　　基于组织学习理论和知识管理理论，本书考察了学习导向、知识管理和外向型企业绩效之间的关系。之所以选择外向型企业作为研究对象，是由于我国外向型企业比其他企业面对更为激烈的竞争环境，具有更为敏锐的市场洞察力，也反映出更为强烈的学习导向。笔者将在提出学习导向和知识管理能力的构成要素的基础上，建立学习导向、知识管理能力和企业绩效之间的关系模型，并搜集 47 个企业的数据进行检验。

一　理论基础与假设

（一）理论基础

1. 企业知识观与知识管理

　　企业资源观指出，企业是一系列资源的组合，这些资源在企业间不均衡分布，资源的差异会导致企业竞争力之差异（Amit and Schoemaker，1993；Mahoney and Pandian，1992；Penrose，1959；Wernerfelt，1984）。这种观点认为资源和能力的类型、性质决定企业创造利润的能力。根据 Barney（1991），企业的资源在具备稀缺、有价值、不完全模仿和不可替代特征的情况下，企业将能够建立持续竞争优势，企业资源或能力的战略价值也由此得到增加。以隐性知识为代表的无形资产是具有上述性质的典型战略资源，循着这一思路，企业的资源观开始把关注的焦点投向企业的知识。

　　知识观是企业资源观的拓展（Grant，1996；Sveiby，2001；Bontis，2002 等）。企业的知识观把知识看作企业最重要的战略资源，这是解释企业存在的新的视点，即企业是为了知识的创造、转移和应用而存在的，企业的异质知识和能力是企业绩效的决定因素，是企业绩效持续差异性的基础（Grant，1996；Spender，1996）。

　　企业的知识观是知识管理的基础，但知识自身无法成为竞争优势的来源。组织必须通过学习促进知识的应用和整合、通过能力的开发来获得竞争优势（Stata，1989；Alavi and Leinder，2001）。换言之，知识管理是通过组织学习获得更多的知识，促进企业绩效的过程。知识管理能力是组织获取、共享、利用企业内知识的能力（Cohen and Leventhal，1990；Kogut and Zander，1992）。知识管理能力有利于提升组织的学习潜力。通过一系列管理措施，知识管理能够成为组织取得成功的重要手段。

2. 组织学习与学习导向

在日益复杂多变的外部环境下，企业适应环境的能力成为企业生存的必要能力，为适应环境及时应变，组织需要不断增强学习能力。Argyris 和 Schon（1978）正式提出组织学习概念，"组织学习是指发现错误并通过创新建构组织的'使用理论'（theories-in-use）而加以改正的过程"。组织学习时，组织成员作为学习的主体，通过发现和纠正错误对内外部环境做出反应。这一定义强调识别和纠正错误。后来的许多学者更多地从知识角度提出了组织学习的概念。例如，Duncan 和 Weiss（1979）认为组织学习是一种可以借由发展组织行动与成果间关系的知识，并了解环境对这种关系的影响。Fiol 和 Lyles（1985）认为"组织学习是通过获得更丰富知识来提高行为能力的过程"。Stata（1989）认为组织获得新的知识与看法，并借以修正其行为的方式称为组织学习。陈国权（2005）定义组织学习为"组织成员不断获取知识、改善自身行为、优化组织体系，以在不断变化的内外环境中使组织保持可持续生存和健康和谐发展的过程"。Huber（1991）把组织学习看作组织获得新知识并加以应用的过程，但Huber 更强调信息的作用，认为组织学习是通过信息处理改变潜在行为的过程。上述概念的共同点是，它们都涉及组织学习的过程和（或）结果。组织学习的结果主要从适应环境、提高行为能力等角度来加以阐释，组织学习的过程则表现为组织知识或信息的容量、质量和结构的变化。

导向（orientation）在《美国传统词典》（The American Heritage Dictionary，2007）中被定义为"确定方向的行为或者被定向的状态"（the act of orienting or the state of being oriented）。这里"行为"显然是做的过程，而"状态"是一种情况或环境特征。在组织研究中存在许多导向的概念，例如外部导向（external orientation）（Zhang et al.，2006），或者动机导向（motivation orientation）（Schei and Rognes，2005）等。但是应该说，目前大部分导向的概念并未进行严格界定，尤其是未清晰地说明是对行为的界定还是对状态的界定。这里注重从状态角度进行导向的界定和学习导向的研究。

学习导向（learning orientation）是一个与组织学习密切相关的概念，但与上述导向概念一样，迄今为止尚未清晰地对学习导向进行界定。Sinkula 等（1997）首次提出学习导向，并将其定义为组织的一系列价值观，"其核心是组织对学习的基本价值认知，这种价值认知影响着组织是否开发学习型文化"。学习导向对组织创造和使用知识的倾向产生影响。Hurley 和 Hult（1998）提出把学习导向作为一种组织文化，将其看作确立接受革新文化的先驱。类似地，Baker 和 Sinkula（1999）把学习导向看作一种影响组织创造和使用知识的价值观，组织中的信息获取、分散和阐释受到组织信息导向的影响。Hult 和 Ferrell（1997）提出从团队导向、系统导向、学习导向和记忆导向等四个维度来衡量组织学习能力，其中学习导向是组织强调学习对长期利益的价值的程度。它建立在学习型组织会不断改进其对环境认识的基础上，是一种学习型文化的先决条件。

笔者认为，上述学习导向的定义都比较含糊，基本上没有清晰地表明这种导向是一种行为过程还是一种状态，对学习导向仍缺乏明确的认识。综合以上研究可以发现，学习导向的含义包括价值观等侧重组织文化的状态因素和行为指向、行为特质等侧重组织学习行为的因素。因此笔者结合上述研究成果，提出一个基于状态的学习导向定义：学习导向是组织表现出的持续进行知识获取、使用、共享和创造活动的价值观和行为准则的突出倾向。学习导向是组织层面体现出的一种突出的积极学习状态。具有高学习导向的企业会在文化、行为准则和内部制度等组织环境的多重管理因素上鼓励组织员工主动学习、获取知识、应用知识和分享知识、促进新知识的创造。显然组织学习是个行为过程，学习导向是组织的一种状态。

学习导向的构成方面，Wick 和 Leon（1993）认为学习导向包含确定的愿景、可测量的行动计划、共享信息、创造性和实施能力五个维度[①]；Sinkula 等（1997）从市场信息的角度出发，提出用"学习承诺"、"共同愿景"和"开放心智"三个维度来衡量。Calantone 等（2002）认为学习导向包含四个要素，致力于学习、共享愿景、开放心智和组织内知识共享，包含两阶结构。显然，对学习导向维度的研究越来越具体，其中有些结构要素是公认的，比如愿景、知识共享等。因此在这里借鉴 Calantone 等（2002）的研究成果对学习导向进行研究。

许多研究实证检验了学习导向与组织绩效的关系。Hult 和 Ferrell（1997）在企业采购背景下开发一个包含四个导向的组织学习测量模型，认为组织学习可能在产品开发、分销、定价和促销决策方面扮演重要角色。Sinkula 等（1997）提出学习倾向在组织学习过程中是重要的前置变量，对企业绩效具有影响力。学习倾向是组织是否具有学习型文化的一个表现。Baker 和 Sinkula（1999）的实证研究表明高学习导向度对组织竞争优势具有重要作用。国内学者的研究也证实了学习导向对组织绩效（刘石兰，2007）、新产品创新绩效（徐彪、张骁，2011）的正效应以及学习导向对组织创新绩效的中介作用（蒋天颖等，2009）等。

（二）研究假设

学习导向在所有组织中都存在，这是培育组织学习的基础。如前所述，学

---

① 转引自：Hult 和 Ferrell（1997）。

习导向的四个维度分别是致力于学习、共享愿景、开放心智和组织内知识共享。致力于学习反映组织内的学习氛围，比如对学习的重视程度、对学习活动或行为的鼓励程度等。共享愿景反映组织内对学习方向的指引，即通过愿景的共同理解去指引员工学习什么。如果组织只有学习的氛围，而没有引导员工学习的方向，那么组织学习也不可能取得成效。开放心智就是保持开放的心态进行思考和行动，知识是不断发展的，因此组织或个人的知识都需要更新，这就需要组织教育和影响员工，使员工都具有开放心态。组织内的知识共享是指组织内部要通过建立一定的流程或惯例实现知识的传播转移。知识如果静止在一个点上（如一个员工处），那么其发挥的作用是十分有限的，只有激励员工实现知识共享，让不同员工所拥有的不同知识相互融合、碰撞，才能产生火花（即形成新知识或对知识进行更有效的应用），知识才能真正在组织内发挥作用。通过分析可知，组织的学习导向应从学习的氛围、学习的方向、学习的心态和流程等角度来进行评价。

组织在高学习导向下，员工更有意愿、更有动机去学习知识，组织也提供更好的支持环境，这能够产生更多的知识，下一步就需要组织加强知识管理，把这些知识更加高效地应用以创造价值。因此学习导向和组织的知识管理结合起来，才能真正发挥作用，构建竞争优势（Liu et al.，2004）。

知识管理是知识创造、知识解释、知识传播和应用、知识保存和精炼的过程"（De Jarnett，1996）。知识管理能力是组织利用现有知识通过持续学习创造新知识的能力（Bose，2003）。Gold 等（2001）强调知识管理能力包含知识基础设施和知识管理过程两部分；知识基础设施包括技术、结构和文化；知识管理过程包括知识获取、转化、应用和保护过程的能力。同时他们强调要依赖知识管理过程才能存储、转移和应用知识。Liu 等（2004）在对台湾企业知识管理能力进行研究时，也提出知识获取、知识提炼、知识存储和知识分享等四个能力。Tanriverdi（2005）分析了知识管理能力对公司绩效的影响，他在研究知识管理能力时区分了知识的创造、转移、整合和应用能力。一个基本的知识管理的过程是知识获取、扩散和应用的过程，知识获取过程形成新知识、知识扩散过程转移新知识，而知识应用过程是把新知识加以应用创造价值，这就构成一个完整的知识管理。借鉴前人研究成果，结合知识管理过程分析，我们把知识管理能力分为三种，即知识获取能力、知识传播能力和知识应用能力。

组织学习与知识管理之间存在相互促进的关系。组织学习主要通过发掘学习内容、媒介、层面等来识别组织的学习过程，为分析组织知识变化奠定基础。组织学习是与新知识的开发相关的，组织学习为知识管理活动提供平台（Crossan et al.，1999）。知识管理是针对组织内通过学习得到的知识进行管理。因此可以说，组织学习关注学习过程而知识管理关注学习的结果，即知识。一个具有学习导向的组织会具有更高的知识管理能力。组织的学习导向越强，员工越愿意和越有能力进行学习，这就可以促进组织内开发新知识，传播知识并利用知识。因此可以说，组织的学习导向对组织知识管理能力产生正效应。具体地：

假设 1a：致力于学习的程度对知识获取能力具有正效应。

假设 1b：致力于学习的程度对知识传播能力具有正效应。

假设 1c：致力于学习的程度对知识应用能力具有正效应。

假设 2a：共享愿景的程度对知识获取能力具有正效应。

假设 2b：共享愿景的程度对知识传播能力具有正效应。

假设 2c：共享愿景的程度对知识应用能力具有正效应。

假设 3a：开放心态的程度对知识获取能力具有正效应。

假设 3b：开放心态的程度对知识传播能力具有正效应。

假设 3c：开放心态的程度对知识应用能力具有正效应。

假设 4a：组织内知识共享的程度对知识获取能力具有正效应。

假设 4b：组织内知识共享的程度对知识传播能力具有正效应。

假设 4c：组织间内知识共享的程度对知识应用能力具有正效应。

日益激烈的国际竞争和需求的不断变化促使企业不断改进产品或推出新产品，这种创新活动决定企业要不断学习和积累知识，当组织成员有强烈的意愿来获取知识、有一定的机制和方式来积累和分享知识时，组织就可能具有更多高质量的知识，更容易满足顾客，更能够把握市场机会。因此知识管理对企业竞争优势具有重要作用，一个组织的知识积累、获取和扩散、应用等能力影响组织绩效。研究表明，知识管理能力是改善组织竞争力的关键要素（Hedlund，1994）。知识管理能够促进企业创新、新产品改进和员工绩效（Kiessling et al.，2009）。知识管理能力越高，企业越能有效利用知识获取价值，从而提高绩效（Tanriverdi，2005；Gold et al.，2001）。对于外向型企业而言，更高的知识管理能力意味着企业能够更快地把握市场变化，改进产品或者进行新产品创新，以及降低生产成本，从而在国际市场竞争中处于优势地位。财务绩效和出口绩效是外向型企业最关键的绩效变量，因此这里主要研究上述两种绩效变量。

假设 AI：知识获取能力对企业财务绩效具有正效应。

假设 AJ：知识获取能力对企业出口绩效具有正效应。

假设 BI：知识传播能力对企业财务绩效具有正效应。

假设 BJ：知识传播能力对企业出口绩效具有正效应。

假设 CI：知识应用能力对企业财务绩效具有正效应。

假设 CJ：知识应用能力对企业出口绩效具有正效应。

二 研究方法

1. 问卷设计与发放

本部分研究数据来自对我国国内外向型企业的高层管理者的调查，样本行业覆盖制造业的多个行业，包括化学、机械、电子、纺织服装等。依据上述概念模型，调查问卷涉及学习倾向和知识管理能力的要素以及企业绩效。

调查问卷设计完成后，先进行问卷测试，选择来自学术界和企业界的 9 位人士参与问卷测试，并对问卷进行相应的调整。数据调查分两步进行，首先把调查问卷邮寄给 3 位来自政府部门的关键联系人，然后由他们把问卷发放给企业，并向企业做介绍和解释。2 周后问卷进行催收，未回复者将收到提醒。之后再进行 1 次催收。最终收回 47 份有效问卷，

拒访偏差通过比较来评价：①样本数据与样本已知年销售额、员工数的差异；②首轮回收问卷和二轮回收问卷之间的差异。结果表明，未发现显著差异。

2. 变量度量

所有的构成要素均采用多题项评价，这些题项均为以往研究证明有效的测量题项。

在本框架中，学习倾向包含 4 个维度：致力于学习、共享愿景、开放心态和组织内知识共享。根据 Calantone 等（2002），每个变量均采用 7 点李克特量表，1 表示完全不同意，7 表示完全同意。致力于学习用 4 个题项测量（$\alpha=0.7204$），共享愿景用 4 个题项测量（$\alpha=0.7349$），开放心态用 2 个题项测量（$\alpha=0.7496$），组织内知识共享用 4 个题项测量（$\alpha=0.7701$）。我们利用探索性因素分析来形成统一的学习倾向要素指标。

许多学者提出知识管理能力的测量指标。综合这些研究我们提出知识管理能力的要素测量题项。采用多题项测量，用 1 表示完全不同意，用 7 表示完全同意。知识获取用 10 个题项测量（$\alpha=0.7930$），知识传播用 6 个题项测量（$\alpha=0.7986$），知识应用用 6 个题项测量。我们利用探索性因素分析来形成知识管理能力的统一指标。

企业绩效主要考察企业的出口绩效和财务绩效。6 个题项用来测量出口绩效（$\alpha=0.7949$），财务绩效用 5 个题项测量（$\alpha=0.7958$）。我们用探索性因素分析

形成统一指标值。

控制变量包括企业规模（用企业全职工作人员人数来表示）、企业年龄（用企业成立年数来表示）。

3. 分析方法

笔者采用多元回归方法进行假设检验。模型 1、模型 2 和模型 3 用来检验学习倾向与知识管理能力之间的关系。模型 4 和模型 5 用来检验知识管理能力与企业绩效间的关系。

由于解释变量和被解释变量采用同一关键信息提供者搜集数据，可能产生共同方法偏差问题。根据 Podsakoff 和 Organ（1986），我们采用哈曼单因素检验来检查这一问题是否存在。检验表明 12 个因素的特征根大于 1.0，这 12 个因素共解释 74% 的方差。每一因素的方差解释程度都不高，第一因素仅解释 21% 的方差，表明我们的数据不存在共同方法偏差问题（Podsakoff and Organ，1986）。

三 分析结果

表 11-1 为变量相关关系表。学习导向的 4 个要素均与知识管理能力呈现正相关关系。知识管理能力与企业绩效与企业绩效呈现正相关关系，学习导向的 4 个要素与企业绩效之间不存在显著的相关关系。

表 11-1　变量相关关系表

	1	2	3	4	5	6	7	8	9
致力于学习	1								
共享愿景	0.341*	1							
开放心态	0.422**	0.594**	1						
组织内知识共享	0.307*	0.542**	0.600**	1					
知识获取能力	0.539**	0.610**	0.602**	0.668**	1				
知识传播能力	0.505**	0.749**	0.633**	0.617**	0.739**	1			
知识应用能力	0.380*	0.550**	0.565**	0.548**	0.526**	0.771**	1		
财务绩效	−0.046	0.282	0.158	0.314*	0.423**	0.392**	0.311*	1	
出口绩效	0.043	0.234	0.127	0.153	0.394**	0.458**	0.337*	0.693**	1

$**\ p<0.01$（双尾）；$*\ p<0.05$（双尾）

笔者采用多元回归分析对假设进行检验。学习倾向与知识管理能力的回归结果如表 11-2 所示。3 个模型均在 0.01 的水平上显著，调整后确定系数 R^2 分别为 0.625、0.730 和 0.508。

表 11-2 学习倾向与知识管理能力之间的关系

变量	模型 1	模型 2	模型 3
截距	−0.044 (−0.138)	−0.185 (−0.759)	−0.368 (−1.116)
致力于学习	0.295 *** (2.838)	0.298 ** (2.120)	0.267 * (1.982)
共享愿景	0.239 ** (1.956)	0.501 *** (3.859)	0.259 * (1.682)
开放心态	0.105 (1.298)	0.052 (0.999)	0.066 (0.147)
组织内知识共享	0.385 *** (3.160)	0.293 ** (2.083)	0.252 * (1.670)
调整 R^2	0.625	0.730	0.508
F 值	17.923 ***	12.614 ***	4.811 ***

†$p<0.10$；* $p<0.05$；** $p<0.01$；*** $p<0.001$

模型1检验了学习导向的4个构成要素与知识获取能力之间的关系。致力于学习的程度对知识获取能力存在显著正效应，假设1a成立。共享愿景也对知识获取能力存在显著正效应，假设2a成立。组织内知识共享对知识获取能力存在显著正效应，假设4a成立。但开放心态与知识获取能力之间的关系不显著，假设3a不成立。

模型2检验的是学习导向的构成要素与知识传播能力之间的关系。致力于学习的程度、共享愿景和组织间知识共享等3个变量对知识传播能力存在显著正效应，假设1b、假设2b、假设4b成立。但开放心态与知识传播能力之间的关系不显著，假设3b不成立。

模型3检验了学习导向的构成要素与知识应用能力之间的关系。与模型1和模型2类似，致力于学习的程度、共享愿景和组织间知识共享等3个变量对知识传播能力存在显著正效应，假设1c、假设2c、假设4c成立。但开放心态与知识传播能力之间的关系不显著，假设3c不成立。

表11-3为知识管理能力和企业绩效的回归结果。模型4和模型5检验了知识管理能力的构成变量与企业绩效的关系。两模型均显示出高显著性，调整后的确定系数分别为0.264和0.154。

模型4检验了知识管理能力和出口绩效间的关系，知识获取能力对企业出口绩效存在显著正效应，假设AI成立。知识传播能力对企业出口绩效也具有正效应，其系数为正且显著，因此假设BI成立。同理假设CI成立。

表 11-3　知识管理能力与企业绩效的关系

变量	模型 4	模型 5
知识获取能力	0.237 * (1.504)	0.187 (0.794)
知识传播能力	0.684 ** (2.606)	0.449 * (1.718)
知识应用能力	0.660 ** (2.498)	0.160 (0.790)
企业规模	0.015 (1.245)	0.308 * (1.524)
企业年龄	−0.012 (−0.295)	0.130 (0.759)
调整 R^2	0.264	0.154
F 值	4.528 ***	2.676 **

　　* $p < 0.01$；　** $p < 0.05$；　*** $p < 0.10$

模型 5 揭示了知识管理能力与企业财务绩效间的关系。结果显示只有知识传播能力对企业财务绩效具有显著正效应，即假设 BJ 成立。知识获取能力和知识应用能力与企业财务绩效间的关系不显著，即假设 AJ 和假设 CJ 均不成立。

四　讨论

本书对企业学习导向、知识管理能力对中国外向型企业的绩效间关系进行了研究，结果表明，学习导向对企业知识管理能力具有正效应，而知识管理能力对企业绩效具有显著正效应。

研究结果支持学习导向的三个维度对企业绩效的正效应，学习导向不是简单的知识搜集而是对知识的加工处理（Calantone et al.，2002），因此这个概念与知识管理高度相关。事实上，许多学者都指出组织学习与知识管理间存在的密切关系（Crossan et al.，1999；King et al.，2002）。许多知识管理的模型也把知识的管理同组织内的学习环境、文化或管理制度等方面联系起来，认为这样可以实现更有效的知识管理。本书对学习导向与知识管理能力的关系进行了验证，发现营造良性的学习氛围有利于企业更有效地进行知识管理、共享愿景和知识共享都促进企业的知识管理能力，但开放心态与知识管理间的关系并不显著，可能的原因之一是开放心态意味着放弃旧观念或旧技术、旧工艺方法而接纳新观念、新技术或新方法，这就要求企业具有较强的技术能力，而本书中的调查样本主要是 OEM 制造企业，相对而言其技术能力较弱。

本书中一个有趣的研究发现是知识管理能力对企业出口绩效存在显著的正效应，而对企业财务绩效则没有表现出相同的作用。这意味着外向型企业应该通过建立良好的学习环境来增进企业的知识管理能力，而这种努力却无法增进企业的财务绩效。考虑到出口绩效与财务绩效之间的强相关性，这种结果似乎有点不合理。一个可能的解释是我国外向型企业的财务绩效受到多重因素的影响，例如国家的关税政策、全球市场上激烈的价格竞争、企业的产品成本上升等。在众多因素的影响下，知识管理能力对企业财务绩效的作用被削弱。

第二节 组织文化、学习能力与企业绩效

在当今全球经济一体化背景下，企业越来越能够领会"唯一不变的是变化"这句话的含义。随着环境动态变化的加速，企业必须挖掘自身潜力，提高学习的效率和效益，才能适应变化的环境。正如 Senge（1990）所言，学习将成为唯一能够持续的竞争优势。尽管许多企业都意识到学习的重要性并试图加强学习，但仅有少数企业能够成功。大部分企业只是重视在促进学习方面资源配置，但是学习型企业需要的不仅仅是投入资源，它更需要支持学习的环境，尤其是营造鼓励内部学习的企业文化。

组织学习对企业绩效的作用已经被许多研究所证实（Sinkula，1994；Slater and Narver，1995），但极少有针对组织文化、学习和绩效之间关系的研究。笔者认为组织文化是影响组织学习乃至企业绩效的关键变量。这里的研究旨在揭示组织文化对学习能力的影响，考察组织文化、学习和绩效之间的关系。分析思路为：首先建立组织文化、学习与绩效间的概念模型，然后分析数据进行假设检验，最后进行讨论。

■ 一 理论基础

1. 组织学习过程

组织学习是组织持续学习的活动，指组织适应环境变化的需要，在过去经验的储存和分享基础上，创造新知识以持续改善组织绩效。组织是通过信息处理过程来学习的。

组织学习从过程上分析，可视为为增进组织绩效而获取和应用知识的战略和过程。Crossan 等（1999）提出组织学习是包含个人的直觉和解释过程、群体的积累过程和组织的制度化过程构成的。因此组织学习不仅是个人的学习过程，而且包括团队、集体、组织的学习过程，个人学习的简单加总不等于组织学习。个体学习的主体是个人，由个人主动性支配，比较容易实现，而组织学习由于主体是一个集体，不够明确，因此对于组织来说，不仅需要建立组织学习的基础设施系统，而且需要营造一定的学习环境、氛围以及相应的激励制度等。根

据 Huber（1991）和 Sinkula（1994），组织学习过程包含信息获取、信息散播、信息解释和组织记忆四阶段。首先，组织从直接经验和其他组织获得信息，增加组织的知识储备（Huber，1991）然后，信息传播给所有的或相关的组织成员（Slater and Narver，1995）。其次，是对信息的解释。解释被定义为"给予信息含义的过程"（Daft and Weick，1984）。在这个阶段，信息的含义被认同，组织内学习发生（Day，1994）。最后，组织知识被储存以备未来之用（Huber，1991）。学习发生在信息处理过程中，当组织获得新的知识、信息或者技术诀窍等时，学习就出现了。组织学习会改变员工的理念和认识，更新员工知识并导致员工的决策和行为发生变化，组织也由此产生变化。组织在学习过程中四个阶段所具有的能力大小决定组织学习的有效性，因此借鉴 Huber（1991）所提出的组织学习过程，我们把组织学习能力分为四个维度，分别是知识或信息的获取能力、散播能力、解释能力和应用能力。

2. 组织文化

组织文化概念的定义繁多，至今尚未形成普遍共识。根据 Schein（1990），组织文化是"一个组织基础假设的总和，用于处理外部适应性问题和内部整合问题"。Peters 和 Waterman（1982）把组织文化看作占主导地位的、通过故事、口号或其他方式传播的一致的价值观。组织文化的定义通常涉及自身问题及其作用两部分，一般认为组织文化包含组织成员学习和共享的行为和价值观、信念等，组织文化使组织能够适应外部环境的变化，实现内部资源的整合，规范个体的行为（Hurley and Hult，1998，2002），也影响着组织创造和利用知识的行为。组织文化代表组织的认知能力（Hall，1992），某种组织文化下组织具有更强的认知能力，能够促进更多的学习行为。因此正如 Schein（1993）所言，组织学习如果没有组织文化的支持是不可能实现的。在一定的组织文化支持下，组织能够学习，但组织在跨文化边界下，必须通过对话才能够实现学习。因此支持学习的组织文化环境是组织实现主动和持续学习，快速应变的关键要素之一（Shipton et al.，2002）。

本书将用定量方法度量组织文化。组织文化有着不同的分类。例如，Dension 和 Spreitzer（1991）以灵活性/控制导向、面向内部/面向外部两个维度划分出四种组织文化——集体型文化、发展型文化、等级型文化和关系型文化。这些组织文化的分类都是较为综合的类别划分。

由于研究问题是关于组织文化、学习与绩效的关系，因此这里主要探讨的是与学习、知识或信息处理过程有关的文化内容。Kandermir 和 Hult（2005）在研究国际合作企业时，认为组织学习文化应关注团队导向、系统导向、学习导向和记忆导向。团队导向即鼓励合作和协同，系统导向为强调创新、制造、营销和分销构成的系统，学习导向鼓励员工学习，而记忆导向鼓励知识的转移和传播。

我们的研究未针对某种特殊类型的企业，一般意义上分析，我们认为在与组织学习相关的组织文化方面应强调两种导向，分别是学习导向和共享导向。

学习导向是指组织内鼓励其成员提出、分析和解决问题、获取新知识和技术、创造新知识以提高绩效的程度。学习导向是与学习相关的组织价值观和规范的集合（Day，1994；Baker and Sinkula，1999），高度学习导向的组织非常重视学习，采取鼓励员工提出异议，容忍失败和试错、鼓励员工参加培训等措施促进组织学习能力。

共享导向是组织鼓励员工对知识进行扩散、传播以及转移，强调成员间沟通和传递知识的程度（Sinkula，1994）。组织文化中的共享导向是在公司价值观以及行为规范中，强调共享意识而非独占意识，强调集体英雄，重视知识的显性化和社会化。更高共享导向的组织能够更有效地储存知识并在成员间将知识传播和分享。

学习导向与知识或信息的获取、解释有关，而共享导向与知识或信息的散播和应用有关，两者相辅相成，共同促进企业学习能力的提高和绩效的改进。

二 概念模型与假设

组织学习能力与学习导向紧密相关。Morgan 和 Rramirez（1983）指出，所谓组织学习是指当组织成员再遭遇共同问题时，以"共同学习"方式去解决问题的一种行为模式。组织学习的能力强弱依赖于该组织成员的学习意愿，而组织文化中学习导向的强弱是影响组织学习的重要因素之一。组织文化的学习导向影响组织成员的行为和价值观，促进成员的个体学习，激励成员创造新知识，因此与组织学习能力有关（Day，1994；Baker and Sinkula，1999）。共享导向则是让组织的新知识能够迅速扩散，营造氛围提高不同来源知识的交流，促进知识的整合、内部化、社会化或者外部化，组织学习能力增强。

因此，学习导向能够促进组织学习行为的系统变革，推动组织学习，增进学习能力。共享导向培育共享的环境，鼓励共享的行为，因此知识可以被更有效地获取、传播、储存和应用。我们给出以下假设。

假设 1：学习导向越高，学习能力越强。

假设 1a：学习导向越高，知识获取能力越强。

假设 1b：学习导向越高，知识传播能力越强。

假设 1c：学习导向越高，信息解释能力越强。

假设 1d：学习导向越高，知识应用能力越强。

假设 2：共享导向越高，学习能力越强。

假设 2a：共享导向越高，知识获取能力越强。

假设 2b：共享导向越高，知识传播能力越强。

假设 2c：共享导向越高，信息解释能力越强。

假设 2d：共享导向越高，知识应用能力越强。

许多研究提出组织学习对企业绩效的正效应（Sinkula，1994；Slater and Narver，1995）。Senge（1990）指出，组织学习是竞争优势的新来源。Slater 和 Narver（1995）研究了市场导向和学习导向对企业竞争优势的效应。Hurley 和 Hult（1998）还对创新作用变量进行了研究。Alegre 和 Chiva（2008）提出了学习能力对产品创新绩效的正效应模型。组织学习能力是组织知识或信息获取能力、传播能力、解释能力和应用能力的总称，具有高学习能力的组织能够获取更多的知识，能够更快速地传播知识和解释应用知识，对组织的技术创新、新产品开发、市场营销和生产制造等多个方面都会产生积极的影响。因此：

假设 3：学习能力对企业绩效产生正效应。

假设 3a：信息获取能力对企业绩效产生正效应。

假设 3b：信息散播能力对企业绩效产生正效应。

假设 3c：信息解释能力对企业绩效产生正效应。

假设 3d：信息应用能力对企业绩效产生正效应。

假设 3 提出了以信息为基础的组织学习能力对企业绩效的单一影响，但显然组织学习过程四阶段是相互联系的，无法截然分开，而以信息为基础的组织学习能力也是相互影响的，这种相互作用也会影响企业绩效。因此，

假设 4：信息获取能力与散播能力的交互作用对企业绩效产生正效应。

假设 5：信息散播能力和解释能力的交互作用对企业绩效产生正效应。

假设 6：信息解释能力和应用能力的交互作用对企业绩效产生正效应。

三　研究方法

1. 数据

本部分数据来自对浙江省企业的问卷调查。调查对象涉及的行业包括化学、机械电子、软件、计算机制造等。被调查者为企业的中高级管理人员，他们对企业的整体战略和管理系统等有着深刻全面的了解。调查分为两个阶段，首先邮寄问卷，2 周后回收，对未回复的调查对象给予提醒；再次向他们邮寄问卷。为避免社会期望性反应（Zerbe and Paulhus，1987）带来的问题，问卷中采用匿名方式。最终收回 49 份有效问卷，问卷回收率为 49%。

考虑到无应答引起的偏差，我们基于相对于迅速回复者，未迅速回复者与未回复者的结果更为接近之假设（Kanuk and Berenson，1975；Armstrong and

Overton，1977），对第一阶段回收的问卷与第二阶段回收的问卷进行比较。结果表明，企业的基本特征诸如企业年龄数、员工人数和年销售额等方面没有显著差异。

由于所有的测量变量数据都通过同一调查问卷、同一被调查者搜集，有可能存在共同方法变异问题。根据 Scott 和 Bruce（1994）、Tsang（2002）的建议，笔者利用哈曼单因素检验进行考察。结果显示，许多变量而不是单一变量出现，第一变量所占方差的份额并不高，因此可以说未出现明显的共同方法变异问题。

2. 变量度量

本部分研究的调查问卷是通过以下步骤形成的。首先，对现有文献进行研究，基于已有研究成果选择适当的测量题项；其次，选择 6 位企业经理人和 4 位组织学习领域的学者对问卷进行测试，评估问卷的表面效度；最后，根据上述测试情况和专家学者的意见对问卷进行修改和完善。

模型中所有的变量均采用多题项度量。每个变量采用 7 点李克特量表，1 表示完全不同意，7 表示完全同意。学习导向由 4 个题项测量（$\alpha=0.7204$），共享导向用 4 个题项测量（$\alpha=0.7218$）。知识获取能力用 5 个题项测量（$\alpha=0.7691$），知识散播能力用 6 个题项测量（$\alpha=0.7779$），知识解释能力用 2 个题项测量（$\alpha=0.7500$），知识应用能力用 4 个题项测量（$\alpha=0.7607$）。企业财务绩效用 4 个题项测量（$\alpha=0.8076$）。

四 分析结果

本书采用多元回归分析进行假设检验。

表 11-4 为变量相关关系表。组织文化的两种导向和学习能力的 3 个维度间存在正相关关系。除应用能力外，获取能力散播能力和解释能力与企业绩效间存在正相关关系。

表 11-4　变量相关关系表

变量	LO	SO	AcC	DC	IC	ApC	FP
学习导向（LO）	1						
共享导向（SO）	0.482**	1					
获取能力（AcC）	0.527**	0.503**	1				
散播能力（DC）	0.591**	0.526**	0.666**	1			
解释能力（IC）	0.451**	0.337*	0.508**	0.753**	1		
应用能力（ApC）	0.428**	0.215	0.449**	0.648**	0.517**	1	
财务绩效（FP）	0.227	0.046	0.270	0.328*	0.403**	0.268	1

* $p<0.05$（双尾）；** $p<0.01$（双尾）

表 11-5 显示了学习能力与企业文化间的回归结果。所有 4 个模型都具有高显著性，调整的确定系数分别为 0.363，0.383，0.361 和 0.365。模型 1 考察了学习导向、共享导向与知识获取能力间的关系。学习导向和共享导向对知识获取能力具有显著正效应，因此假设 H1a 和假设 H2a 成立。模型 2 检验了组织文化与散播能力之间的关系，学习导向和共享导向都对散播能力具有显著正效应，假设 H1b 和假设 H2b 成立。模型 3 研究了解释能力与组织文化的关系，组织文化对解释能力具有显著正效应，假设 H1c 和假设 H2c 被证实。分析结果也支持了假设 H1d 和假设 H2d，因为学习导向和共享导向对应用能力具有显著正效应。

表 11-5 组织文化与学习能力间的关系

变量	模型 1：获取能力	模型 2：散播能力	模型 3：解释能力	模型 4：应用能力
学习导向	0.360*	0.435**	0.315*	0.321*
共享导向	0.322*	0.278*	0.352*	0.474*
R^2	0.418	0.437	0.422	0.432
调整 R^2	0.363	0.383	0.361	0.365
F	7.522***	8.137***	6.924***	6.466***

† $p<0.10$；* $p<0.05$；** $p<0.01$；*** $p<0.001$

表 11-6 显示了学习能力与企业绩效间的关系。模型 5 和模型 6 都具有高度显著性，调整后确定系数分别为 0.459 和 0.804。模型 5 表明知识获取能力、知识散播能力、知识解释能力和知识应用能力对企业绩效存在显著正效应，因此假设 H3a、假设 H3b、假设 H3c 和假设 H3d 成立。

表 11-6 学习能力与企业绩效的关系

变量	模型 5	模型 6
控制变量：		
行业	0.170	0.095
企业规模	0.111	0.208*
解释变量		
知识获取能力	0.227†	0.214*
知识散播能力	0.420†	0.252*
知识解释能力	0.367†	0.346***
知识应用能力	0.340†	0.273*
交互作用		
知识获取 * 知识散播		0.188†
知识散播 * 知识解释		0.691***
知识解释 * 知识应用		0.755***
调整 R^2	0.459	0.804
F 值	6.100***	7.364***

† $p<0.10$；* $p<0.05$；** $p<0.01$；*** $p<0.001$

模型 6 考虑了学习能力四要素之间的交互作用，使得模型的确定系数进一步提高，解释能力更强。所有的学习能力及其相关性对企业绩效产生显著正效应。因此假设 H4、假设 H5 和假设 H6 被证实。

五 讨论

上述研究表明组织文化与学习能力之间存在正效应关系。组织学习的社会视角寻求解释一些社会因素对组织学习的作用意义（Gherardi et al.，1998），本书证实了这一观点，组织文化因素是组织学习的推动力之一（Ulrich et al.，1993）。

组织学习与企业绩效之间的关系也被证实，组织学习包含获取信息、认识其有用性、处理信息等阶段，具有强学习能力的组织能够更快地获得信息，更广地散布信息，更有效地使用信息，因而企业绩效更高。

这一结论给企业带来许多启示。企业管理者应致力于增进企业的组织学习能力，为了培育学习能力，企业应注重创造良好的组织文化环境。组织文化的两个方面即学习导向和共享导向都对学习能力的培育非常重要。因此企业的组织文化应侧重于推动组织环境中的学习导向和共享导向。

这一研究在研究样本选择上具有一定的局限性，因为在研究时，出于便利考虑，研究样本仅取自浙江省，而未包含更为广泛的地域范围。今后应尝试在更大范围内进行调研以对本模型进行进一步检验。未来的研究可以考虑针对组织文化的不同类型对组织学习乃至绩效的影响，也可以考虑不同产业特征下的不同表现，或考虑将多个环境因素纳入模型进行进一步的模型扩展。

第三节　国家智力资本对 GDP 的贡献

一 问题的提出

智力资本的研究早期集中在微观层面上，但近十年来随着国家竞争力、经济增长等议题日益受到重视，智力资本的研究开始向宏观层面拓展，国家智力资本概念被提出，以反映一国人力资源、国际关系、基础设施、能力等无形资产的潜在价值。最早的国家智力资本报告出现在瑞典，后来的以色列、丹麦等国也开始探索国家智力资本的评价与报告，世界银行、OECD 等国际组织开始对许多国家或地区的智力资本进行评价研究。

学术领域关于智力资本宏观研究主要强调其经济效应，强调国家智力资本概念"要有利于把握未来经济发展的方向"（Andriessen and Stam，2005）。因为智力资本是国家经济增长的驱动力，对一国的创新、学习、GDP 以及未来国家价值等因素都有显著影响，是国家经济增长、人力资源开发和生活质量必不可少的保障（Malhotra，2003）。

但是，这一研究方向还没有得到深入研究，关于国家智力资本对经济增长影响的实证研究较为少见，研究结论也存在相互矛盾。一些研究指出，智力资本对经济绩效有显著影响（Cabrita and Vaz，2006），而另一些研究则没有证实这一点（Firer and Williams，2003）。这种相互矛盾的结果提示在国家智力资本测量模型及其度量、从微观向宏观研究的拓展等方面还需改进和调整（S. Stahle and P. Stähle，2012；Aho et al.，2011），也突出了研究国家智力资本与经济增长关系的必要性。

有鉴于此，这里想解决的问题是：国家智力资本中各要素之间的关系如何，国家智力资本与一国经济增长之间的关系如何。笔者拟以 Lin 和 Edvinsson（2011）对中国的智力资本评价指标体系和评价数据，对国家智力资本要素之间的关系和智力资本与我国经济增长之间的关系进行研究。

二　相关文献综述

各国都在试图测量知识资产来分析和把握未来经济发展的潜力（Malhotra，2001），国家智力资本是一国个人、企业、机构、社区和区域等的隐藏价值，能够在现在和未来创造财富（Bontis，2004）。这种隐藏价值是培育未来财富的根源。但对国家智力资本的概念和分类、测量等问题都远未达成共识。一些企业智力资本的研究方法和研究体系也在向国家、区域智力资本的层面扩展。

基于 Edvinsson 和 Malone（1997）的微观框架并将其扩展到宏观领域，国家智力资本可分为人力资本和结构资本，而结构资本可分为市场资本和组织资本，组织资本又可分为更新资本和流程资本，国家智力资本和财务资本（类似增长理论中的物质资本）共同构成国家财富总和。Bontis（2002）把它类比为一个"房屋"，根基是更新资本，代表未来发展的潜力；市场资本和流程资本是支柱，代表当前发展的保障；财务财富是屋顶，代表过去取得的业绩；人力资本位于房屋的核心部位，反映国家智力资本的核心，在实现国家目标过程中发挥核心作用。Lin 和 Edvinsson（2011）提出国家智力资本的维度为人力资本、市场资本、流程资本、更新资本和财务资本。财务资本被包含在国家智力资本之内，"这是为了让国家智力资本包含更完整全面的内容"，但理论上这种解释不够合理，这会让国家智力资本的模型与 GDP 有重叠。因此这一模型还有待改进。

国家智力资本的测量和报告首先在北欧一些国家发起。许多国家政府提出开发国家知识测量模型和智力资本指标来创造和维持国家竞争力。瑞典政府与斯德哥尔摩大学在 1996 年的创新年度报告上提出修改国家层面的 Skandia 导航器，应用定量方法研究瑞典的关键成功因素（Spring Project，2002）。Rembe（1999）考察了瑞典的国家吸引力构成要素，提出战略性未来发展的规划，包括人力资本、市场资本、过程资本、更新资本等。Pasher 等研究了以色列的国家隐性价值和不同领域关键成功因素，如教育、专利、参与 R&D 科学家数量，国际开放度、计算机和交通基础设施（Pasher and Shachar，2007）。Bontis（2004）分析了许多中东国家数据，公布阿拉伯地区的国家智力资本。

许多国际组织如世界银行、OECD 和联合国机构也提出不同知识资本评价模型。例如世界银行的知识评价方法（knowledge assessment methodology，KAM）用来说明一国面临的机遇与问题以及对政策和未来投资的启示，也用于分析"一个经济体怎样与其模仿的竞争者或国家进行比较"。KAM 包含 69 个结构化和定性的变量分成 5 个维度。其中，4 个被认为是对知识经济发展具有决定性意义的，它们包括经济和机构制度、教育和有技能的人力资源、动态信息基础设施、有效的创新系统。第 5 个维度反映整体绩效。

Lin 和 Edvinsson（2011）针对 40 个国家智力资本状况的研究中，认为人力资本包含知识、智慧、经验、直觉和个人实现国家任务和目标的能力。这部分也包含国家教育和文化带来的价值。人力资本构成一个民族的全部能力，反映其教育、知识、健康、经验、动力、直觉、创业精神和经验以及高技术劳动力、科学家与工程师的可得性、女性劳动力、健康（寿命、健康状况）等指标。这些要素代表一个国家现在和未来创造竞争优势的关键成功因素。人力资本提供智力资本其他领域（如 R&D 和培训）的开发和培育的资源，因为人力要素是价值创造过程的最重要因素。市场资本指的是国家与国际市场关系中体现出的一般资产。这是一国能力和成功的累积，提供满足国际客户需求的有吸引力和竞争力的解决方案，一国在国际关系中的投资和收获以及一国有质量的产品和服务的出口（Bontis，2004）。这一资产的重点包括顾客或国家忠诚、全球化开放程度、柔性和适应性、经济的弹性、战略客户和国际贸易伙伴的满意度。过程资本反映国家的知识流动和合作，是结构化智力资本的需求，如信息系统、硬件软件、数据库、实验室、国家基础设施，主要度量指标涉及交通运输、信息技术技能、沟通和电脑化水平、技术容易程度和电信服务、个人电脑、网络安全、合格的科学研究机构、知识转化、创业家的法律环境、创业所需的最短时间，合格的管理系统、农业生产率。这些结构化智力资本维持和增加人力资本的产出。更新资本指的是一国增加未来市场竞争力和鼓励未来发展的能力和投资。更新和发展资本包括研发投资、专利、商标、开业公司数、科学出版物数量、美国注册的专利数量、EPO 专利应用、R&D 的全部消费、创新能力等度量指标。财务资本指的是 GDP、外债、重要行业工业生产和通货膨胀。

许多研究者提出国家智力资本要素的相互关系问题值得研究，如 Bontis 和 Wu（2005）对国家的智力资本进行了研究，其模型是基于传统的微观分类进行的，研究表明国家智力资本变量间存在复杂的相关关系。人力资本直接影响经济绩效，市场资本通过其他智力资本要素产生影响；人力资本影响流程资本，流程资本影响市场资本和更新资本；更新资本影响人力资本。但是这部分研究还相对较少。

智力资本的宏观研究除了侧重评价和测量，作为经济增长驱动力，一些研究者认为把国家智力资本的经济效应从其他传统生产要素的影响中分离出来是有意义的。在欧洲智力资本研究中，Andrissen 和 Stam（2005）发现 GDP 与无形资产存量间无显著相关性，但是与智力资本的要素如人力资本、外部关系资本与经济绩效间存在统计相关性。同样是针对欧洲国家的研究，Weziak（2007）则发现智力资本及其要素与 PPP 调整后的 GDP 之间存在强相关性。类似地，Bontis（2005）证明以多个指标测量的阿拉伯国家智力资本占国家会计财富的接近 1/5。但是这些研究结果不够可靠。在同一脉络下，Lin 和 Edvinsson（2011）的研究对 40 个发达和发展中国家纵向数据进行测量，研究发现综合 NIC 指数与人均 GDP 间的平均相关度为 0.88。李玲（2000）从理论和实证的角度分析了智力资本对经济增长的贡献，并得出结论：一是要加大智力资本的投资力度，二是要提高智力资本投资的效益。陈武等（2011）对国家智力资本与国家创新能力的关系进行了研究，发现国家智力资本及其三要素与国家创新能力之间存在着高度正相关性，并且国家智力资本三要素之间存在相互依赖关系，国家智力资本三要素对国家创新能力都有正面贡献，但贡献大小存在较大差异。

综上所述，当前国家智力资本的研究还处于萌芽状态，存在许多应解决的问题。例如，国家智力资本构成要素有哪些，财务资本是否应包含在国家智力资本框架之内，国家智力资本如何影响国家经济等。

三　研究模型

本书认为可以类比的方式来对国家智力资本的构成要素进行分析，然后再考虑国家这一研究对象的特殊性进行微调。这也是大部分国家智力资本的现有研究的基本思路（Bontis，2004；2005）。

一个国家所拥有的财富常常是难以用广泛认可的货币计量标准来衡量的。例如，自然资源、人力和有形资产储备的数量是多少，很难衡量。联合国《2012 全面的财富报告》（The Inclusive Wealth Report 2012）中，把一国的资产分为三类来进行评价，即制造的或有形的资本（机械、建筑、基础设施等）、人力资本（即全民的教育和技能）、自然资本（包括土地、森林、化石燃料和矿物）。我们认为这一分类从本质看，仍然把资产视为有形的内容，可视可触摸的，而无形资产的部分并未考虑在内。国家资产与企业的资产一样，可分为有形资产和无形资产两部分。国家智力资本是国家无形资产的重要组成部分。与企业智力资本类似，国家智力资本是一国所拥有的智力、知识、能力等能够促进财富增长和获取竞争优势的无形资源的总称。借鉴企业智力资本的构成要素，并考虑国家的特点，国家智力资本可分为人力资本、组织资本、市场资本、更新资本等四部分。国家的人力资本是一国人力资源所拥有的知识、技能和能力、素养的总称；国家组织资本可看作一国所拥有的经济、政治、社会、文化等方面的管理能力；一国的市场资本是国家所拥有的经济体制产生的价值，例如市场的开放度、市场的活跃度等；创新对一国经济发展具有重要的促进作用，因此更新资本也是一国智力资本的重要内容，这主要体现在一国开展创新的资源总量和能力。

财务资本不应成为一国智力资本的构成要素，因为从智力资本的定义来看，无论是企业智力资本还是国家智力资本，都强调智力资本在获取竞争优势、促进经济发展或企业发展方面具有关键作用。财务资本显然不具有这一关键作用，因为这种资本可以容易地获取和转移，流入或流出，无法在该国形成独特的资源或能力。

经济增长理论已证明，知识、人力资本、技术进步是经济增长的源泉。国家智力资本对国家经济增长和财富积累起到推动作用。Lin 和 Edvinsson（2011）也指出"GDP 代表现在的经济状况，国家智力资本则代表未来财富创造能力，也对当前经济绩效有很好的解释力"。因此笔者提出，国家智力资本对国家经济增长具有显著的正向作用。国家智力资本的各构成要素对国家经济增长均具有显著的正向作用。

本书采用扩展生产函数，将量化后的智力资本作为投入指标，建立以下研究模型：

$$Y = AK^{\alpha}IC^{\beta} \qquad (11\text{-}1)$$

$$Y = AK^{\alpha}HC^{\beta}OC^{\gamma}MC^{\varepsilon}RC^{\theta} \qquad (11\text{-}2)$$

其中，Y 表示产出量，AK 表示物质资本，IC 表示国家智力资本，HC 表示人力资本，OC 表示组织资本，MC 表示市场资本，RC 表示更新资本。

为了利用该函数建立相应的经济增长模型，我们对该函数两边同时取自然对数，并且引入随机误差项，得到线性的生产函数模型为：

$$\ln Y = \ln A + \alpha \ln K + \beta \ln IC \qquad (11\text{-}3)$$

$$\ln Y = \ln A + \alpha \ln K + \beta \ln HC + \gamma \ln OC + \varepsilon \ln MC + \theta \ln RC + \mu \qquad (11\text{-}4)$$

四　研究数据与方法

如前所述，国家智力资本的测量存在一定的困难，Lin 和 Edvinsson（2011）的研究进行了有益的尝试，由于这里的研究重点是探讨国家智力资本对于一国 GDP 的贡献，因此这里将不再深入探讨国家智力资本测量的问题，而是以 Lin 和 Edvinsson（2011）对国家智力资本的评价数据为基础，对国家智力资本要素之间的关系和智力资本与我国 GDP 之间的关系进行研究。被解释变量中，国家智力资本如人力资本、组织资本、市场资本和更新资本的数据均来自 Lin 和 Edvinsson（2011），其中组织资本数据来自 Lin 和 Edvinsson（2011）的流程资本；市场资本数据来自 Lin 和 Edvinsson（2011）的市场资本，而更新资本数据即 Lin 和 Edvinsson（2011）的更新资本。国家智力资本总体评价数据为四类资本的总和。物质资本数据以国家固定资产形成总值来确定，该数据来自世界银行公开数据库。产出变量分别为人均国内生产总值和国内生产总值增长率。资本国家经济数据均来自世界银行公开数据库，其中包括人均国内生产总值和国内生产总值增长率。人均 GDP 按照世界银行公布的购买力平减后人均 GPD 数据。GDP 增长率按照世界银行公布的 GDP 年均增长速度。

在数据可得的基础上，笔者选择样本时间区间为 1995～2008 年，在样本个体上，主要选择欧美发达国家和亚洲四小龙国家的典型代表，包括澳大利亚、中国、丹麦、法国、德国、意大利、日本、韩国、挪威、瑞典、英国、美国等 12 个国家，采用面板数据分析方法进行分析，包括单位根检验、协整检验、相关分析和回归分析等。

五　研究结果

1. 模型检验

面板数据模型的类型分为混合模型、变截距模型和变系数模型等。如果模型形式设定不正确，那么估计结果与实际将偏离甚远，因此需首先检验模型类型，通常运用协方差分析进行检验。

模型 1 和模型 2 分别通过 Eviews 6 计算（张晓峒，2007）协方差分析结果如表 11-7 所示。

表 11-7　协方差检验结果

被解释变量	解释变量	S_1	S_2	S_3	F_1		F_2		结论
					统计值	5%时临界值	统计值	5%时临界值	
GDP	K、IC	0.89	1.73	10.49	5.71	1.62	43.41	1.52	变系数模型
GDP	K、HC、OC、MC、RC	0.26	1.02	8.20	5.00	1.47	43.74	1.44	变系数模型

　　变系数面板数据模型可以更好地表现不同国家间的异质性，把模型中未包含的影响被解释变量的一些因素在截距项中体现出来；一些差异可体现在解释变量的系数上，便于比较不同国家个体间的差异。

　　变系数模型有固定效应和随机效应模型之分，主要是为了消除无法观测变量对估计结果产生的影响。通过冗余固定效应似然比检验发现如表 11-8 所示，p 值远远小于 0.05，因此应拒绝原假设 H_0：模型不存在固定效应，说明应使用固定效应模型进行分析。

表 11-8　固定效应的似然比检验结果

模型	效应检验	统计量	自由度	p 值
模型 1	横截面 F	4.0113	(11, 132)	0.0000
	横截面 x^2	48.4488	11	0.0000
模型 2	横截面 F	5.2484	(11, 96)	0.0000
	横截面 x^2	79.1054	11	0.0000

　　2. 数据检验

　　经典的计量经济理论是建立在时间序列平稳的基础之上的，所假设的变量间的相关系数服从正态分布，因此在运用模型之前必须先对变量进行平稳性检验。单位根检验就是检验时间序列数据平稳性的一种方法。通过单位根检验可以确定序列平稳的阶数，然后通过差分方法消除单位根，将非平稳的序列转化为平稳的序列加以分析。本文主要采用 ADF 检验。检验结果如表 11-9 所示。

表 11-9　单位根检验结果

变量	差分次数	ADF 值	p 值	结论
K	1	40.4875	0.0189	一阶差分平稳
IC	0	73.3695	0.0000	平稳
HC	0	39.5406	0.0239	平稳
OC	0	47.6789	0.0028	平稳
MC	1	114.499	0	一阶差分平稳
RC	0	45.8859	0.0046	平稳
GDP	1	69.9846	0	一阶差分平稳

　　表 11-9 显示，面板模型的诸变量中，IC、HC、OC 和 RC 是平稳的，可以进入实证模型，而 GDP、MC、K 则本身是不平稳的，而其一阶差分通过了平稳性检验。由于实证分析是以各个变量本身进入模型的，而不是其差分，因此，为了避免出现伪回归，还应对这些非平稳变量进行协整检验。协整检验分两个步骤完成，先建立协整变量之间的面板数据回归模型，然后对各截面回归方程的残差进行单位根检验。若这些截面残差序列是平稳的，则表明变量之间存在

协整关系。被解释变量 GDP 建立解释变量 HC、OC、MC、RC 和 K 对 GDP 的回归方程，根据上述协方差检验得知，应采用固定效应变系数模型。由于下面会专门就回归结果进行分析，故此处略去回归结果的表格。回归完成后，对各截面方程生成残差序列，并对残差进行单位根检验，笔者依然采用 ADF 检验法，检验的结果如表 11-10 所示。

表 11-10　协整检验结果

单位根检验	检验统计量值	p 值
LLC	−11.5986	0.0000
IPS	−8.1842	0.0000
ADF	102.285	0.0000

表 11-10 检验结果显示，各种检验方法都拒绝"截面回归方程有的残差序列有单位根"的原假设，因此，这些残差序列是平稳的，从而，GDP 与 K、MC 之间存在协整关系，不会出现伪回归现象，可以进行有效的回归。

3. 模型 1 回归结果分析

表 11-11　模型一回归结果

指标	R^2	调整后 R^2	F 统计量	D-W 值
估计值	0.9999	0.9999	93428.11 ***	2.02

** $p<0.01$；*** <0.001（双尾）

模型一采用变系数固定效应模型进行回归，结果如表 11-11 所示。

从表 11-11 可以看出，调整后的 R^2 值在 0.99 以上，F 值为 93428，且通过 F 检验，说明模型整体是显著的，拟合优度很高，模型的解释变量几乎完全解释了被解释变量的波动。

使用固定效应变系数模型的回归结果如表 11-12 所示，截距项由两部分构成，前者为共同项，后者为反映各国差异的个体效应，体现各国不可观测的因素对经济发展的影响。以固定资产形成总额为代表的物质资产对国家经济的影响是最大的，从 12 国的数据看，物质资产对经济的影响超过其他变量，美国的物质资产对经济的影响最大，达到 65.78%。中国的物质资产对经济的影响为 61.02%，居第二位。这个结果符合投资在拉动我国经济发展过程中发挥重要作用这一实际情况的。我国在过去 30 年间促进经济增长的模式很大程度上是靠提高固定资产投资来实现的。

从表 11-12 可知，智力资本对国家经济的影响是显著的，而不同国家智力资本对经济的影响有差异。智力资本对国家经济的影响超过 10% 的国家包括美国和德国，分别达 11.33%、10.16%。智力资本对国家经济的影响在 5%～10% 的国家包括日本、韩国、挪威、瑞典、澳大利亚、法国、意大利和丹麦。英国和中国的国家智力资本对经济的影响相对较小，均处于

3.5％的水平上。

表 11-12　各国智力资本对经济增长的影响

国家	智力资本		固定资产		C
	回归系数	排名	回归系数	排名	截距
澳大利亚	0.0812 *** (19.4236)	5	0.3224 *** (20.9555)	10	13.8415 ＋ 2.9511 *** (26.5679)
中国	0.0351 *** (11.8040)	12	0.6102 *** (56.2848)	2	13.8415 － 4.6437 *** (26.5679)
丹麦	0.0511 *** (7.7791)	10	0.2827 *** (7.2561)	11	13.8415 ＋ 3.6357 *** (26.5679)
法国	0.0811 *** (15.4725)	6	0.5023 *** (14.3918)	5	13.8415 － 0.7841 *** (26.5679)
德国	0.1016 *** (11.1549)	2	0.4636 *** (5.9952)	6	13.8415 － 0.2583 *** (26.5679)
意大利	0.0697 *** (17.5698)	8	0.4045 *** (22.0753)	8	13.8415 ＋ 2.2726 *** (26.5679)
日本	0.0957 *** (17.6189)	3	0.0958 * (2.081)	12	13.8415 ＋ 10.0933 *** (26.5679)
韩国	0.0903 *** (25.5358)	4	0.3799 *** (19.3606)	9	13.8415 ＋ 1.9896 *** (26.5679)
挪威	0.0747 *** (5.9189)	7	0.5141 *** (13.7702)	4	13.8415 － 5.2733 *** (26.5679)
瑞典	0.0557 *** (13.1516)	9	0.4571 *** (20.1612)	7	13.8415 － 0.4573 *** (26.5679)
英国	0.0352 *** (11.3997)	11	0.5794 *** (20.4153)	3	13.8415 － 1.8216 *** (26.5679)
美国	0.1133 *** (10.6284)	1	0.6578 *** (38.3485)	1	13.8415 － 7.7041 *** (26.5679)

† $p < 0.10$；＊ $p < 0.05$；＊＊ $p < 0.01$；＊＊＊ $p < 0.001$

4. 模型 2 回归结果分析

模型 2 采用变系数固定效应模型进行回归，结果如表 11-13 所示。

表 11-13　模型二回归结果表

指标	R^2	调整后 R^2	F 统计量	D·W 值
估计值	0.9999	0.9989	29341.88 ***	2.45

＊＊ $p < 0.01$；＊＊＊ $p < 0.001$

从表 11-13 可以看出，调整后的 R^2 值为 0.9999 以上，F 值为 29341.88，且通过 F 检验，说明模型整体是显著的，拟合优度很高，模型的解释变量几乎完全解释了被解释变量的波动。

　　使用固定效应变系数模型的回归结果如表 11-14 所示显示，相比其他变量，以固定资产形成总额为代表的物质资产对国家经济的影响作用是最大的，从 12 国的数据看，中国的物质资产对经济的影响最高，达到 53.76％。国家智力资本对经济增长的贡献是本书分析的重点。由表 11-14 可见，12 个国家人力资本对国家经济的回归系数均为正，说明人力资本对国家经济增长存在显著正相关关系。表 11-14 可知，人力资本对国家 GDP 的影响作用对不同的国家出现明显的差异。挪威、澳大利亚、中国、韩国和英国等国人力资本对经济的影响更大；中国、瑞典和意大利等国人力资本对经济的影响较小。中国的人力资本对经济的影响系数处于 12 个国家的最低水平。人力资本增加 1 个单位，国家 GDP 增加 0.0363 个单位。

　　从表 11-14 可知，组织资本对经济增长的贡献在一些国家如澳大利亚、日本、丹麦、美国等表现并不显著，P 值大于 0.10。在组织资本对经济影响显著的国家主要包括德国、中国、法国等国家。德国的组织资本对国家 GDP 的影响达 0.1377，居 12 个国家的最高水平；中国组织资本对国家 GDP 的影响达 0.1292，居第 2 位。国家组织资本是一个国家在体制、流程和程序等中所体现出来的知识以及价值。中国集中资源办大事的优势非常突出，因此组织资本对国家经济的影响力很大。德国行政体制的高效率、公共政策执行的高效性都确保政府效能，因此组织资本对德国经济的贡献较大。

　　市场资本在国家经济中的影响在笔者所研究的大部分国家中并未显示出显著性，仅在德国、美国、澳大利亚和瑞典则表现出显著性。德国社会市场经济体制坚持自由竞争原则，鼓励市场经济发展，同时强调宏观调控，消除市场缺陷，在实现公平与效率的统一方面有突出的优势（邓作义，2008；马丽华，2008）。市场资本对德国经济的贡献较大具有其合理性。就美国而言，美国奉行自由企业制度，市场体系完善发达、市场经济法律制度较为健全，政府实行有限制的宏观调控（刘厚俊，2000），市场资本对美国经济也有显著的贡献。中国市场经济的发展还未完善，市场资本仍不能对经济产生有力的影响。

　　更新资本为国家创新发展能力方面的指标，体现国家创新能力对经济发展的作用。从表 11-14 可知，更新资本对美国经济发展的影响最大，达 23.95％，在挪威、英国、德国、瑞典等国，更新资本对经济的影响也较为显著，中国更新资本对经济的影响为 6.11％，处于贡献率较低的水平。从国家创新能力解释美、英、德等的国家创新能力较强，创新对经济发展的贡献较大，而中国的国家创新能力在所研究的 12 个国家中处于较低水平，更新资本对国家经济的贡献也较小。

表 11-14　各国智力资本对经济增长的影响

国家	人力资本		组织资本		市场资本		更新资本		固定资产	
	回归系数	排名	回归系数	排名	回归系数	排名	回归系数	排名	回归系数	排名
澳大利亚	0.1969*** (11.2533)	2	0.0161 (0.7173)		0.1083*** (4.4478)	3	0.0110 (0.5081)		0.3561*** (14.2092)	8
中国	0.0363*** (4.8273)	12	0.1292*** (23.7152)	2	0.0047 (0.7953)		0.0611*** (4.9484)	9	0.5376*** (105.9346)	1
丹麦	0.1155*** (6.6002)	9	0.0182 (0.5457)		0.0406 (1.1322)		0.0129 (0.4509)		0.3939*** (8.3022)	6
法国	0.1437*** (5.9155)	7	0.0761*** (3.6227)	4	0.0049 (0.2703)		0.1055*** (3.8629)	8	0.2434*** (7.6180)	12
德国	0.1305*** (4.1920)	8	0.1377*** (6.3846)	1	0.1394*** (6.5314)	1	0.1148*** (5.9814)	7	0.4408*** (10.3720)	3
意大利	0.1007*** (2.9867)	10	0.0728*** (6.5864)	5	0.0055 (0.8827)		0.1526** (2.4437)	4	0.3872*** (6.6541)	7
日本	0.1561*** (2.2223)	6	0.1078 (1.2831)		0.0294 (0.3729)		0.1145 (1.3222)		0.2898* (1.6863)	10
韩国	0.1742*** (5.1713)	4	0.0255 (0.5496)		0.0784 (1.3251)		0.1321*** (3.9856)	6	0.2726*** (4.9666)	11
挪威	0.2471*** (7.2309)	1	0.0969*** (3.2245)	3	0.0349 (0.6621)		0.1937*** (5.4269)	2	0.4401*** (12.4761)	4
瑞典	0.0758*** (7.0703)	11	0.0552*** (2.7717)	6	0.0764*** (3.8650)	4	0.1385*** (8.5547)	5	0.3952*** (16.4554)	5
英国	0.1649*** (9.3822)	5	0.0039 (0.817)		0.0009 (0.0448)		0.1573*** (3.5571)	3	0.3345*** (7.3130)	9
美国	0.1799*** (7.0846)	3	0.0019 (0.8703)		0.1116*** (8.8392)	2	0.2395*** (5.8189)	1	0.4539*** (22.0173)	2

† $p<0.10$；　＊ $p<0.05$；　＊＊ $p<0.01$；　＊＊＊ $p<0.001$

六　研究结论

根据实证分析结果，智力资本对国家 GDP 的影响可以得到以下结论：

总体上看，智力资本对国家 GDP 产生显著的正向影响，国家智力资本对国家经济发展做出一定的贡献，而贡献率的大小存在国别差异。一些国家智力资本对国家 GDP 的影响更大。这不仅与国家智力资本总量有关，也与国家智力资本的构成有关。

从构成因素看，国家智力资本中的构成因素对国家 GDP 产生显著的正向影响，但是这种影响同样存在国别差异。人力资本对所研究国家的 GDP 都产生显著的正向影响。一些国家的组织资本、市场资本和更新资本对 GDP 的影响并未达到显著的水平。

中国物质资本对国家 GDP 的贡献占据主要地位，智力资本对国家 GDP 的影响较小。人力资本和更新资本对国家 GDP 的影响显著，但是影响程度均处于较低的水平。组织资本对国家 GDP 的影响程度在 12 个国家中排在前列。市场资本对国家 GDP 未产生显著影响。

　　总体来看，中国智力资本中的固定资本对 GDP 的影响最大，其次是组织资本、更新资本和人力资本，最后是市场资本。这符合中国经济增长由投资驱动的事实，基础设施建设是我国投资驱动力的主要组成部分，但从本质上看，经济增长来源于劳动生产率的提升，为维持和促进我国经济增长，应不断提高投资的质量，加大投资推动教育和培训相关产业的发展，逐步提高民众素质，促进劳动力质量的提高，改善人力资本状况；通过改革促进市场机制的形成和完善，提高企业的国际竞争力，促进市场资本提高；加大投入推动产业关键技术和核心技术开发，激励企业技术创新活动，增强企业技术创新能力，以增进更新资本。

第十二章

增进企业绩效的智力资本管理

　　智力资本的管理是关于识别企业能够带来价值的无形资源并有效地开发利用这些资源来把握新机会创造新价值的问题（Stewart，1997）。企业智力资本管理的重要性在知识经济时代更加突出，传统的战略管理研究并未把智力资本管理考虑进来，许多企业也未对智力资本管理给予充分的重视，因此有必要加强智力资本管理的研究与实践。

　　本章从智力资本管理与组织学习和知识管理理论的关系、当前智力资本管理的理论模型以及研究中得到的管理启示出发进行分析，提出智力资本管理框架，并在此基础上阐述增进企业绩效的智力资本管理策略。

第一节　智力资本管理框架

一 智力资本管理与组织学习、知识管理的关系

　　组织学习、知识管理、智力资本管理等管理活动关注的对象都是组织知识，这三个概念在理论和企业实践上相互交叉，三者的管理目标各不相同，但却彼此互补。

　　在 Nonaka 等（2000）提出的知识创新模式中，知识创新模式有三个层次：一是通过社会化、外在化、组合化和内在化实现的知识创新过程（SECI），隐性知识和显性知识间的知识转换；二是 Ba，即知识创新平台；三是知识资产（智力资本），或称知识创新过程的输入、输出和调节。这三个层次必须相互作用才能形成创造新知识的螺旋上升过程，如图 12-1 所示。知识资产是进行知识创新的基础，知识资产通过知识创新平台实现知识创新，把这些创新的知识作为输入进入 SECI 过程进一步创新产生新的知识，形成新的知识资产。新的知识资产也能够进一步促进企业的知识创新活动。从这一模型可以看出，知识管理同智力资产的关系存在相互促进相互补充的关系。

　　Crossan 和 Hulland（1997）用图 12-2 论述组织学习、知识管理和智力资本的关系，认为组织学习系统把知识、智力资本和知识管理连接起来，组织学习行为结合知识管理，使得知识存量增加、知识流动加强，促进智力资本的增加。这也清楚地表明，组织内智力资本是通过知识的流动实现存量的增长的，知识管理活动促进智力资本的增长。

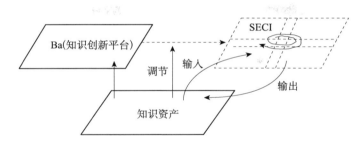

图 12-1 知识创新过程的三个层面

Roos 等（1997）认为智力资本是从知识管理领域发展出来的，其理论基础分为两种思想流派：战略流派（strategic stream）和度量流派（measurement stream）。前者主要研究如何创造和运作知识以及讨论知识与价值创造的关系；后者的观点是经由信息系统分析和统计非财务资料、会计理论发展，补充财务报表，提供更为准确的企业价值评价报告体系。他们把智力资本与知识管理理论的关系描述为树状图形式，如图 12-3 所示。

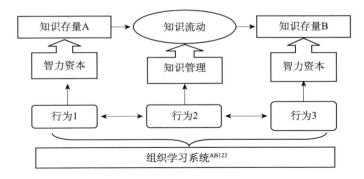

图 12-2 组织学习系统

Bontis 等（2002）提出智力资本代表着组织在某一时点上知识的"存量"，这是一个企业需要有所认识的。企业对这些知识的流动、更新、应用等进行的管理是知识管理的范畴。这一过程中企业的智力资本存量必然随着知识管理战略的实施而发生变化。组织学习研究了个人、集体和组织以及组织网络等四个层面上组织的知识学习行为和过程，这一过程中需要知识管理的支撑，也会导致企业智力资本存量发生变化。Choo 和 Bontis（2002）在其主编的《智力资本与组织知识的战略管理》一书提出了如图 12-4 所示的战略知识管理框架，这个框架把智力资本管理和知识管理、组织学习结合起来，表达企业战略管理层面知识管理、组织学习和智力资本管理的关系。

智力资本
战略流派
知识发展
学习型组织
沟通管理
创新
知识转换
知识管理
核心能力
无形资产
度量流派
人力资源会计
计分卡
平衡计分卡
财务计分卡

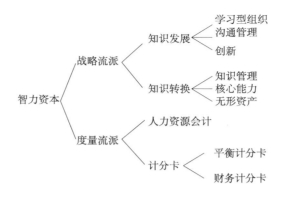

图 12-3　智力资本理论流派树状图

组织流程
学习
个人
集体
组织
网络
知识创造
知识转移
知识应用
智力资本
人力资本
组织资本
关系资本
开发
隐性知识
团队合作
能动条件
编码化
复制
模块结构
联盟
利用
产品定序
决策支持
管理智力资产
战略工具

图 12-4　战略性知识管理框架

结合上述分析，智力资本管理是基于组织知识的价值评价、面向组织知识的载体（个人、组织或组织与外部的网络）而进行的管理，智力资本管理立足于战略和高层管理的层面（Wiig，1997），其焦点是价值的创造和萃取（Edvinsson，1997），其目的是从战略层面创造智力资本和利用智力资本的杠杆作用，改善公司的价值创造能力（Wiig，1997）。知识管理关注的是组织知识的获取、积累、创造、利用、转移、共享以及保护，聚焦于与知识相关的活动的战略和操作上，例如监督和推动知识相关的活动，建立改进知识基础设施，提高知识资产的创造、更新、利用、共享效率等，知识管理的目的是提高组织知识相关

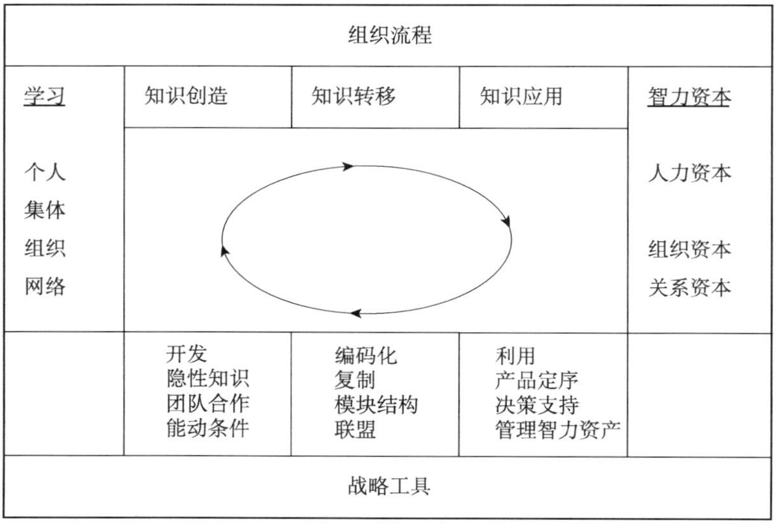

的效率（Zhou and Fink，2003）。组织学习理论则侧重影响组织知识的流动转移更新的学习行为进行研究，其目的是促进组织内各层面的学习，通过组织学习增加组织知识。三者的研究重点和方向虽各有侧重，但智力资本管理、知识管理和组织学习彼此形成互补，相互促进相互影响。

二 智力资本管理模型和策略回顾

管理智力资本并不简单，需要开发一个将智力资本最大限度地加以利用的框架（Chatzkel，2000）。在现有研究中，一个全面完整的智力资本管理框架或模型并不多见。

Wiig（1997）强调应该从企业经营战略层面来建构和管理智力资本。管理智力资本的 5 个策略：以知识的创造、获取、组合、更新、分享和使用为主导的企业策略；企业管理特定智力资本如专利、商标、品牌、许可证、顾客关系等知识资产的策略；企业针对员工的知识策略；强调组织学习、激发员工创新的知识创造策略；知识分享和转移的策略。

Zhou 和 Fink（2003）则结合 Wiig（1997）的知识资产管理架构和 Edvinsson（1997）的斯堪迪亚智力资本模型，建立了智力资本网络（intellectual capital web），如图 12-5 所示。根据 Zhou 和 Fink（2003）的解释，智力资本网络图包含 6 个部分：战略目标与使命、管理系统、度量系统、知识工作者、催化剂和报酬激励系统。在智力资本网络图中，企业战略目标与使命强调要先将企业未来所需要发展的智力资本要素确认和界定出来，它不仅将智力资本内容依组织未来需求进行排序，而且也提供知识管理的构成架构；知识工作者在网络中扮演重要的角色，组织战略与目标可以透过知识工作者的诠释将它化为更细部活动；管理系统要创造一种促进知识分享的环境；度量系统主要提供一个机制来策划有效的管理流程，如平衡计分卡；催化剂包含信息技术、组织架构与文化，这些都可以促使知识管理的活动更为有效。

Klaila 和 Hall（2000）提出智力资产管理组合（intellectual asset management portfolio，I-AMP），提出 5 个步骤来管理智力资产，如图 12-6 所示。在认识到需求变化的基础上，考察和审计组织的内部结构、外部结构和员工能力，对当前的智力资本进行分析，对智力资本按可直接使用、未使用但有潜力以及不可能应用等三大类进行归类，然后建立监控系统，最后把智力资本管理组合纳入战略计划中。本模型明确了那些应留存于企业的智力资本，但是在分析时，没有考虑组织的愿景以及创造价值的需要。

Marr（2008）提出了智力资本管理的五个步骤，即识别智力资本、评价关键的价值驱动者、度量智力资本、管理智力资本和智力资本报告。

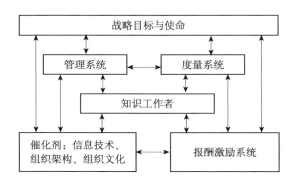

图 12-5　智力资本网络图

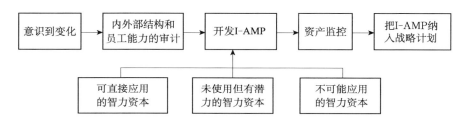

图 12-6　智力资产管理组合

　　企业实践中，管理智力资本的框架被引用较多的是来自 Skandia 公司和道化学公司（Petrash，1996）。两个组织运用不同的框架达成相同的目标——通过成功的智力资本管理为组织实现价值最大化。这两个模型在运用、保护和更新智力资本方面都做得很成功。

　　Skandia 是瑞典的一家大型财务服务公司，开发了 Skandia 导航器，用来更好地预测企业未来的绩效，促进决策质量。Skandia 导航器基于顾客、过程、人员、财务和更新/发展五个维度建立，其核心是人。道化学公司开发了一个智力资本管理的系统和工具并加以使用，道化学公司的智力资本管理模型（图 12-7）着眼于智力资本的策略管理来实现组织战略目标，它首先应用于专利领域，智力资本管理框架（intellectual asset management framework）是个持续的循环过程，包括 6 个阶段：①Portfolio 阶段定义现有智力资产；②分类阶段（classification phase）：决定智力资本的使用情况，企业对于智力资本处于 a 使用中 b 将使用 c 将不使用；③战略阶段（strategy phase）：整合智力资产来获得更大价值，也识别弥补战略缺陷所需的智力资产；④商业价值评价阶段：评价技术的商业价值；⑤竞争技术评价阶段：分析智力资产的竞争环境；⑥投资阶段：购买所需的技术来实现组织战略目标。

　　一旦技术成功获得，加入企业的智力资本组合，则该过程继续下一轮循环。

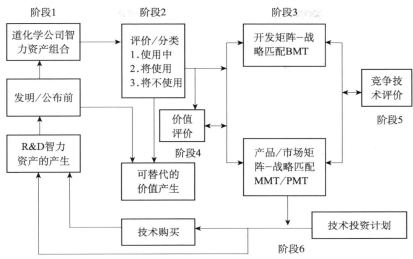

图 12-7　道化学公司的智力资本管理图

　　多数学者从不同的角度对智力资本管理进行讨论。例如，从智力资本对企业的作用角度分析，Harrison 和 Sullivan（2000）提出了确定智力资本的作用模型，从企业愿景角度分析智力资本的价值和作用。他们提出了智力资本"防御作用"和"进攻作用"：防御作用包括避免诉讼和设计自由；进攻作用是收入增加、创立标准、获得新市场等。组织在愿景的指导下，决定创造价值的战略和获取价值的方式，考察代表当前价值的知识产权的作用，然后决定怎么去管理知识资产。

　　从智力资本增长或积累的角度出发，Ulrich（1998）认为智力资本的来源是员工的能力和承诺。只有在两者兼备的情况下，智力资本才能成长。有意投资、扩展智力资本和发挥智力资本杠杆作用的领导人，必须提高对员工的要求，还必须提高帮助员工达到高要求的资源。这样员工将更为投入，从而使智力资本得以发展。Marques 等（2006）提出了创新促进智力资本积累的途径，即创新能力（包括熊彼特能力和持续改进能力）推动智力资本的积累，并进行实证研究证实了创新能力对智力资本积累的正效应。徐笑君（2006）把组织智力资本增长的形式分成渐进积累增长和突发变革增长两种类型，并分析了组织智力资本组织的三阶段即活化、改变和制度化。张炜和王重鸣（2007）基于知识创造过程模型，提出组织知识的生产、转移和共享影响智力资本的积累，并通过实证研究证实组织知识创造行为越强烈，智力资本积累水平越高，同时知识创造过程的不同行为对智力资本的各维度具有不同的正效应。

在智力资本识别方面，主要的分析方法包括基于战略地图的因果关系（cause-and-effect relationships based on strategy maps，Kaplan and Norton，1992）、导航图（navigator plots，Gupta and Roos，2001）、价值创造图（value creation maps，Marr et al. 2004）等。李平和张庆普（2008）提出引入社会网络分析法识别企业关键智力资本，从战略分析、智力资本分析、关联分析和矩阵分析四方面构建了智力资本识别模型。

其他一些研究包括：智力资本管理效率研究中，Wu 等（2006）用 Malmquist 生产率指数评价了台湾 IC 设计公司的智力资本管理效率，发现 1/3 的企业智力资本管理效率较高。专利管理的研究中，Grindley 和 Teece（1997）提出了在半导体和电子行业利用许可和交叉许可来实现智力资本的管理。

综合上述分析可知，许多智力资本管理模型强调从整个组织角度去认识智力资本对组织的重要性和价值，强调组织应该站在战略高度来规划智力资本的管理。但对智力资本管理、积累方式和管理策略的研究相对较为散乱和薄弱，尚缺乏统一的体系和较为全面的模型。有的模型仅强调智力资本的积累或者识别、评价，有的模型虽然从企业整体出发来设计，然而这些模型都无法提供企业智力资本管理所需要的完整信息。

三　当前研究的启示

本书重点对智力资本与企业绩效的关系进行实证研究，在此基础上又研究了智力资本、知识管理、组织学习等因素与企业绩效相互关系，这些研究可以得到如下启示：

（1）我国企业应重视智力资本的管理实践。在国外企业界，有关智力资本的实践活动一直在积极地进行着，而且随着企业对知识、能力的日益关注，企业对自身智力资本的评价和管理也越来越得到重视。我国企业界也应该重视基于智力资本的管理。

（2）企业应加强智力资本管理。基于研究所验证的智力资本与企业绩效的正相关关系，企业为提升绩效出发，应重视智力资本的评价与管理活动，包括资源配置向有利于增强企业智力资本的方向倾斜、建立智力资本评价体系、跟踪监控智力资本的动态变化、加强人力资源开发和管理、促进组织内部系统的有效运作、促进知识的交流和管理、培植适于创新和合作的组织文化氛围、建立客户关系管理系统、促进企业间合作与联盟等等。这些智力资本管理实践可以看成对智力资本的形成、发展和增值的过程进行的管理，通过有效的智力资本过程管理活动，为企业创造更大的价值。

（3）组织应认识到智力资本构成要素间的相互作用关系，维持智力资本要素的均衡发展。本书研究还证实，智力资本要素间的相互作用对企业绩效具有正效应，智力资本构成要素是相互促进、相互影响而缺一不可的，正如"木桶原理"，任何一种要素的不足都会导致智力资本的作用无法充分发挥。因此要构建和维持基于智力资本的企业竞争优势，应该在注重智力资本单项要素发展的同时，也要注重培育智力资本构成要素的均衡发展，通过智力资本要素价值的提升以及智力资本要素间的相互作用两方面增进智力资本的价值，从而获取更大的利益和持续竞争优势地位。

（4）企业应重视知识管理、组织学习等因素对智力资本的作用，在组织内通过组织学习机制、知识管理等来促进组织智力资本的增值，并增进企业绩效。研究证实，组织学习、知识管理与企业绩效的增长有直接的正效应。智力资本的本质是组织内所拥有的知识和能力，通过组织学习、知识管理等途径可以加快组织的知识与能力的积累、更新、提升和改进，因此组织可以通过建立高效的组织学习机制、加强组织内知识管理来促进组织内知识和能力的增长，促进组织智力资本的增值，并增进企业绩效。

四 一个以智力资本为核心的管理框架

在研究智力资本与组织学习、知识管理的关系以及回顾智力资本管理模型的基础上，结合得到的一些核心启示，这里提出一个综合的以智力资本为核心管理框架，如图 12-8 所示。

以智力资本为核心的管理框架的管理目标是增进企业绩效，主要围绕企业智力资本进行管理，在企业愿景和企业战略中注重企业智力资本的规划与分析，在企业管理中注重智力资本及其相关管理，力图提升企业智力资本存量与质量，充分发挥智力资本的作用，让智力资本为企业绩效和价值增值做出重大贡献。

以智力资本为核心的管理框架由企业愿景、企业战略、智力资本管理、组织学习和知识管理等五部分构成。

智力资本管理的主要目的是通过智力资本管理，增进企业绩效，为企业创造更多价值。智力资本管理必须以企业愿景为指引，在企业战略规划下进行。企业愿景规定企业核心理念、价值观、发展方向和未来展望，是企业存在的意义。企业战略是企业实现目标的整体规划。愿景和战略决定企业追求什么目标、如何获利以及如何发展等基本问题，这些将指导企业的智力资本管理。在 Harrison 和 Sullivan（2000）、Zhou 和 Fink（2003）的智力资本管理模型以及平衡计分卡中，均强调了企业愿景和企业战略在智力资本管理和评价中的重要地位。

企业战略规划的一个重要内容是全面认识企业的内外部资源特征，智力资本是企业资源中具有战略意义的资源，因此需要全面深入了解企业智力资本的状况，并加强智力资本的管理（Harrison and Sullivan，2000；Klaila and Hall，2000）。企业的智力资本管理与组织学习、知识管理过程存在紧密的联系，组织学习、知识管理活动能够实现组织的知识创新，新的智力资本由此产生，所以在智力资本管理框架中，必须把知识管理、组织学习包含进来，它们和智力资本的管理相辅相成，相互促进，形成有益的正循环。

　　企业的智力资本多种多样，形式繁多，但不同智力资本在企业创造价值、提高绩效中发挥的作用是有差异的，那些具有战略意义的关键智力资本对企业的绩效往往有更大的贡献。在智力资本管理时，应该将两类智力资本进行划分，并分别采取不同的管理方式。对于一般意义上的智力资本，企业需进行智力资本要素的一般管理（简称常规管理），对那些对绩效有重大影响的关键智力资本，则需采取措施加强管理（简称重点管理）。因此按照智力资本对企业的作用区分智力资本的常规管理和重点管理两种管理策略。

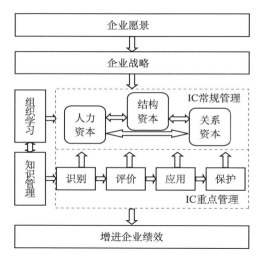

图 12-8　以智力资本为核心的管理框架

　　智力资本的常规管理，不针对智力资本进行重要程度的划分，对所有人力资本、结构资本和关系资本等智力资本采取相同的策略及措施进行管理。智力资本的常规管理按照要素进行划分，包括人力资本管理策略、结构资本管理策略和关系资本管理策略。常规管理主要是为了使企业的智力资本在总体上增长，实现智力资本的价值增值。

　　智力资本的重点管理，针对企业的关键智力资本进行，在管理时首先识别关键智力资本，而后对关键智力资本进行评价，有效应用和保护，让关键智力资本充分发挥其作用。重点管理的目的是为了明确把握企业的关键智力资本，对关键智力资本应加强识别、评价、利用、保护，让关键智力资本在企业中充分发挥其价值。

第二节　智力资本常规管理策略

智力资本的常规管理主要针对智力资本要素进行分类管理，包括人力资本管理、结构资本管理、关系资本管理。智力资本的常规管理是通过对企业全部智力资本实施管理策略和措施，实现企业智力资本的积累和增长。针对智力资本三大要素提出常规管理策略，需考虑智力资本三要素截然不同的内涵与特征。人力资本要素主要关注的是组织的人力资源状况，尤其强调人力资源的知识与能力；结构资本重视企业的组织结构、管理流程、信息系统、管理哲学、企业文化，以及创新成果形成的专利、商标权、商誉等。关系资本主要由企业的品牌、顾客、顾客忠诚、企业合作、供应链关系等构成。智力资本的三要素各自包含性质不同的内容，根据各自不同的性质特征分类别实施相应的管理比较适宜。事实上，在调查中我们发现许多企业在实践中也是这样操作的，可能这个企业并不了解智力资本一词的含义，但是一旦对它们解释智力资本所包含的三大要素，这些被访者都会认同本企业或多或少存在着与此相关的管理活动。

一　人力资本管理策略

人力资本对企业绩效存在正效应，人力资本测量模型显示，人力资本的构成要素主要包括员工工作态度与能力、员工培训。由此可知，员工工作动机与工作态度的提升，提高员工工作能力和加强员工培训教育是企业人力资本管理的关键。

（一）提升员工工作动机和工作态度

动机代表对个人欲望的追求，一个有强烈动机的人往往会拥有良好的工作态度和积极的工作精神。虽然心理学家的实验研究表明工作态度与工作效率之间无绝对的关系，但可以确定的是，积极工作态度的员工多为高效率工作者，而消极工作态度的员工多数情况下工作效率较低。另一方面，人力资本是归属于个人而不属于企业的，员工一旦离开，企业拥有的这部分人力资本就会失去，而要留住员工，就需要增进员工对企业的认同感和归属感。

员工的工作动机和工作态度可以从下列问题加以分析，例如员工是否深信和接受企业的目标和价值观，员工是否对企业有强烈的归属感，是否有强烈的意愿来维持和拥有组织成员的身份，员工是否愿意为组织付出最大努力，员工是否认真负责地对待工作，是否自觉地持续改进工作和提高工作能力等。

显然，为促进企业智力资本的增长，需要激发员工的工作动机，培养良好的工作态度，让员工以更饱满的热情和更认真的态度对待本职工作。为此，应大力宣传企业核心理念、价值观和企业目标，增加员工对组织的归属感和忠诚度；通过员工需求分析确定不同类型员工的需求差异，有针对性地推出薪酬制度、激励措施，激发员工的工作动机；通过灵活的工作设计、岗位设置和科学的工作方式以及建立以人为本的工作机制和充分的授权，调动员工的工作积极性，提高个人生产效率；关注员工的个性特征和素质技能，分析员工的优势与不足，主动规划帮助员工成长；采取技能竞赛、评比等多种方式给予员工更多的施展才华的机会，挖掘员工的潜力，引导员工不断提高业绩、增长才干。

（二）提高员工整体素质与能力

员工的整体素质与能力直接决定着组织的人力资本状况。通过培训提高员工工作能力、招聘高素质员工是提高企业员工整体素质、促进人力资本提升的主要措施。

1. 通过培训提高员工工作能力

培训计划对员工知识的增加、技能的改善和素质的提升具有十分重要的意义。通过培训可促进员工由单一技能转向多种技能，既有利于员工成长也有利于组织更好地适应不断变化的市场需要和企业技术创新的要求；培训还有利于增强员工对组织的认同度，培养员工的工作责任心和敬业精神，培养员工的服务意识，提高员工的适应性和灵活性，使员工和组织共同成长。因此培训可以有效提升员工工作能力，从而提高组织的人力资本。

企业培训包括内部培训和外部培训。毫无疑问，外部培训的优势在于可以更多获取外部知识。但外部培训计划如果不按照企业的要求设计，就无法满足企业的要求。企业有时会感觉培训效果不明显，培训目标未达成。相对而言，内部定制的培训更可能开发人力资本的隐性知识，从而带给企业更长期的效益和竞争力。隐性知识不能通过知识转移获得，也不可能一蹴而就，只能通过一定的时间积累和个人与组织的磨合而获得。在这种情况下，加强内部培训，积累企业隐性知识，对提高内部员工素质和培养内部管理人才更加有利。因此，组织应分析自身需求，通过分析员工技能需求和现有技能状况，寻找差距，逐步明确培训的目的和任务要求，建立内部培训与外部培训相平衡的机制，同时发挥内部培训和外部培训的优势，达到最佳培训效果，提高员工素质。

2. 通过选拔招聘新进员工提升人力资本水平

新进员工如果素质较高，那么企业的人力资本整体水平会有所提高。因此招聘高素质的新员工是提高组织智力资本整体水平的必要手段。一个在技术、生产、营销或行政管理等领域具有高素质的员工是企业的重要财富。为提高组织人力资本水平，企业可以有计划地设定更高更系统的员工标准和新进员工计划，在招聘、选拔阶段对于应聘者进行严格的筛选和把关，让合适的新员工进入企业，对员工进行严格的上岗培训和试用期考核，逐步提升组织的员工素质，从而达到提高本组织员工整体素质的目的。值得注意的是，确立更高的新员工标准不一定意味着招聘更高学历的员工，因为员工人力资本是个综合概念，是包括学历、工作经历、能力、心理素质等在内的人力资源综合素质的体现，不能唯学历论。

二 关系资本管理策略

企业关系资本主要由客户关系资本、供应商关系资本和其他利益相关者资本三部分构成。建立稳定的客户关系、供应商关系和其他利益相关者关系，加强利益相关者的关系管理，利用客户和供应商等外部资源为企业创造价值，这是关系资本管理的主要目标。

（一）加强客户资本的培育

客户资本是企业与业务往来者之间组织关系的价值，是客户与企业保持业务往来关系的基础。构成客户资本的基础是客户群和客户数据库、营销渠道、企业信誉、服务满意和客户忠诚等。客户资本管理旨在使顾客对企业的忠诚、满意以及企业在客户中的信誉转化为现实的企业利润，实现企业价值增值。

1. 对客户进行分类管理

正如市场需要细分一样，企业客户也要进行适当的分类，才能有针对性地进行客户管理，根据客户需求提供客户服务，实现客户满意，同时使自身客户资本不断增值。一般而言，企业主要考虑客户的战略重要性对客户进行分类管理。对于具有重大战略意义的客户，应该重点投资，精心培育，尽量与客户建立长期合作关系；对于具有一定战略重要性的客户，企业应该不断检查目前与客户的关系状态，力争维护与客户的长期合作关系。对于不具有战略重要性的客户，应认真加以分析、监控和鉴别：如果客户在未来不具有发展潜力，应采取清理策略；如果客户未来有可能发展为企业的重要客户，则应采取拉拢策略，尽量将其培养为企业的重要客户。

2. 加强客户知识管理

客户的知识或信息传达着与需求相关的内容，因此加强客户知识（信息）

管理是客户关系管理的重要内容。这包括：第一，注重研究客户拥有的知识。主动与客户交流和沟通，调查分析客户需求，了解客户心理和消费行为、购买意愿的影响因素，建立良好的客户关系。通过与客户的沟通，了解客户在使用产品或服务中遇到的问题和对产品或服务的意见或建议，并帮助他们加以解决；同时通过与客户交流，了解他们的个人喜好、购买习惯，建立客户资料库，并从中获得大量针对性强、内容具体、有价值的市场信息，对客户知识进行深度挖掘，在这些信息的基础上可为客户提供一对一的个性化服务，也可以作为企业各种经营决策的主要依据。第二，加强与客户的知识共享。企业与客户相关的信息，如产品功能、销售网点、售后服务等信息应当与客户共享，并且还要同客户进行必要的交流，如产品应用反馈等，这样不仅能够让客户更深入地了解企业和产品，也能使客户成为企业忠实的合作伙伴，培养客户的忠诚度，建立企业与客户的长期关系，从而使企业能通过从客户那里获取的信息不断地调整经营策略，实现企业和客户的利益最大化，实现与客户共同成长的目标。

（二）完善供应商关系资本管理

企业与供应商的关系是企业关系资本管理的重要内容，供应商关系管理一直以来不像客户关系管理那样受到企业的重视，但在当前资源稀缺、市场波动的环境下，企业需要重新审视供应商的地位和作用，并建立供应商关系管理新模式，从而促进企业与供应商建立良好的关系，增加供应商关系资本价值，有利于降低供应链的交易费用，形成资源保障、降低资源获取成本，减少因与供应商产生冲突而造成的损失，实现企业与供应商的双赢。

供应商关系资本管理的重点是建立和维护和谐互惠的企业-供应商关系。在供应商-企业之间建立和维持这种合作关系的过程中，为避免出现委托-代理方的基于自身利益的逆向选择和道德风险等问题，企业应注意：一是与供应商进行具有一定深度的广泛内容的谈判，经过完善周密的思考将可能发生的问题谈判解决，并书面协议加以确立。二是选择恰当的合作方式。如果关系风险较大，那么应该选择持股形式，可以实现更为严格的控制；如果无法相互持股，则采取严格协议的形式；如果关系风险不大，那么可以选择的方式更为多样，宽泛协议形式、合作形式等等都是可以接受的。三是不断合作加深信任并避免相互损害。在一定的制度框架和契约的约束下，企业和供应商可通过多轮合作加深了解和深化彼此合作关系，促进彼此信任关系的形成和积累，在合作过程中企业要考虑长期利益，避免为私利而损害对方利益的行为，逐步形成和维护长期战略伙伴关系。

加强与供应商的知识管理也是提升供应商关系资本的重要途径之一。通过供应商知识管理，能够深入挖掘供应商关系资本的价值，为企业的价值增值服务。供应商关系的知识管理包括：第一，企业与供应商建立和共享关于商品供应和采购信息的数据库，实现供应商向企业及时供货，并及时得到市场动态反馈，对企业产品的款式、外观和包装等提出采购建议，企业可据此调整采购决策和生产安排，实现敏捷供应和科学生产运作管理；第二，通过企业与供应商内外知识的交流，实现企业内部知识共享和企业外部知识内化，供应链管理中的核心知识存入知识库，并实现基于数据库或网络系统的信息共享，避免因人员频繁流动而损害供应商关系，造成不必要的损失。

（三）与其他利益相关者建立良好稳定的关系

其他利益相关者包括股东、债权人、政府部门、行业协会、消费者组织、环保组织、社区等多种机构。企业在经营过程中要想与这些组织保持密切的联系，就必须建立与其他利益相关者良好稳定的关系。由于不同群体对企业的需求不同，例如股东追求更多利润和分红、债权人希望按时收回利息和本金、环保组织要求企业符合环保标准等。企业可以需求为导向，加强信息和人员交流，促进与其他利益相关者关系的创建和改善。

三 结构资本管理策略

结构资本的实质是体现在组织结构、组织文化、流程、管理制度等静态因素中及组织运作的动态过程中形成的知识和能力的集合，它在企业解决问题和成长发展的过程中逐步形成，通过企业成功和失败经验的总结累积起来，并在某些组织层面逐步形成隐性的知识与能力，应用这些知识和能力可以使企业妥善解决在运作过程中面临的新问题，这一经验和知识积累的循环过程可以促进结构资本在企业内的沉淀和增值。笔者认为，结构资本管理的要点是建设组织文化体系促进结构资本的形成，构建知识管理系统促进结构资本的积累，以及建立组织学习机制促进结构资本的发展。

1. 培育组织文化促进结构资本的形成

有利的组织文化具有多重优势，它能够激发员工奋发进取的群体意识和完成目标的积极性，并在经营实践中能够以共同价值观和行为准则指导员工采取正确的行为。组织文化能够形成知识共享、持续创新的组织理念和文化氛围，激励员工的创新主动性和学习的热情。在组织文化创建、培育和全面发挥其影响力的过程中，结构资本均可以得到提升。因此结构资本的形成发展需要构建一定的组织文化，这一组织文化体现出以学习和创新为主导、具有凝聚力和分享意识，开放与信任兼备等主要特征。

2. 建立组织学习机制促进结构资本的增值

结构资本的增值途径主要有两个：一是个体人力资本向结构资本的转变；二是组织内结构资本的累积。在这两个途径中，组织学习机制都发挥着重要作用。组织学习能够促进个体人力资本的积累和增加，也能在组织内建立知识转移机制，引导个人资本、团队资本向组织资本进行转换，这种转换不仅包括显性与隐性知识和技能的获取、共享、表达、综合和传递，而且包括精神的获取、共享和传递。组织自身资本的积累也与组织学习紧密相关，组织学习促进组织更好地掌握内外部资源，更充分地获取内外部知识，从而提高结构资本的水平。

3. 通过知识共享机制促进结构资本的增长

知识在组织内的共享、传播机制是结构资本增长的有效途径。在知识的共享机制作用下，各种层面各种类型的组织知识通过交互作用而逐渐沉淀在组织内部，例如体现在产品、文件、数据库、网络和企业的日常行为之中，形成企业的结构资本。企业结构资本的形成更进一步为个体知识、团队知识和组织知识的形成、扩散和共享等提供场所和平台，提供基础和动力。这个过程不断地循环而且螺旋地上升，个体人力资本、团队资本和组织资本才得以持续不断地增长。共享的知识库是建立知识共享机制的重要平台，许多企业通过建立知识库促进个人知识的共享和个人知识向组织知识的转化。例如根据中国电力网、广州供电局建立了最佳实践知识库———一个高效的知识共享平台[①]，把企业各个方面的工作经验包括生产运行、营销服务、电网建设、信息化建设、班组建设等方面加以总结，提炼出 60 个典型实践案例，进入最佳实践知识库，实现知识共享。

第三节　智力资本重点管理策略

智力资本重点管理是面向对企业具有战略意义的智力资本，采取识别、评价、应用、保护等措施加强对关键智力资本的重点管理，以确保企业拥有的关键智力资本能够实现有效识别、充分使用和价值独占。

一　关键智力资本的识别

识别关键智力资本的目的是明确企业目前拥有哪些类型具有战略重要性的

---

① 广州供电局．广州供电局积极构建最佳实践知识工程体系．http：//www. chinapower. com. cn/article/1042/art1042275. asp. 2006－08－23.

智力资本，这些智力资本分别处于怎样的状态，以便企业及早考虑智力资本的使用与保护。识别智力资本要分析企业愿景和企业战略，明确实现目标和价值所需要的核心战略行为以及所需要的关键资源，在企业愿景和企业战略分析的基础上再从以下三方面入手。

1. 关键人力资源的识别

关键人力资源是对企业有重大贡献或具有重要地位的人力资源，这些关键人力资源构成企业的人力资本的核心部分。要识别关键人力资源，企业应该从自身发展出发，评价企业生存和发展的人力资源需求，分析当前对企业业绩具有较为明显的影响或贡献的人力资源，判断企业内哪些人力资源属于符合未来发展要求的人力资源，这些就构成企业的关键人力资源。对关键人力资源的辨识有助于企业明确人才的重要性并采取措施留住人才，避免人才尤其是关键人员外流给企业带来损失。在企业对关键人力资源进行识别评价的过程中，企业人力资源管理部门应发挥核心作用，采取合理有效的措施，促进关键人力资源的识别、能力评价、培训成长、激励保障等，从而有效地保护和发展本企业人力资本。

2. 关键技术和知识的识别

任何企业生产经营中都存在一些核心技术和核心知识或实践经验，一些部分已经形成记录或文档，以专利、技术资料、设备使用说明书等形式储存，但还有大量未显性化的知识、经验或技术诀窍还未以任何形式加以保护，这些隐性知识对企业也具有重要意义。这里的识别关键技术和知识，就是要求企业对自身拥有的核心技术、知识或经验，采取不同的方式进行辨析，然后采取留存、保护、转移等措施。辨析关键知识、技能或经验的方法多种多样，对于经验，常通过面对面访谈来获取；对于知识或技能，可以采取调查、访谈或知识库等方式记录显性知识，或者把能够显性化的隐性知识实现显性化。这一方面可以促进企业更有效地利用这些技术和知识，另一方面也能够使企业采取有效措施对这些知识和技术进行保护，防止知识的溢出。

企业应建立一定的制度和激励机制促进隐性知识向显性知识的转变。外在化是通过类比、隐喻、假设、倾听和深度谈话等方式将隐性知识转化为容易理解和接受的形式，将特定人力资本的经验、知识转化为语言可以描述的内容，是隐性知识向显性知识转化的主要方式。企业可采取物质奖励、表彰晋升等措施鼓励员工的知识交流和对话，提供培训让员工掌握更多的知识显性化方式，建立新型组织结构例如动态工作团队促进员工之间潜移默化的相互学习，还需营造一定的环境氛围促进对话和知识传播的发生。

值得一提的是，员工拥有的一些隐性知识难以显性化，无法用文字、图片或其他方式加以留存，这就需要通过加强人力资本管理来识别。

3. 关键客户和供应商识别

企业关键智力资本辨识的第三方面是识别关系资本。识别关系资本中最重要的是关键客户和供应商的识别。客户和供应商中那些对企业价值增值贡献较大，交易金额较大以及对企业未来发展有益的客户或供应商就是企业的关键客户和关键供应商。客户关系管理、供应商关系管理中应把它们作为重点对象加以重视。为此需要首先根据企业对关键客户和供应商的界定对现有客户和供应商进行分类，其中符合要求的成为关键客户和供应商，对这些组织应该下大力气维护双方的良好关系，发展企业的关系资本。

二 关键智力资本的评价

评价组织的智力资本状况是许多学者和企业界关注的一大焦点。他们普遍认为，评价是管理智力资本的基础。目前许多方法被学者和企业界提出。例如，瑞典的斯堪迪亚公司提出了评价智力资本的模型斯堪迪亚导航器、其他模型如无形资产监视器和智力资本指数等。目前评价智力资本的模型众多，企业应该根据自身需求，考虑模型所收集数据对企业的意义、模型的可靠性、数据的可得性以及评价的成本费用等因素来加以选择，必要时进行适当调整，但应该注意的是这些模型大多数只是企业自身评价为主，而非完全客观评价，对评价结果需要正确认识。在企业智力资本评价指标的选择上，可借鉴 Marr（2008）提出的建议。

对于关键智力资本，企业要在评价的基础上分析：①企业拥有的关键智力资本在行业内处于怎样的水平？根据企业战略，要达到怎样的水平？②根据企业战略和发展目标，企业需要哪些类型的关键智力资本？是否存在智力资本的缺口？如果存在，应如何改进？③企业的关键智力资本是否存在相互依赖性？即人力资本 A 要与关系资本 B 结合起来，才能促进企业绩效？分析智力资本间的相互依赖关系。④企业的关键人力资本、结构资本和关系资本是否平衡？如不平衡，应如何改进？通过这些问题分析，对企业的关键智力资本进行深入评价。

三 关键智力资本的应用

智力资本能够为企业创造价值和构建竞争优势，如果企业善于经营智力资本，则利用企业拥有的智力资本创造财务收入，减少财务支出，吸引投资，最终增加企业的经济效益和市场价值。如 IBM、高通公司、道化学公司等企业通过智力资本运营创造了丰厚的收益。智力资本应用也成为企业收益的重要来源，更可以说是创立了一种新的企业生存方式，即用技术标准或专利等知识产权维持企业的生存并促进企业发展。

1. 明确企业知识产权的状况

企业如果不了解自身拥有的知识产权的特征、属性、应用价值和年限等信息，就无法利用知识产权获取利益。因此企业首先要分析自身拥有的知识产权，例如企业当前拥有哪些知识产权；这些知识产权的特征属性如何？应用价值预计怎样；哪些知识产权是可以在企业使用并已经应用的；哪些是可使用但未应用的；又有哪些是无法在本企业加以使用的；知识产权的保护特征如何；保护年限还有多久；哪些知识产权需要尽快转让出去才能获取最大价值；哪些知识产权能够提高企业的短期或长期竞争力或市场份额；哪些知识产权可以进一步推进而在本行业内发挥更大的影响力；将哪些知识产权工具组合使用最接近企业的承受能力和/或最有效，并有可能以最低/可承受的风险换取最大回报。这些问题可以通过企业的知识产权审计来分析和解决。知识产权审计可以确定和保护企业正在使用或可能使用的现有或潜在知识产权权利/资产，明确其范围和所有权状态。企业通过知识产权审计，能够掌握自身知识产权的状况和水平、把握已拥有的知识产权的特征，发现自己拥有的可能原本并不了解的知识产权资产信息，分析企业对这些知识产权资产进行法律保护和利用的有效手段与措施。知识产权审计为企业制定知识产权资产管理计划和战略奠定基础，如果系统而有效地执行上述计划和战略，企业将从其知识产权资产中获得最大利益。

2. 促进知识产权的商业化

企业通过技术创新、研究开发能够不断充实自己的知识产权储备，在此基础上，企业还应通过促进知识产权的转让和扩散建立更富竞争力的知识产权管理体系。知识产权商业化有代表性的方式包括：①许可证交易，即企业允许技术需求方在一定的条件下使用其技术，进行产品的生产和销售的一种商业性交易，主要形式有普遍许可证、独占许可证、排他许可证、从属许可证、交叉许可证等多种。企业究竟选择发放何种形式的许可证，要根据技术的先进性、普遍性和产品的销量，许可证申请者的经济能力等多方面的情况综合考虑。②特许经营和合作，这要求企业利用自己商标、专利、经营管理经验、品牌优势等一整套知识产权，根据市场预测、自我评估等方式，将自己的知识产权明码标价，公开出售。③知识产权直接转让，即把自有的知识产权出售，转让给其他组织，获取效益并回收研发成本。

3. 非知识产权类智力资本的有效利用

以企业的商誉、品牌等为代表的非知识产权类的智力资本常常被看作企业的资产，但我国企业大多没有有效利用这类资产，充分发挥其作用。对于这类无法获得法律意义上的产权的智力资产，难以以转让、销售等方式直接获取经济利益，但可以考虑作价进行股权投资、合资或购并其他企业，盘活这类存量资产。通过出售和转让企业某些知识产权资产的特许使用权、经营权，采取承包经营、租赁经营、代理经营、参股或控股经营等方式产生经济效益，实现知识产权的商业价值；同时扩大企业的产业经营范围和经营规模，带动更多的资本经营，为企业创造更多价值。

4. 加强智力资本的全面动态管理

企业在进行智力资本商业化运作的过程中，由于智力资本会随着外部市场、竞争对手以及企业自身因素的变化而不断变化，因此有必要对智力资本实施全面动态管理，从而有效获得基于智力资本的竞争优势和超额垄断利润，这也是实现智力资本价值最大化的关键。智力资本实施动态管理的主要措施包括：第一，对知识产权资产的动态评估和分类。随着时间推移和外部环境尤其是竞争环境的变化，知识产权资产的价值会发生变化，有的知识产权价值在下降，其重要性也降低，而有些可能会保持稳定，其战略价值仍然显著。因此需要定期对企业所拥有的知识产权价值进行动态评估，并对知识产权进行动态分类，以便及时把握企业知识产权的市场价值，并对不同价值的知识产权资产采取不同的管理策略和运营方式。比如一些知识产权对企业具有战略意义和核心价值，应该加强管理并进一步加大力度进行开发；而某些知识产权具有市场价值但企业应用价值不大，可以考虑将其尽快出售或商业化。第二，智力资本管理应与企业战略相一致。企业应从战略高度考察自身的智力资本管理，让智力资本管理战略符合企业总体战略目标，通过高效的智力资本管理，发挥智力资本的最大价值，提高企业竞争力。相应地，当企业的战略目标发生变化时，企业智力资本的需求和管理模式、知识产权管理策略等都需要进行调整，以适应企业战略要求。第三，强化智力资本的组合管理。单项智力资本价值和智力资本组合的价值是不同的，为此企业可以考虑专利＋专利、专利＋商业秘密、专利＋品牌（或商标、版权）等多种形式的智力资本组合，尽量让智力资本获得 1＋1＞2 的效果，实现智力资本价值最大化，也能够延长智力资本生命周期，发挥智力资本的最大效用。

四 关键智力资本的保护

1. 加强智力资本系统建设

在智力资本得到识别和评价后，企业应该将以能够明确和书面化的智力资本在一定的信息系统中保存，以便留存与共享。知识是企业智力资本的本质，智力资本管理系统应以显性知识为基础构建，基于知识的智力资本管理系统由知识库、人力资本数据库、内部网络等构成，有的企业还建有专门的最佳实践仓库等。

知识库根据组织的组织结构、生产流程或者项目分类清点和汇总组织知识，根据知识清点的结果创建反映组织知识状况的知识仓库。知识清点时既要考虑组织原有的知识数据库，也要重视尚未收集起来的存在于员工头脑中的知识、信息以及与组织生产经营活动有关的各种来自外部的知识或信息。

人力资本数据库主要收集和共享企业人力资源信息，包括员工基本信息，关键人力资源，人力资源所掌握的知识、教育背景、接受的培训、拥有的关系资本等企业内人力资本的全部信息。人力资本数据库中还可以设置专门的专家库，组织能够联系的专家学者、核心员工纳入库中，存储和管理这些专家所拥有的经验、知识、技术和关系资本，增进组织的人力资本。人力资本数据库还可与组织知识库相结合，分析组织人力资本的薄弱环节和不足部分，以制订有效的人力资本教育培训方案或计划，逐步弥补组织人力资本的不足，保障组织发展必需的人力资本和知识储备。

内部网是利用网络技术，将组织内外部可以利用的所有知识在一个平台上反映出来，有利于组织员工共享知识，从而提高工作效率与效果。内部网络的建设也有助于实现组织管理的多重目标，包括降低重复劳动，高效的信息传递，内部交流和通讯方式的改进和效率提升，多点接收和发布信息或知识，大量知识或信息的统一访问等。

2. 加强知识产权保护

企业员工的职务发明形成的知识产权、企业子公司研发活动形成的研究成果、企业员工借助企业信息而取得的成果，理论上这些成果的知识产权都应归属于企业。知识产权归属的协议或合同是明确知识产权归属的法律文件，企业应重视这些法律文件的制定、签署和保存，提前与员工、子公司或相关部门签署出让有关信息、发明及著作物知识产权的同意书，及早明确知识产权的归属。在实践中企业应注意尽量以书面形式把知识产权归属权的细节规定清楚，形成严谨的法律文件，以免引起纠纷或分歧。

保护知识产权还要防止知识产权中的核心知识或信息被泄漏以及知识产权的侵权行为，因此企业应完善知识产权的保护措施。首先，考虑到企业员工可能的流动，因此要求企业对掌握知识产权的所有相关人员签订竞业禁止合同，如在劳动合同、聘用合同中明确约定竞业禁止条款，也可以在员工离职、退休时订立，从而根本上防止商业秘密和核心技术的泄漏。企业也可制定本企业的《商业秘密保护规定》，在其中规定员工在职期间、离职之后的竞业禁止条款，防止侵权和知识泄漏。其次，企业还应建立高效的市场监控制度和快速的反侵权应急制度，及时发现市场上对本企业知识产权的侵权行为，当权益受到侵害时，企业也能及时提起诉讼，维护自己的权益，将被侵权损失降到最低。

3. 未被法律保护智力资本的保护

一些商业秘密例如企业未申请专利的技术、独创的产品、工艺流程、技术图纸、研发文件及数据，以及重要的客户和经营渠道等，这些智力资本是无法被法律明确保护的，因此企业应采取预防加补救相结合的措施进行保护。积极预防是这类智力资本的最重要保护手段。企业可通过制定周密的管理制度，防患于未然，加强对这类智力资本的保护。例如严格控制商业秘密的知情人范围，对公开发布的资料严格审查，对员工经常进行保密教育增强其保密意识。如企业存在基于商业秘密的对外合作，应通过保密条款保护自己的商业秘密，企业对所聘用员工也应在有关合同中写进保密条款，明确员工的保密义务以及泄密所应承担的责任，对保密有功者更应给予奖励。事后补救是保护这类智力资本的另一手段，如果企业发现自己的商业秘密被侵犯，应及时通过诉讼程序请求法律保护，尽量挽回损失，并阻止侵权行为的继续发生。但是总体上，这类智力资本的保护应以事前预防为主。

参 考 文 献

阿瑟.1992.竞争性技术,技术进步与经济理论.北京:经济科学出版社.

贝赞可.1999.公司战略经济学.北京:北京大学出版社.

彼得·帕沃夫斯基.2001.管理科学中的组织学//迪尔克斯,安托尔,蔡尔德,等主编.组织
　　学习与知识创新.上海社会科学院知识与信息课题组译.上海:上海人民出版社.

边燕杰,丘海雄.2000.企业的社会资本及其功效.中国社会科学,2:87-99.

陈国权,郑红平.2005.组织学习影响因素、学习能力与绩效关系的实证研究.管理科学学
　　报,8:41-54.

陈武,何庆丰,王学军.2011.国家智力资本与国家创新能力的关系—基于中国20年面板数
　　据的实证研究.中国科技论坛,(4).

崔也光,赵迎.2013.我国高新技术行业上市公司无形资产现状研究.会计研究,3.

戴维·克雷恩.1999.智力资本的战略管理.北京:新华出版社.

党兴华,李晓梅.1999.知识资本的度量与西部工业知识资本评价.西安理工大学学
　　报,15(2):7-11.

邓作义.2008.德国社会市场经济模式的解读与借鉴.长春工业大学学报(社会科学
　　版),20(3):30-32.

范徵.2000.知识资本评价指标体系与定量评估模型.中国工业经济,(9):63-66.

黄运武.1993.市场经济大辞典.武汉:武汉大学出版社.

黄治蓉.2000.知识资本统计初探.江苏统计,(6):24-25.

加里·贝克尔.1987.人力资本.梁小民译.北京:北京大学出版社.

蒋天颖,张一青,王俊江.2009.战略领导行为、学习导向、知识整合和组织创新绩效.科研
　　管理,6:48-55.

金明津,段海宁.1999.一种成功的知识资本评估模型——Skandia模型探析.南开经济研究,
　　(6):57-62.

凯文·科因,斯蒂芬·霍尔,帕特里夏·克里福德.1997.公司的核心竞争力是否只是一个幻
　　影//程嘉树,欧高敦.麦肯锡高层管理论丛(III).北京:经济科学出版社.

李玲.2000.智力资本对经济增长的贡献分析.中央财经大学学报,3:11-16.

李平,张庆普.2008.企业关键智力资本识别的社会网络分析法研究.南开管理评
　　论,11(3):72-79.

李斯特.1961.政治经济学的国民体系.北京:商务印书馆.

李正卫.2003.动态环境条件下的组织学习与企业绩效.杭州:浙江大学博士学位论文.

李忠民.1999.人力资本.北京:经济科学出版社.

李志能,杜锦根,温容祯.1996.企业的X效率问题与制度分析.上海经济研究,
　　12:41-44.

林南.2003.资本理论的社会学转向.牛喜霞译.社会，7：29-33.

刘刚.2002.企业的异质性假设—对企业本质和行为基础的演化论解释.中国社会科学，2：56-68.

刘厚俊.2000.20世纪美国经济发展模式：体制、政策与实践.南京大学学报（哲学、人文科学、社会科学），37（3）：28-40.

刘石兰.2007.市场导向、学习导向对组织绩效作用的影响.科学学研究，2：301-305.

刘雯，唐绍欣.1998.西方人力资本理论的新发展书评.经济科学，4：94-101.

罗杰·弗朗茨.1993.X效率：理论、论据和应用.上海：上海译文出版社.

吕中楼.1994.企业理论的产生与发展.经济学动态，7：69-73.

马丽华.2008.浅析德国社会市场经济模式及启示.长白学刊，1：3.

迈克尔·波特.1997.竞争战略.陈小悦译.北京：华夏出版社.

欧海鹰，覃正，吴军.2002.客户关系管理成功因素分析.软科学，16（3）：59-62.

帕特里克·沙利文.2002.价值驱动的智力资本.赵亮译.北京：华夏出版社.

钱省三，龚一之.1998.科技知识的市场价值及其知识资本的形成模型.科学学研究，16（3）：53-59.

芮明杰，方统法.2003.知识与企业持续竞争优势.复旦学报（自然科学版），42（5）：721-727.

瑞哈特，博尔内曼，帕沃夫斯基等.2001.智力资本与知识管理：评估知识的视角//迪尔克斯，安托尔，蔡尔德等主编.组织学习与知识创新.上海社会科学院知识与信息课题组译.上海：上海人民出版社.

斯腾伯格.2004.超越IQ：人类智力的三元理论.俞晓琳，吴国宏译.华东师范大学出版社.

翁君奕.1999.企业组织资本理论：组织激励与协调的博弈分析.北京：经济科学出版社.

王旭辉，王婧.2010.人力资本理论发展脉络探析.渤海大学学报，3：105-109.

王迎军.1998.企业资源与竞争优势.南开管理评论，1：33-37.

王智宁，吴应宇，叶新风.2008.智力资本与企业可持续成长关系的实证分析.管理科学，22（12）：50-54.

西奥多·舒尔茨.1990.论人力资本投资.吴珠华，等译.北京：北京经济学院出版社.

谢洪源.1999.企业智力资本评价模型和实证研究.杭州：浙江大学硕士学位论文.

徐彪，张骁.2011.组织知识、学习导向与新产品创新绩效.管理科学，4：32-40.

徐笑君.2006.组织智力资本组织过程研究—以突变型组织智力资本增长为例.研究与发展管理，18（2）：64-70.

杨瑞龙，刘刚.2001.企业理论的发展对产业组织理论演进的影响.东南大学学报（哲学社会科学版），3（1）：42-48.

杨瑞龙，刘刚.2002.企业的异质性假设和企业竞争优势的内生性分析.中国工业经济，1：88-95.

袁庆宏.2000.智力资本学说：管理理论新基石.经济管理，4：59-60.

张炳发，万威武.2001.知识资本评估研究述评.科学学研究，19（3）：66-69.

张钢.2000a.从人力资本到组织资本：一个对"经济人"假设的拓展分析.自然辩证法通讯，22（126）：42-50.

张钢.2000b.人力资本、组织资本与组织创新.科学学研究,18(1):67-74.

张进辅.2001.智力理论的最近发展.心理学动态,4:330-334.

张占耕.1998.无形资产管理.上海:立信会计出版社.

张炜.2007.智力资本与组织创新能力关系实证研究.科学学研究,25(5):1010-1013.

张炜,王重鸣.2007.高技术企业智力资本形成机制的实证研究.科学学研究,25(4):729-733.

张维迎.1996.所有制、治理结构与委托——代理关系.经济研究,(9):14-22.

张维迎,盛洪.1998.从电信业看中国的反垄断问题.改革,2:66-75.

张晓峒.2007.Eviews使用指南与案例.北京:机械工业出版社.

张兆国,宋丽梦,吕鹏飞.2000.试论知识资本的涵义.武汉大学学报(人文社会科学版),53(6):775-778.

周其仁.1996.市场里的企业:一个人力资本与非人力资本的特别合约.经济研究,1996,(6):71-80.

Adler P S, Kwon S W. 2000. Social capital: the good, the bad, and the ugly//Lesser E, ed. Knowledge and social capital: Foundations and applications. Boston: Butterworth-Heinemann: 89-115.

Adler P S, Kwon S W. 2002. Social capital: prospects for a new concept. Academy of Management Review, 27(1): 17-40.

Aho S, Stahle S, Stahle P. 2011. Critical Analyses of the Calculated Intangible Value (CIV) Method. Measuring Business Excellence, (4): 27-35.

Ahuja G. 2000. Collaboration networks, structural holes and innovation: a longitudinal study. Administrative Science Quarterly, 45: 425-455.

Alavi M, Leidner D. 2001. Knowledge management and knowledge management systems: conceptual foundation and an agenda for research. MIS Quarterly, 25(1): 107-136.

Alchian A A. 1950. Uncertainty, evolution and economic theory. Journal of Political Economy, 58: 211-221.

Alchian A A, Demsetz H. 1972. Production, information costs and economic organization. The American Economic Review, 62(5): 777-795.

Alegre J, Chiva R. 2008. Assessing the impact of organizational learning capability on product innovation performance: an empirical test. Technovation, 28: 315-326.

Allee V. 1999. The art and practice of being a revolutionary. Journal of Knowledge Management, 3(2): 121-131.

Allee V. 2000. The value evolution. Journal of Intellectual Capital, 1: 17-30.

Amit R, Schoemaker P J H. 1993. Strategic assets and organizational rent. Strategic Management Journal, 14(1): 33-46.

Anderson J C, Gerbing D W. 1988. Structure equation modeling in practice: a review and recommended two step approach. Psychological Bulletin, 103: 411-423.

Andrews K. 1965. The Concept of Corporate Strategy. Homewood, IL: Dow Jones-Irwin.

Andrews F M. 1984. Construct validity and error components of survey measures: a structural modeling approach. Public Opinion Quarterly，48：409－442.

Andriessen D. 2004. Making Sense of Intellectual Capital：Designing a Method for the Valuation of Intangibles. Burlington，Elsevier Butterworth-Heinemann，MA.

Andriessen D G，Stam C D. 2005. Intellectual Capital of the European Union. Paper for the 7th McMaster World Congress on the Management of Intellectual Capital and Innovation.

Antal A B，Dierkes M，Hahner K. 1994. Business in society：perceptions and principles in organizational learning. Journal of General Management，20（2）：55－77.

Archibugi D，Coco A. 2004. A new indicator of technological capabilities for developed and developing countries（ArCo）. World Development，32（4）：629－654.

Argyris C，Schon D. 1978. Organizational learning：a theory of action perspective. MA：Addison-Wesley Publishing Company.

Armstrong J S，Overton T S. 1977. Estimating nonresponse bias in mail surveys. Journal of Marketing Research 14：396－402.

Arnold H J，Feldman D C. 1982. A multivariate analysis of the determinates of turnover. Journal of Applied Psychology，67：350－360.

Arrow K J. 1962. The economic implications of learning by doing. Review of Economic Studies，29（3）：155－173.

Arthur J B. 1992. The link between business strategy and industrial relational systems in American Steel Minimills. Industrial and Labor Relations Review，45：488－506.

Arthur J B. 1994. Effects of human resource systems on manufacturing performance and turnover. Academy of Management Journal. 37（3）：670－687.

Arthur WB. 1989. Competing technologies，increasing returns and lock-in by historical events. Economic Journal，99：116－131.

Atkeson A ，Kehoe P J. 2002. Measuring Organization Capital. NBER Working Paper ♯ 8722，http：//www. nber. org/papers/w8722. pdf.

AtkinsonA A ，Balakrishnan R，Booth P，et al. 1997. New directions in management accounting research. Journal of Management Accounting Research 9：79－108.

Bailey T. 1993. Organizational innovation in the Apparel Industry. Industrial Relations，32：30－48.

Bain J S. 1956. Barriers to New Competition. Cambridge，MA：Harvard University Press.

Baker W E. 1990. Market networks and corporate behavior. American Journal of Sociology，96：589－625.

Baker W E，Sinkula J M. 1999. The synergistic effect of market orientation and learning orientation on organizational performance. Journal of the Academy of Marketing Science，27（4）：411－427.

Barney J B. 1986a. Strategic Factor markets：expectations，luck and business strategy. Management Science，42：1231－1241

Barney J B. 1986b. Organization culture：can it be a source of sustained competitive advantage? Academy of Management Review，11：656－665.

Barney J B. 1989. Assets stocks and sustained competitive advantage: A comment. Management Science, 35: 1511 - 1513.

Barney J B. 1991. Firm resources and sustained competitive advantage. Journal of Management, 17 (1): 99 - 120.

Barney J 1992. Integrating organizational behavior and strategy formulation research: a resource based analysis. Advances in Strategic Management, 8: 39 - 61.

Baron J , Hannan, M. 1994. The impact of economics on contemporary sociology. Journal of Economic Literature, 32: 1111 - 1146.

Bartel A P. 1994. Productivity gains from the implementation of employee training programs. Industrial Relations, 33: 411 - 425.

Baumgartner H , Homburg C. 1996. Applications of structural equation modeling in marketing and consumer research: A review. International Journal of Research in Marketing. 13 (2) 139 - 162.

Beard D W , Dess G G. 1981. Corporate level strategy, Business-level strategy and firm performance. Academy of Management Journal, 24: 663 - 688.

Beattie V , Thomson S J. 2007. Lifting the lid on the use of content analysis to investigate intellectual capital disclosures. Accounting Forum, 31: 129 - 163.

Becker G S. 1983. Human Capital: A theoretical and empirical analysis with special reference to education. Chicago, IL: University of Chicago Press.

Becker B , Gerhart B. 1996. The impact of human resource management on organizational performance: Progress and Prospects. The Academy of Management Journal, 39 (4): 779 - 801.

Becker B E , Huselid M A, Pickus P S , et al. 1997. HR as a source of shareholder value: research and recommendations. Human Resource Management, 36 (1), 34 - 47.

Belliveau M , O'Reilly C , Wade J. 1996. Social capital at the top: Effects of social similarity and status on CEO compensation. Academy of Management Journal, 39: 1568 - 1593.

Benson C , Lohnes P. 1959. Skill requirements and industrial training in durable goods manufacturing. Industrial and Labor Relations Review. 12: 540 - 553.

Black J A , Boal K B. 1994. Strategic resources: traits, configurations and paths to sustainable competitive advantage. Strategic Management Journal. 15 (Summer Special Issue): 131 - 148.

Black S E , Lynch L M. 2002. Measuring Organizational capital in the new economy, NBER working paper, April 2002.

Black S E , Lynch L M. 2001. How to compete: the impact of workplace practices and information technology on productivity. Review of Economics and Statistics, 83 (3): 434 - 445.

Blair M M , Wallman S. M. H. 2001. Unseen wealth: report of the Brooking Task Force on Intangibles. Washington D. C. : Brooking Institution Press.

Blyler M , Coff R W. 2003. Dynamic capabilities, social capital, and rent appropriation: ties that split pies. Strategic Management Journal, 24 (7): 677 - 686.

Boisot M. 1998. Knowledge assets. New York: Oxford University Press.

Bollen K A. 1989. Structural Equations with Latent Variables. New York: Wiley.

Bontis N. 1996. There is a price on your head: Managing intellectual capital strategically. Business Quarterly, Summer: 40 - 47.

Bontis N. 1998. Intellectual capital: an exploratory study that develops measures and models. Management Decision, 3 (2): 63 - 76.

Bontis N. 1999. Managing organizational knowledge by diagnosing intellectual capital: framing and advancing the state of the field. International Journal of Technology Management, 18 (5/6/7/8): 433 - 462.

Bontis N, Chua W, Richardson S. 2000. Intellectual capital and the nature of business in Malaysia. Journal of Intellectual Capital, 1 (1): 85 - 100.

Bontis N. 2001, Assessing knowledge assets: a review of the models used to measure intellectual capital, International Journal of Technology Management, 3 (19): 41 - 60.

Bontis N, Crossan M M, Hulland J. 2002. Managing an organizational learning system by aligning stocks and flow. Journal of Management Studies. 39: 437 - 459.

Bontis N. 2002. National Intellectual Capital Index: Intellectual Capital Development in the Arab Region. paper presented at the 5th World Congress on Intellectual Capital, McMaster University Ontario, Canada.

Bontis N. 2004. National intellectual Capital Index: A United Nations initiative for the Arab region. Journal of Intellectual Capital, 5 (1): 13 - 39

Bontis N, Wu S. 2005. "Tiger" Brainpower: Taiwan's Intellectual Capital Development. Journal of Intellectual Capital, 6 (2): 159.

Booth R. 1998. The Measurement of Intellectual Capital. Management Accounting, 76 (10): 63 - 72.

Bornemann M, Knapp A, Schneider U, et al. 1999. Holistic measurement of intellectual capital, paper presented at the international symposium measuring and reporting intellectual capital: Experiences, issues, and prospects. OECD, Amsterdam.

Bose R. 2003. Knowledge management-enabled healthcare management systems: capabilities, infrastructure, and decision-support. Expert Systems with Applications, 24 (1): 59 - 71

Bourdieu P. 1986. The forms of capital//Richardson J G, ed. Handbook of theory and research for the sociology of education. New York: Greenwood: 241 - 258.

Bourdreau J, Berger C. 1985. Decision-theoretic utility analysis applied to employee separations and acquisitions. Journal of Applied Psychology, 70: 581 - 612.

Bouty I. 2000. Interpersonal and interaction influences on informal resource exchanges between R&D researchers across organizational boundaries. Academy of Management Journal, 43 (1): 50 - 66.

Boxman E A W, De Graat P M, Flap H D. 1991. The impact of social and human capital on the income attainment of Dutch Managers. Social Networks, 13: 51 - 73.

Brehm J, Rahn W. 1997. Individual-level evidence for the causes and consequences of social capital. American Journal of Political science, 41: 999 – 1023.

Brennan N , Connell B. 2000. Intellectual capital: current issues and policy implications. Journal of Intellectual capital, 1 (3): 206 – 240.

Bresnahan T F , Brynjolfsson E, Hitt L M. 2002. Information technology, workplace organization, and the demand for skilled labor: firm-level evidence. The Quarterly Journal of Economics, 117: 339 – 376.

Brooking A , Board P, Jones S. 1998. The predictive potential of intellectual capital. International Journal of Technology Management, 16 (1 – 3): 115 – 125.

Brooking A. 1996. Intellectual Capital: core assets for the third millennium enterprise. Thomson Business Press. London, UK.

Brown J S , Duguid P. 1991. Organizational learning and communities-of-practice: toward a unified view of working, learning and innovation. Organization Science, 2: 40 – 57.

Brownell P , McInnes M. 1986. Budgetary Participation, Motivation, and Managerial Performance. The Accounting Review, 61 (4): 587 – 600.

Bukh P H , Larsen, H T , Mouritsen J. 2001. Constructing intellectual capital statements. Scandinavian Journal of Management, 17: 87 – 108.

Bukh P N, Johansen M R, Mouritsen J. 2002. Multiple integrated performance management systems: IC and BSC in a software company. Singapore Management Review, 24 (3): 21 –33.

Burr R , Girardi A. 2002. Intellectual capital: More than the interaction of competence X commitment. Australian Journal of Management, 27: 77 – 90.

Burt R S. 1997. The contingent value of social capital. Administrative Science Quarterly, 42 (2): 339 – 365.

Cabrita M, Vaz J. 2006. Intellectual capital and value creation: evidence from the Portuguese banking industry. The Electronic Journal of Knowledge Management, 4 (1): 11 – 20.

Calantone R J, Cavusgil S T , ZhaoYushan. 2002. Learning orientation, firm innovation capability, and firm performance. Industrial Marketing Management, 31: 515 – 524.

Canibano L , Garcia-Ayuso M, Sanchez P. 2000. Accounting for intangibles: a literature review, Journal of Accounting Literature. 19: 102 – 130.

Carayannis E G, Alexander J. 2002. Is technological learning a firm core competence, when, how and why? A longitudinal, multi-industry study of firm technological learning and market performance. Technovation, 22: 625 – 643.

Caroli E , van Reenen J. 2001. Skill-biased organizational change? Evidence from a panel of British and French Establishments. The Quarterly Journal of Economics, 116: 1449 – 1492.

Castanias R , Helfat C. 1991. Managerial resources and rents. Journal of Management, 17: 155 – 171.

Caves R , Porter M. 1977. From entry barriers to mobility barriers: conjectural decisions and contrived deterrence to new competition. Quarterly Journal of Economics. 91: 241 – 261.

Cetin F. 2000. Managing and Measuring IC: Theory and Practice. Seminar in Business Strategy and International Business. Helsinki University of Technology.

Chand M，Katou A. 2007. The impact of HRM practices on organizational performance in the Indian hotel industry. Employee Relations，29 (6)：576 - 594.

Chandler A D. 1962. Strategy and Structure：Chapters in the history of American industrial enterprise. London：MIT press.

Chatzkel J. 2000. A Conversation with Hubert Saint-Onge. Journal of Intellectual Capital，1 (1)：101 - 115.

Chen C R，Steiner T L. 2000. Tobin's Q，Managerial Ownership，and Analyst Coverage. A Nonlinear Simultaneous Equations Model. Journal of Economics and Business，52：365 - 382.

Chen S Y. 2009. Identifying and prioritizing critical intellectual capital for e-learning companies. European Business Review，21 (5)：438 - 452.

Choo C W，Bontis，N. 2002. The Strategic Management of Intellectual Capital and Organizational Knowledge. New York：Oxford University Press.

Chong L，Gibbons P. 1997. Corporate entrepreneurship：The roles of ideology and social capital. Group and Organization Management. 22：10 - 30.

Churchill G. 1979. A paradigm for developing better measures of marketing constructs. Journal of Marketing Research，16 (1)：64 - 73.

Churcill G A. 1995. Marketing Research：Methodological Foundations. 6th edition，New York：The Dryden Press.

Coase R H. 1937. The nature of the firm. Economica，4：331 - 351

Coff R. 1997. Human assets and management dilemmas：Coping with hazards on the road to resource-based theory. Academy of Management Review，22：374 - 402

Cohen W M，Levinthal D A. 1990. Absorptive Capacity：A New Perspective on Learning and Innovation. Administrative Science Quarterly，35 (1)，March：128 - 152.

Coleman J S. 1988. Social capital in the creation of human capital. American Journal of Sociology，94 (Supplement)：S95 - S120.

Collis D J. 1991. A resource-based analysis of global competition：the case of bearing industry. Strategic Management Journal，12：49 - 68.

Collis D J，Montgomery C A. 1995. Competing on resources：Strategy in the 1990s. Harvard Business Review，73 (4)：118 - 128.

Combs J G，Ketchen Jr D J. 1999. Explaining interfirm cooperation and performance：toward a reconciliation of predictions from the resource-based view and organizational economics. Strategic Management Journal，20：867 - 888.

Compell J P. 1977. On the nature of organizational effectiveness//Goodman P S，Pennings J M，eds. New Perspectives on Organizational Effectiveness. San Francisco：Jossey-Bass.

Conner K R. 1991. A historical comparison of resource-based theory and five schools of thought within industrial organization economics：Do we have a new theory of the firm? Journal of Management，17 (1)：121 - 154

Connolly R A，Hirschey M. 2005. Firm Size and the Effect of R&D on Tobin's Q. R&D Management, 35 (2), 217 – 223.

Cook S, Yanow D. 1996. Culture and organizational learning//Organizational Learning, Cohen M, Sproull L, eds. Sage Publications: Thousand Oaks, CA: 430 – 459.

Cool K, Schendel D. 1988. Performance differences among strategic group members. Strategic Management Journal, 9 (3): 207 – 224.

Cremer J. 1993. Corporate Culture and Shared Knowledge. Industrial Corporate Change, 101: 351 – 386.

Crossan M, Hulland J. 1997. Measuring Organizational Learning. Presentation at the Academy of Management, Boston, MA.

Crossan M M, Lane H W, White R E. 1999. An Organizational Learning Framework: From Intuition to Institution, Academy of Management Review, 24 (3): 522 – 537.

Daft R L, Weick K E. 1984. Toward a model of organizations as interpretation systems. Academy of Management Review, 9: 284 – 295.

Daily C M, Certo S T, Dalton D R. 2000. A decade of corporate women: Some progress in the boardroom, none in the executive suite. Strategic Management Journal, 20: 93 – 99.

Daum J H. 2003. Intangible Assets and Value Creation. John Wiley and Sons, New York.

Day G S. 1994. The capabilities of market-driven organizations. Journal of Marketing, 58: 37 – 52.

De Gregori T R. 1987. Resources are not; they become: An institutional theory. Journal of Economic Issues, 21 (3): 1241 – 1263.

De Jarnett L. 1996, Knowledge the latest thing, information strategy. The Executives Journal, 12, 2: 3 – 5.

Decarolis D M, Deeds D L. 1999. The impact of stocks and flows of organizational knowledge on firm performance: an empirical investigation of the biotechnology industry. Strategic Management Journal, 20: 953 – 968.

Delaney J T, Ichniowski C. 1988. Human resource management policies and practices in American firms. New York: Industrial Relations Research Centre, Graduate School of Columbia University.

Delaney, J T, Huselid M. 1996. The impact of human resource management practices on perceptions of performance in for-profit and nonprofit organizations. Academy of Management Journal. 39: 949 – 969.

Denison D R, Spreitzer G M. 1991. Organizational culture and organizational development: A competing values approach. Research in Organizational Change and Development, 5, 1 – 21.

De Pablos P O. 2002. Evidence of intellectual capital measurement from Asia, Europe and the Middle East. Journal of Intellectual Capital, 3 (3): 287 – 302.

De Pablos P O. 2003. Intellectual capital reporting in Spain: a comparative view. Journal of Intellectual Capital, 4 (1): 61 – 82.

DeFilippi R, Arthur M. 1998. Paradox in project-based enterprises: the case of filmmaking. California Management Review，40 (2)：125-140.

Dess G，Robinson R. 1984. Measuring Organizational performance in the absence of objective measures：the case of the privately-held firm and conglomerate business unit. Strategic Management Journal，5：265-273.

Dess G，Picken J C. 1999. Beyond productivity：How leading companies achieve superior performance by leveraging their human capital. New York：American Management Association.

De Vasconcellos J A，Hambrick D C. 1989. Key success factors：test of a general theory in the mature industrial-product sector. Strategic Management Journal，10 (4)：367-382.

DeVellis R F. 2003. Scale Development Theory and Application (2 nded) . Sage Publications.

Dierickx I，Cool K. 1989. Asset stock accumulation and sustainability of competitive advantage. Management Science 35 (12)：207-223.

Doh J P. 2000. Entrepreneurial privatization strategies：Order of entry and local partner collaboration as sources of competitive advantage. Academy of Management Review，25：551-571.

Dollinger M J. 1985. Environmental contacts and financial performances of the small firm. Journal of Small Business Management，23：24-31.

Dore R. 1983. Goodwill and the spirit of market capitalism. British Journal of Sociology，34：459-482.

Drucker P F. 1993. Post-Capitalist Society. Butter-worth Heinemann，Oxford.

Duncan R，Weiss A. 1979. Organizational learning：implications for organizational design. Research in Organizational Behavior，1：75-123.

Dunlop J，Weil D. 1996. Diffusion and performance of modular production in the US Apparel Industry. Industrial Relations，35：334-354.

Dunn S C，Seaker R F，Waller M A. 1994. Latent variables in business logistics research：Scale development and validation. Journal of Business Logistics，15 (2)：145-172.

Dutta S，Om N，Rajiv S. 2005. Conceptualizing and Measuring Capabilities：Methodology and Empirical Application. Strategic Management Journal，26 (3)：277-285.

Duysters G，Hagedoorn J. 2000. Core competences and company performance in the world-wide computer industry. The Journal of High Technology Management Research，11 (1)：75-91.

Dyer J H，Singh H. 1998. The relational view：Cooperative strategy and sources of interorganizational competitive advantage. Academy of Management Review，23：660-679.

Dzinknowski，R. 2000. The measurement and management of intellectual capital. An Introduction，Management Accounting，78 (2)：32-36

Edvinsson L，Malone M S. 1997. Intellectual capital：realizing your company's true value by finding its hidden brainpower. New York：Harper Business Press.

Edvinsson L，Sullivan P. 1996，Developing a Model for Management Intellectual Capital. European Management Journal，14 (4)：358-364.

Engstrom T E J, Westnes P, Westnes S F. 2003. Evaluating intellectual capital in the hotel industry. Journal of Intellectual Capital, 4 (3): 287 – 303.

Evenson R E, Westphal L E. 1995. Technological change and technological strategy [G] . In: Behrman J, Srinivasan T N. Handbook of Development Economics, North-Holland, Amsterdam, 3A: 2209 – 2299.

Farrell M A. 1999. Antecedents and Consequences of A Learning Orientation. Marketing Bulletin, 10: 38 – 51.

Fernandez R M, Castilla E J, Moore P. 2000. Social capital at work: networks and employment at a phone center. American Journal of Sociology, 105: 1288 – 1356.

Fiol C M, Lyles M A. 1985. Organizational Learning. Academy of Management Review, 10: 803 – 813.

Firer S, Williams M. 2003. Intellectual capital and traditional measures of corporate performance. Journal of Intellectual Capital, 4 (3): 348 – 360.

Fombrun C, Shanley M. 1990. What's in a name? Reputation building and corporate strategy. Academy of Management Journal, 33: 233 – 258.

Fornell C, Laker D F. 1981. Evaluating structural equation models with unobservable variables and measurement error. Journal of Marketing Research, 18: 39 – 50.

Foss N, Knudsen T. 2003. The resource-based tangle: towards a sustainable explanation of competitive advantage. Managerial and Decision Economics, 24, 291 – 308.

Fransman M, King K. 1984. Technological capability in the third world. London: Macmillan.

Fukuyama F. 1995. Trust: The social virtues and the creation of prosperity. New York: Free Press.

Fukuyama F. 1997. Social capital and the modern capitalist economy: creating a high trust workplace. Stern Business Magazine, 4 (1): 4 – 17.

Gabbay S M, Leenders R J. 1999. CSC: the structure of advantage and disadvantage//Leenders R J, Gabbay S M. Corporate Social Capital and Liability. London: Kluwer Academic Publishers.

Gabbay S M, Zuckerman E W. 1998. Social capital and opportunity in corporate R&D: The contingent effect of contact density on mobility expectations. Social Science Research, 27: 189 – 217.

Gerbing D W, Anderson J C. 1988. An updated paradigm for scale development incorporating unidimensionality and its assessment. Journal of Marketing Research, 25 (2): 186 – 192.

Ghemawat P. 1986. Sustainable advantage. Harvard Business Review, 64: 53 – 58.

Ghemawat P. 1991. Commitment, New York: The Free Press.

Gherardi S, Nicolini D, Odella F. 1998. Toward a social understanding of how people learn in organizations. Management Learning, 29 (3): 273 – 297.

Godfrey P C, Hill C W L. 1995. The problem with unobservables in strategic management research. Strategic Management Journal, 16: 519 – 533.

Gold A H, Malhotra A, Segars A H. 2001. Knowledge management: An organizational capabilities perspective. Journal of Management information systems, 18, 1: 185 - 214.

Gort M, Grabowski H, McGuckin R. 1985. Organizational capital and the choice between specialization and diversification. Managerial and Decision Economics, 6 (1): 2 - 11.

Granovetter M S. 1973 The strength of weak ties. American Journal of Sociology, 78: 1360 - 1380.

Granovetter M S. 1983. The strength of weak ties: A network theory revisited. Sociological Theory, 1: 201 - 233.

Granovetter M S. 1995. Getting a job: A study of contacts and careers. (2nd ed.) . Chicago: University of Chicago Press.

Grant R M. 1996. Toward a knowledge-based theory of the firm. Strategic Management Journal. 17 (Winter Special issue): 109 - 122.

Grant R M. 1991. A resource based theory of competitive advantage: implications for strategy formulation. California Management Review, 33 (3): 114 - 135.

Griliches Z, Regev H. 1995. Firm productivity in Israeli industry 1979—1988. Journal of Econometrics, 65: 175 - 203.

Grindley P C, Teece D J. 1997. Managing intellectual capital: licensing and cross-licensing in semiconductors and electronics. California Management Review, 39 (2): 8 - 41

Gu F, Lev B. 2001. Intangible Assets: Measurement, Drivers, Usefulness. Working paper. Boston University , New York University.

Gupta O, Roos G. 2001 Mergers and Acquisition through an intellectual capital perspective. Journal of Intellectual Capital. 2 (3): 297 - 309.

Guthrie J. 2001. The management, measurement and the reporting of intellectual capital. Journal of Intellectual Capital, 2 (1): 27 - 41.

Hair J F, Andersn R E, Tatham R L, et al. 1998. Multivariate data analysis. Upper Saddle River, NJ: Prentice Hall.

Hall R. 1999. The Stock Market and Capital Accumulation. NBER Working papers series. No. 7180 http: //www. nber. org/papers/～w7180.

Hall R. 1992. The strategic analysis of intangible resources. Strategic Management Journal, 13 (2): 135 - 144.

Hall R. 1993. A framework linking intangible resources and capabilities to sustainable competitive advantage. Strategic Management Journal, 14: 607 - 618.

Hall B, Jaffe A, Trajtenberg M. 1999. market value and patent citations: a first look. Conference Proceedings of NBER Program on Productivity and Technological Progress, Cambridge, Massachusetts.

Hansen E L. 1995. Entrepreneurial network and new organization growth. Entrepreneurship: Theory and Practices, 19 (4): 7 - 19.

Hansen G S, Wernerfelt B. 1989. Determinants of firm performance: the relative importance of economic and organizational factors. Strategic Management Journal, 10: 399 - 411.

Hargadon A, Sutton R I. 1997. Technology brokering and innovation in a product development firm. Administrative Science Quarterly, 42: 716 - 749.

Harrison J S, Hitt M A, Hoskisson R E, et al. 2001. Resource complementarity in business combinations: extending the logic to organizational alliances. Journal of Management, 27: 679 – 690.

Harrison S, Sullivan P. 2000. Profiting from intellectual capital: learning from leading companies. Journal of Intellectual Capital, 1 (1): 33 – 46.

Hashimoto M. 1981. Firm-specific human capital as a shared investment. American Economic Review, 71: 475 – 482.

Hawawini G, Subramanian V, Verdin P. 2003. Is performance driven by industry-or firm-specific factors? A new look at the evidence. Strategic Management Journal, 24: 1 – 16.

Hedlund G. 1994. A model of knowledge management and the N-form corporation. Strategic Management Journal, 15: 73 – 90.

Helper S. 1990. Comparative supplier relations in the U. S. and Japanese auto industries: An exit voice approach. Business Economic History, 19: 153 – 162.

Herman A, van den Berg. 2002—Models of intellectual capital valuation: a comparative evaluation. http: //business. queensu. ca/kbe/consortium2002

Herremans I M, Isaac R G. 2004. The intellectual capital realization process (ICRP): an application of the resource-based view of the firm. Journal of Managerial Issues, 16 (2): 217 – 231.

Hill C, Deeds D. 1996. The importance of industry structure for the determination of firm profitability: A neo-Austrian Perspective. Journal of Management Studies, 33 (4): 429 – 451.

Hirschey M. 1982. Intangible Capital Aspects of Advertising and R&D Expenditures. Journal of Industrial Economics, 30 (4): 375 – 390.

Hitt M A, Dacin M T, Levitas E, et al. 2000. Partner selection in emerging and developed market contexts: resource-based and organizational learning perspectives. Academy of Management Journal, 43 (3): 449 – 467.

Hitt M A, Shimizu B K, Kochhar R. 2001. Direct and moderating effects of human capital on strategy and performance in professional service firms: a resource-based perspective. Academy of Management journal, 44 (1): 13 – 28.

Hitt M A, Ireland R D, Hosikisson R E. 1995. Strategic Management. West Publishing Company.

Housel T, Bell A H. 2001. Measuring and Managing Knowledge. McGraw-Hill, Boston.

Hsu, Ya-Hui, Fang W C. 2008. Intellectual capital and new product development performance: the mediating role of organizational learning capability. Technological Forecasting & Social Change, 76 (5): 664 – 677.

Huber G P. 1991. Organizational learning: The contributing processes and literatures. Organization Science, 2 (1), 88 – 115.

Hult G T M, Ferrell O C. 1997. Global Organizational Learning Capacity in Purchasing: Construct and Measurement. Journal of Business Research, 40: 97 – 111.

Hulten C R, Hao X H. 2008. What is a company really worth? Intangible capital and the "Market to book value" puzzle. NBER Working Paper, No. 14548.

Hurley R F，Hult G，Tomas M. 1998 . Innovation，market orientation，and organizational learning：An integration and empirical examination. Journal of Marketing，42，42 - 54.

Hurley R F，Hult G，Tomas M. 2002. Putting people back into organizational learning. Journal of Business and Industrial Marketing，17 (4)：270 - 281.

Huselid M A. 1995. The impact of human resource management practices on turnover，productivity，and corporate financial performance. Academy of Management Journal. 38 (3)：635 - 672.

Huselid M A，Becker B E. 1996. High performance work systems and firm performance：cross-sectional versus panel results. Industrial Relations，35：400 - 422.

Ichniowski C. 1990. Human resource management systems and the performance of US manufacturing business. NBER working paper 3449，September.

Ichniowski C，Shaw K，Prennushi G. 1997. The effects of human resource management practices on productivity. American Economic Review，87 (3)：291 - 313.

Inkpen A C. 1996. Creating knowledge through collaboration. California Management Review，39 (1)：123 - 140.

Irel R D，Hitt M A，Camp S M，et al. 2001. Integrating entrepreneurship and strategic management thinking to create firm wealth. Academy cf Management Executive，15 (1)：49 - 63.

Irvin R A，Michaels E G. 1989. Core skills：Doing the right things right. The McKinsey Quarterly，Summer：4 - 19.

Jackman R W，Miller R A. 1998. Social capital and politics. Annual Review of Political Science. 1：47 - 73.

Jacobson R. 1988. The persistence of abnormal returns. Strategic Management Journal，9，，41 - 58.

Jarillo C. 1988. On strategic networks. Strategic Management Journal，9 (1)：31 - 34.

Johnson J L. 1998. Strategic integration in industrial distribution channels：managing the inter-firm relationship as a strategic asset. Journal of the Academy of Marketing Science，27 (1)：4 - 18.

Johnson W. 1999. An integrative taxonomy of intellectual capital：measuring the stock and flow of intellectual capital in the firm. International Journal of Technology Management，18 (5 - 8)：562 - 575.

Johanson U. 1999. Mobilising change：characteristics of intangibles proposed by 11 Swedish firms. Paper presented at the international symposium measuring and reporting intellectual capital：Experiences，issues，and prospects. OECD，Amsterdam，June.

Joia L A. 2000. Measuring Intangible Corporate Assets：Linking Business Strategy with Intellectual Capital. Journal of Intellectual Capital，1 (1)：68 - 84.

Jones T. 2001. Capital effects on firm performance：Lessons from the sandbox. Queen's University at Kingston，Working Paper，WP01 - 07.

Joseph K E，Dai C. 2009. HRM Practices and Organizational Performance：An Empirical Analysis. International Journal of Business and Management, 4 (8): 117 - 127.

Kakabadse N K, Kouzmin A, Kakabadse A. 2001. From tacit knowledge to knowledge management: Leveraging invisible assets. Knowledge and Process Management, 8 (3), 137 - 154.

Kandemir D, Hult G T M. 2005. A conceptualization of an organizational learning culture in international joint ventures. Industrial Marketing Management, 34: 430 - 439.

Kanuk L, Berenson C. 1975. Mail surveys and response rates: a literature review. Journal of Marketing Research, 12: 440 - 453.

Kaplan R, Norton D P. 1992. The Balanced Scorecard: Measures that Drive Performance. Harvard Business Review, 70 (1): 71 - 79.

Kaplan R, Norton D P. 1993. Putting the Balanced Scorecard to Work. Harvard Business Review, September-October: 2 - 15.

Kaplan R, Norton D P. 1996. The Balanced Scorecard: Translating Strategy into Action. Harvard Business School Press, MA.

Kaplan R, Norton D P. 2001. The strategy-focused organization: how balanced scorecard companies thrive in the new business environment. Boston, Mass. : Harvard Business School Press.

Kelley M. 1994. Information technology and productivity: the elusive connection. Management Science, 40: 1406 - 1425.

Kim L. 1980. Stages of development of industrial technology in a developing country: a model. Research Policy, 9: 254 - 277.

King A W, Zeithaml C P. 2001. Competencies and firm performance: examining the causal ambiguity paradox. Strategic Management Journal, 22: 75 - 99.

King W R, Marks P V, McCoy S. 2002. The most important issues in knowledge management. Communications of the ACM, 45 (9): 93 - 97.

Kiessling T S, Richey R G, Meng J, et al. 2009. Exploring knowledge management to organizational performance outcomes in a transitional economy. Journal of World Business, 44 (4): 421 - 433.

Klaila D, Hall L. 2000. Using intellectual capital as a success strategy. Journal of intellectual capital, 1 (1): 47 - 53.

Klein B, Crawford R G, Alchian A A. 1978. Vertical integration, appropriable rents, and the competitive contracting process. The Journal of Law and Economics, 21: 297 - 326.

Klock M, Megna P. 2000. Measuring and valuing intangible capital in the wireless communications industry. The Quarterly Review of Economics and Finance, 519 - 532.

Knight F H. 1921. Risk, Uncertainty and Profit. Boston, Mass: Houghton Mifflin.

Knight F H. 1967. The Economic Organization. New York: Augustus M. Kelly.

Knight D J. 1999. Performance Measures for Increasing Intellectual Capital. Strategy and Leadership, 27: (2) 10 - 15.

Kogut B, Zander U. 1992. Knowledge of the Firm, Combinative Capabilities, and the Replication of Technology. Organization Science, 3 (3), August: 383 - 397

Koka B R, Prescott J E. 2002. Strategic Alliances as social capital: a multimensional view. Strategic Management Journal, 23: 795 - 816.

Kossovsky Nir. 2002. Fair value of intellectual property: an options-based valuation of nearly 8000 intellectual property assets. Journal of Intellectual Capital, 3 (1): 62 - 70.

Kotter J P, Heskett J L. 1992, Corporate Culture and performance. Maxwell Macmillan.

Krackhardt D, Hanson J R. 1993. Informal networks: The company behind the chart. Harvard Business Review, 71 (4): 104 - 111.

Kraatz M S. 1998. Learning by association? Interorganizational networks and adaptation to environmental change. Academy of Management Journal, 41: 621 - 643.

Lall S. 1992. Technological capabilities and industrialization. World Development, 20 (2): 165 - 186.

Lane P, Jane E S, Lyles M A. 2001. Absorptive capability, learning and performance in international joint ventures. Strategic Management Journal, 22: 1139 - 1161.

Langlois R N. 1995. Capabilities and coherence in firms and markets//Montgomery C A, ed. Resource-based and Evolutionary Theories of the Firm: Towards a Synthesis. Norwell: Kluwer Academic Publishers.

Lawson R B, Ventriss C L. 1992. Organizational change: the role of organizational culture and organizational learning. Psychological Record, Spring, 42 (2): 205 - 220.

Leana C R, Van Buren III H J. 1999. Organizational social capital and employment practices. Academy of Management Review, 24 (3): 538 - 555.

Lee C, Lee K, Pennings J M. 2001. Internal capabilities, external networks, and performance: a study on technology-based ventures. Strategic Management Journal, 22: 615 - 640

Leibenstein H. 1966. Allocative efficiency vs. X-efficiency. American Economic Review, 56: 392 - 415.

Leonard-Barton D. 1992. Core capabilities and core rigidities: A paradox in managing new product development. Strategic Management Journal, 13 (Summer Special Issue): 111 - 125.

Lepak D P, Snell S A. 1999. The human resource architecture: toward a theory of human capital allocation and development. Academy of Management Review, 24 (1): 31 - 48.

Lev B. 2001. Intangibles: Management, Measurement and Reporting. Washington DC: Brookings Institution Press.

Lev B, Radhakrishnan S. 2003. The measurement of firm-specific organization capital. NBER Working Paper No. 9581.

Levi M. 1996. Social and unsocial capital: a review essay of Robert Putnam's making democracy work, Politics and Society, 24 (1): 45 - 55.

Levine D I, Toffel M W. 2010. Quality management and job quality: how the ISO 9001 Standard for Quality Management Systems affects employees and employers. Management Science, 56 (6): 978 - 996.

Lewin P, Phelan S A. 2001. Rent and resources: a market process perspective//Foss N, Klein P, eds. Entrepreneurship and the Firm: Austrian Perspectives on Economic Organization.

Aldershot: Edward Elgar, 2001.

Li S T, Chang W C. 2009. Exploring and transferring presentational knowledge assets in R&D organizations. Expert Systems with Applications, 36: 766 – 777.

Lin N, Ensel W, Vaughn W. 1981. Social resources and strength of ties: Structural factors in occupational status attainment. American Sociological Review, 46: 393 – 405.

Lin N, Dumin M. 1996. Access to occupations through social ties. Social Networks. 8: 365 – 385.

Lin Y Y, Edvinsson L. 2011. National Intellectual Capital: A Comparison of 40 Countries, Springer, NewYork.

Linderberg E B, Ross S A. 1981. Tobins'Q ratio and industrial organization. Journal of Business, January: 1 – 32.

Liu P L, Chen W C, Tsai C H. 2004. An empirical study on the correlation between knowledge management capability and competitiveness in Taiwan's industries. Technovation, 24 (12): 971 – 977.

Lippman S A, Rumelt R P. 1982. Uncertain imitability: An analysis of interfirm differences in efficiency under competition. Bell Journal of Economics, 13: 418 – 438.

Lippman S A, McCardle K F, Rumelt R P. 1991. Heterogeneity under competition. Economic Inquiry, 24: 774 – 782.

López J E N, Salazar EA, de Castro G M O, et al. 2004. Organizational capital as competitive advantage of the firm. Paper presented at the Fifth European Conference on Organizational Knowledge, Learning and Capabilities, available at http: //www2. warwick. ac. uk/fac/soc/wbs/conf/olkc/archine/oklc5/papers.

Loury G. 1992. The economics of discrimination: Getting to the core of the problem. Harvard Journal for African American Public Policy, 1: 91 – 110.

Low J. 2000. The value creation index. Journal of Intellectual Capital, 1 (3) 252 – 262.

Ludewig O, Sadowski D. 2009. Measuring Organizational Capital. Schmalenbach Business Review, 61 (4): 393 – 412.

Luthy D H. 1998. Intellectual capital and its measurement. Proceedings of the Asian Pacific Interdisciplinary Research in accounting conference (APIRA), Osaka, Japan. www. apira 2013. org/past/apira1998/archives/pdfs/25. pdf.

Lynch L, Black S. 1995. Beyond the incidence of training: Evidence from a national employees survey. NBER working papers series, WP No. 5231. http: //www. nber. org/papers/w5231.

MacDuffie J P. 1995. Human resource bundle and manufacturing performance: organizational logic and flexible production systems in the world auto industry. Industrial and Labor Relations Review, 48: 197 – 221.

MacMillan I, McCafferty M L, Van Wijk C. 1985. Competitor's response to easily imitated new products-exploring commercial banking product introductions. Strategic Management Journal, 6: 75 – 86.

Mahoney J T, Pandian J R. 1992. The resource-based view within the conversation of strategic management. Strategic Management Journal, 13 (5): 363 - 380.

Maijoor S, van Witteloostuijn A. 1996. An Empirical Test of the Resource-Based Theory: Strategic Regulation in the Dutch Audit Industry. Strategic Management Journal, 17 (7): 549 - 569.

Majumdar S. 1998. The impact of human capital quality on the boundaries of the firms in the US telecommunications industry. Industrial and Corporate Change, 7 (4): 663 - 677.

Makadok R. 2001. Towards a synthesis of the resource-based and dynamic-capability views of rent creation. Strategic Management Journal, 22: 387 - 401.

Marchant G, Barsky N P. 1997. Invisible but valuable? A framework for the measurement and management of intangible assets. Paper presented at 2nd World Congress on the Management of Intellectual Capital, Hamilton: 21 - 23.

Malhotra Y. 2003. Managing and measuring knowledge assets in the public sector. Working Paper. Syracuse University.

Marques D P, Simon F J, Caranana C D. 2006. The effect of innovation on intellectual capital: an empirical evaluation in the biotechnology and telecommunications industries. International Journal of Innovation Management, 10 (1): 89 - 112.

MarrB, Spender J C. 2004. Measuring knowledge assets—implications of the knowledge economy for performance measurement. Measuring Business Excellence, 8 (1): 18 - 28.

Marr B, Schiuma G, Neely A. 2004. The dynamics of value creation: mapping your intellectual performance drivers. Journal of Intellectual Capital, 5 (2): 312 - 325.

Marr B. 2008. Impacting future Value: How to manage intellectual capital. Management Accounting Guildline, Jointly Published by AICPA, CMA, CIMA.

Marri H B, Gunasekaran A, *Kobu B*, et al. 2001. Government-industry-university collaboration on the successful implementation of CIM in SMEs: an empirical analysis. Logistics Information Management, 15 (1/2): 105 - 115.

Martinez-Torres M R. 2006. A procedure to design a structural and measurement model of intellectual capital: An exploratory study. Information & Management. 43: 617 - 626.

Masoulas V. 1998. Organizational requirements definition for intellectual capital management. International Journal of Technology Management, 16 (1 - 3): 126 - 143.

McGahan A, Porter M. 1997. How much does industry matter, really? Strategic Management Journal, 18 (Summer Special Issue): 5 - 14.

McGee J, Thomas H. 1986. Strategic groups: theory of research and taxonomy. Strategic Management Journal. 7: 141 - 160.

McGrath R G, Tsai M H, Venkataramen S, et al. 1996. Innovation, Competitive Advantage and rent: a model and test. Management Science, 42 (3): 389 - 403.

Megna P, Klock M. 1993. The impact of intangible capital on Tobin's Q in the semiconductor industry, The American Economic Review, 83 (2): 265 - 269.

MesoP, Smith R. 2000. A resource-based view of organizational knowledge management systems. Journal of Knowledge Management, 4 (3) 224 - 234.

Michalisin M D, Smith R D, Kline D M. 1997. In search of strategic assets. The International Journal of Organizational Analysis, 5 (4): 360 – 387.

Miller D, Shamisie J. 1996. The resource – based view of the firm in two environments: The Holleywood firm studios from 1936 to 1965. Academy of Management Journal, 39: 519 – 543.

Mincer J. 1974. Schooling, Experience, and Earnings. New York: Columbia University Press.

Moran P, Galunic C. 1998. Harnessing social capital for productive resource exchange, Academy of Management Conference, San Diego.

Morgan G, Rramirez R. 1983. Action learning: a holographic metaphor for guiding change. Human Relations, 37 (1): 1 – 28.

Mouritsen J. 1988. Driving growth: economic value added versus intellectual capital, Management Accounting Research, 8 (6): 15 – 23.

Nahapiet J, Ghoshal S. 1998. Social capital, intellectual capital and the organizational advantage. Academy of Management Review, 23 (2): 242 – 266

Nazari J A, Herremans I M. 2007. Extended VAIC Model: Measuring Intellectual Capital Components. Journal of Intellectual Capital, 8 (4): 595 – 609.

Nelson R R, Winter S G. 1982. An evolutionary theory of economic change. Cambridge: Belknap press/Harvard University Press.

Nerdrum L, Erikson T. 2001. Intellectual capital: a human capital perspective. Journal of Intellectual Capital, 2 (2); 127 – 135.

Nkomo S M. 1987. Human resource planning and organizational performance: an exploratory analysis. Strategic Management Journal, 8: 387 – 392.

Nonaka I. 1991. The knowledge-creating company, Harvard Business Review, Nov-Dec: 96 – 104.

Nonaka I, Toyama R, Konno N. 2000. SECI, Ba and Leadership: a Unified Model of Dynamic Knowledge Creation. Long Range Planning, 33: 5 – 34.

Nordhaug O. 1998. Competence specificities in organizations. International Studies of Management and Organization, 28 (1): 8 – 30.

Olalla M F. 1999. The resource-based theory and human resources. International advances in economic research, 5 (1): 84 – 2.

Oliver J L H, Porta J L D. 2006. How to measure IC in clusters: empirical evidence. Journal of Intellectual Capital, 7 (3): 354 – 380.

O'Reilly C, Chatham C, Caldwel R. 1988. People, jobs and organizational culture. Working Paper, Berkeley, CA. University of California.

De Pablos P O. 2003. "Guanxi" and relational capital: eastern and western approaches to manage strategic intangible resources. http: //citeseerx. ist. pus. edu/viewdec/summary? doi=10. 1. 1. 135. 714.

Organisation for Economic Co-operation and Development. 1999. Guidelines and instructions for OECD Symposium, International Symposium Measuring Reporting Intellectual Capital:

Experiences, Issues, and Prospects, June, Amsterdam, OECD, Paris.

Pack H. 1972. Employment and productivity in Kenyan manufacturing. Eastern Africa Economic Review, 4 (2): 29 - 52.

Palacios-Marques D, Garrigos-Simon F J. 2003. Validating and measuring IC in the biotechnology and telecommunication industries. Journal of Intellectual Capital, 4 (3): 332 - 347.

Pasher E S. 2007. The intellectual capital of the state of Israel: 60 years of achievement. http://www. moital. gov. il/ic.

Parke A. 1993. Strategic alliance structuring: a game theoretic and transaction cost examination of interfirm cooperation. Academy of Management Journal, 4: 794 - 829.

Peña I. 2002. Intellectual capital and business start-up success. Journal of Intellectual Capital, 3 (2): 180 - 198.

Pennings J M, Lee K, van Witteloostuijn A. 1998. Human capital, social capital and firm dissolution. Academy of Management Journal, 41: 425 - 440.

Penrose E T. 1959. The theory of the growth of the firm. London: Basil Blackwell.

Peteraf M A. 1993. The cornerstones of competitive advantage: a resource-based view. Strategic Management Journal, 14: 179 - 191.

Peteraf M A, Barney J B. 2003. Unraveling the resource-based tangle. Managerial and Decision Economics, 24, 4, 309 - 323.

Peters T, Waterman R. 1982. In search of excellence. New York: Harper & Row.

Petrash G. 1996. Dow's journey to a knowledge value management culture. European Management Journal, 14 (4): 365 - 373

Petrick J A, Scherer R F, Brodzinski J D, et al. 1999. Global leadership skills and reputational capital: Intangible resources for sustainable competitive advantage. Academy of Management Executive, 13 (1): 58 - 69.

Petty R, Guthrie J. 2000. Intellectual capital literature review: measurement, reporting and management. Journal of Intellectual Capital. 1 (2): 155 - 176.

Pfeffer J. 1994. Competitive advantage through people. Boston: Harvard Business School Press.

Pinder C C, Moore L F. 1979. The resurrection of taxonomy to aid the development of middle range theories of organizational behavior. Administrative Science Quarterly, 24, 99 - 118.

Pinto M P, Lopes M F, Morais M P. 2006. Developing a Model for linking Knowledge Management Systems and Intellectual Capital Measurement// Reimer , Karagiannis, eds. paper presented at 6th International Conference of PAKM Vienna , Austria.

Podolny J M, Baron J N. 1997. Resources and relationships: Social networks and mobility in the workplace. American Sociological Review, 62: 673 - 693.

Podsakoff P M, Organ D W. 1986. Self-reports in organizational research: problems and prospects. Journal of Management, 4: 531 - 544.

Porter M E. 1980. Competitive Advantage. New York: Free Press.

Portes A. 1995. The Economic sociology of immigration: essays on networks, ethnicity and entrepreneurship. New York: Russell Sage Foundation.

Portes A. 1998. Social capital: Its origins and applications in modern sociology. Annual Review of Sociology, 24: 1 - 24.

Portes A, Sensenbrenner J. 1993. Embeddedness and immigration: notes on the social determinants of economic action. American Journal of Sociology, 98: 1320 - 1350.

Portes A, Landolt P. 1996. The downside of social capital. The American Prospect, May-June: 18 - 21, 94.

Powell T C. 2001. Competitive advantage: Logical and Philosophical Considerations. Strategic Management Journal, 22: 875 - 888.

Powell W W. 1998. Learning from collaboration: Knowledge and networks in the biotechnology and pharmaceutical industries. California Management Review, 40: 228 - 240.

Prahalad C K, Hamel G. 1990. The core competence of the corporation. Harvard Business Review, 68 (3): 79 - 91

Prescott E C, Visscher M. 1980. Organizational Capital. Journal of Political Economy, 88: 446 - 461.

Priem R L, Butler J E. 2001. Is the resource-based "view" a useful perspective for strategic management research? Academy of Management Review, 26, 1, 22 - 40.

Prien E P, Liske R E. 1962. Assessments of Higher-level Personnel: a comparative analysis of supervisor ratings and incumbent self-ratings and incumbent self-ratings of job performance. Personnel Psychology, (Summer): 187 - 194

Pulic A. 1998. Measuring the performance of intellectual potential in knowledge economy. The 2nd World Congress on Measuring and Managing Intellectual Capital. Hamilton McMaster University.

Pulic A. 2000. VAIC™—— an accounting tool for IC management. International Journal of Technology Management, 20 (5 - 8): 702 - 714.

Putnam R. 1993. The prosperous community: Social capital and public life. The American Prospect. 13: 35 - 42.

Putnam R. 1995. Bowling alone: America's declining social capital. Journal of Democracy, 6 (1): 65 - 78.

Quinn J B. 1992. Intelligent Enterprise: A knowledge and service based paradigm for industry. New York: Free Press.

Quinn J B., Anderson P, Finkelstein S. 1996. Leveraging Intellect. Academy of Management Executive, 10 (3): 7 - 27.

Raine H, Ilkka K. 2003. Intellectual capital and anticipated sales in small and medium-sized biotechnology companies. Innovations an Entrepreneurship in Biotec/Pharmaceuticals and IT/Telecom. A Research Workshop. http: //www. mot. chalmers. se/dept/idy/workshop2003.

Ramanauskaite A, Rudzioniene K. 2013. Intellectual Capital Valuation: Methods and Their Classification. Ekonomika, 92 (2): 79 - 92.

Rao H. 1994. The social construction of reputation: Certification contests, legitimation, and the survival of organizations in the American automobile industry: 1895—1912. Strategic

Management Jounral, 15: 29‑44.

Reed R, DeFillippi R J. 1990. Causal ambiguity, barriers to imitation, and sustainable competitive advantage. Academy of Management Review, 15 (1): 88‑102.

Reed K K, Lubatkin M, Srinivasan N. 2006. Proposing and testing an intellectual capital-based view of the firm. Journal of Management Studies, 43 (4) 867‑893.

Reichheld F F. 1996. The loyalty effect: the hidden force behind growth, profits, and lasting value. Boston: Harvard Business School Press.

Renko H Y, Autio E, Tontti V. 2002. Social capital, knowledge, and the international growth of technology-based new firms. International Business Review, 11: 279‑304.

Riahi-Belkaoui, A. 2003. Intellectual capital and firm performance of US multinational firms. Journal of Intellectual Capital, 4 (2): 215‑226.

Rigby D, Bilodeau B. 2005. Management Tools and Trends 2005: Bain & Company.

Robbins S P. 1990. Organization Theory: Structure, Design and Applications. New Jersey: Prentice Hall.

Romo F P, Schwartz M. 1995. Structural embeddedness of business decisions: A sociological assessment of the migration behavior of plants in New York State between 1960 and 1985. American Sociological Review, 60: 874‑907.

Roos G, Roos J. 1997. Measuring your company's intellectual performance. Long Range Planning, 30 (3): 413‑426.

Roos J, Roos G, Edvinsson L, et al. 1997. Intellectual Capital: navigating in the new business landscape. London: Macmillan.

Rosen S. 1972. Learning by experience as joint production. Quarterly Journal of Economics 86 (3): 366‑382.

Rothaermel F T. 2001. Complementary assets, strategic alliances, and the incumbent's advantages: A longitudinal study of industry and firm effects in the biopharmaceutical industry. Research Policy, 30 (8): 1235‑1251.

Ruekert R W, Walker O C, Roering K J. 1985. The organization of marketing activities: a contingency theory of structure and performance. Journal of Marketing, 49: 13‑25.

Rumberger R W. 1987. The impact of surplus schooling on productivity and earnings. Journal of Human Resources, 22: 24‑50.

Rumelt R P. 1987. Theory, strategy, and entrepreneurship//Teece D, ed. The competitive challenge. Ballinger, Cambridge, MA: 137‑158.

Rumelt R P. 1991. How much does industry matter? Strategic Management Journal, 12 (3): 167‑185.

Rumelt R P. 1984. Towards a strategic theory of the firm. // Lamb R B, ed. Competitive Strategic Management, Englewood Cliffs, NJ: Prentice-Hall: 556‑570.

Ruppel C P, Harrington S J. 2001. Sharing knowledge through intranets: A study of organizational culture and intranet implementation. IEEE Transactions on Professional Communication, 44 (1), 37‑51.

Russel J S, Terborg J R, Powers M L. 1985. Organizational performance and organizational level training and support. Personnel Psychology, 38: 849 – 863.

Sathe V. 1985. Culture and related corporate realities. Homewood, IL: Richard D. Irwin.

Satyadas A, Harigopal U, Cassaigne N P. 2001. Knowledge management tutorial: An editorial overview. IEEE Transactions on Systems, Man, and Cybernetics-Part C: Applications and Reviews, 31 (4), 429 – 437.

Sawyer M C. 1982. On the specification of structure-performance relationship. European Economic Review, 17 (3): 295 – 306.

Schein E H. 1990. Organizational culture. American Psychologist, 45, 109 – 119.

Schein E H. 1993. Summer, On Dialogue, Culture and organizational learning, Organizational Dynamics, 22: 40 – 51.

Schein E H. 1996. Three Cultures of Management: The Key to Organizational Learning. Sloan Management Review, 38 (1): 9 – 21.

Schiff M. 1992. Social capital, labor mobility, and welfare: The impact of uniting states. Rationality and Society, 4: 157 – 175.

Schilling M A, Steensma H K. 2002. Disentangling the theories of firm boundaries: a path model and empirical test. Organization Science, 13 (4): 387 – 402.

Schmalensee R. 1985. Do markets differ much? American Economic Review , 75 (3): 341 – 351.

Schmidt F, Hunter J, Pearlman K. 1979. Assessing the economic impact of personnel programs on workforce productivity. Personnel Psychology, 35: 333 – 347.

Schoemaker P J H. 1990. Strategy, complexity and economic rent. Management Science, 36: 1178 – 1192.

Schultz T. 1961. Investment in human capital. American Economic Review, 51, March, 1 – 17.

Scott S G, Bruce R A. 1994. Determinants of innovative behavior: a path model of individual innovation in the workplace. Academy of Management Journal, 37: 580 – 607.

Senge P M. 1990. The fifth Discipline: The Art and Practice of the Learning Organization. New York, NY: Doubleday Currency.

Serenko A, Bontis N. 2004 Meta-review of knowledge management and IC literature: citation impact and research productivity rankings. Accepted for Publication in Knowledge and Process Management. .

Serenko A, Cox R, Bontis N, et al. 2011. The Superstar phenomenon in the knowledge management and intellectual capital academic discipline. Journal of Informetrics, 5: 333 – 345.

Sethi V, Carraher S. 1993. Developing measures for assessing the organizational impact of information technology: a comment of Mahmood and Soon's paper. Decision Science, 24 (4): 867 – 877

Shipton H, Dawson J, West M, et al. 2002. Learning in manufacturing organizations: What factors predict effectiveness. Human Resource Development International, 5: 55 – 72.

Sinkula J M. 1994. Market information processing and organizational learning. Journal of Marketing, 58, 35 – 45.

Sinkula J M, Baker W E, Noordewier T. 1997. A framework for market-based organizational learning: Linking values, knowledge and behavior. Journal of the Academy of Marketing Science, 25 (4): 305 - 318.

Slater S F, Narver J C. 1995. Market orientation and the learning organization. Journal of Marketing, 59: 63 - 74.

Smith K G, Collins C J, Clark K D. 2001. Building and exploring intellectual capital: the role of social, human and physical resources. http: //www. rhsmith. umd. edu/hcit.

Snell S A, Dean J W. 1992. Integrated manufacturing and human resource management: A human capital perspective. Academy of Management Journal, 35: 467 - 504.

Snell S A, Youndt M A, Wright P M. 1996. Establishing a framework for research in strategic human resource management. Merging resource theory and organizational learning//Ferris G, ed. Research in personnel and human resource management. Vol. 14.

Solow R M. 1997. Tell me again what we are talking about. Stern Business Magazine, 4 (1) .

Spanos Y E, Lioukas S. 2001. An examination into the causal logic of rent generation. Strategic Management Journal, 22: 907 - 934.

Spender J C. 1989. Industry Recipes: The nature and source of management judgement, Blackwell: Oxford.

Spender J C. 1996. Making knowledge the basis of a dynamic theory of the firm. Strategic Management Journal. 17 (Winter Special Issue): 45 - 62.

Spring Project. 2002. http: //www. cordis. europa. eu/data/PROJ _ FP5.

Ståhle S, Ståhle P. 2012. Towards measures of national intellectual capital: an analysis of the CHS model. Journal of Intellectual Capital, 13 (2): 164 - 177.

Stalk G, Evans P, Shulman E. 1992. Competing on capabilities: the new rules of corporate strategy. Havard Business Review, (3 - 4): 57 - 69.

Starr J A, MacMillan I C. 1990. Resource co-optation via social contracting: resource acquisition strategies for new ve ntures. Strategic Management Journal (11): 79 - 92.

Stata R. 1989. Organizational learning-The key to management innovation. Sloan Management Review, Spring: 63 - 74.

Steffy B, Maurer S. 1988. Conceptualizing and measuring the economic effectiveness of human resource activities. Academy of Management Review, 13: 271 - 286.

Stewart T A. 1994. Your company's most valuable asset: Intellectual capital. Fortune, 130 (7): 68 - 74.

Stewart T A. 1997. Intellectual capital: The new wealth of organizations. New York: Doubleday Currency.

Stewart III G B. 1994. EVA: Fact and Fantasy. Journal of Applied Corporate Finance (Summer): 71 - 84.

Stigler G. 1968. The organization of industry. Chicago, IL: University of Chicago Press: 67.

Stuart T E. 2000. Interorganizational alliances and the performance of firms: A study of growth and innovation rates in a high-technology industry. Strategic Management Journal, 21: 791–811.

Subramaniam M, Youndt M A. 2005. The influence of intellectual capital on the types of innovation capabilities. Academy of Management Journal, 48 (3): 450–463.

Sullivan P H, et al. 2000. Valuing Intangibles Companies: An Intellectual Capital Approach. Journal of Intellectual Capital. 1 (4): 328–340.

Sveiby K E. 1997. The intangible assets monitor. Journal of Human Resource Costing and Accounting, 2 (1): 73–97.

Sveiby K E. 2001. A knowledge-based theory of the firm to guide in strategy formulation. Journal of Intellectual Capital, 2 (4): 344–358

Szewczyk S H, Tsetsekos G P, Zantout Z. 1996. The valuation of corporate R&D expenditures: evidence from investment opportunities and free cash flow. Financial Management, 25 (Spring): 105–111.

Tanriverdi H. 2005. Information technology relatedness, knowledge management capability, and performance of multibusiness firms. MIS Quarterly. 29 (2): 311–334.

Teece D J. 1986a. Profiting from technological innovation. Research Policy, 15 (6): 285–305.

Teece D J. 1986b. Firm boundaries, technological innovation and strategic planning//Thomas G L, ed. The economics of strategic planning, D. C. Heath, Lexington, MA: 187–199.

Teece D J. 2000a. Managing Intellectual Capital: Organizational, Strategic, and Policy Dimensions. Oxford: Oxford University Press.

Teece D J. 2000b. Strategies for managing knowledge assets: The role of firm structure and industrial context. Long Range Planning, 33: 35–54.

Teece D J, Pisano G, Shuen A. 1997. Dynamic Capabilities and Strategic Management. Strategic Management Journal, 18 (7): 509–533.

Teece D J. 1998. Capturing value from knowledge assets: The new economy, Markets for know-how, and Intangible assets. California Management Review, 40 (3): 55–79.

Teixeira A. 2002. On the Link between human capital and firm performance: A Theoretical and Empirical Survey. Working Paper Nov. 2002

Thomas C Y. 1996. Capital markets, financial markets and social capital. Social and Economic Studies, 45 (2&3): 1–23.

Tomer J F. 1987. Organizational Capital: The Path to Higher Productivity and Well-being. New York: Praeger Publishers.

Truran W R. 2001. How organizational learning influences organizational success. Dissertation of PH. D. of Steven Institute of Technology.

Tsai W, Ghoshal S. 1998. Social capital and value creation: An empirical study of intra-firm networks. Academy of Management Journal, 41 (4): 464–476.

Tsai W. 2000. Social capital, strategic relatedness and the formation of intraorganizational linkages. Strategic Management Journal, 21 (9): 925–939.

Tsang M C. 1987. The impact of underutilization of education on productivity: A case study of the US Bell companies. Economics of Education Review，6：239 - 254.

Tsang E. 1997. Organizational Learning and the Learning Organization：A Dichotomy Between Descriptive and Prescriptive Research. Human Relations，50：73 - 89.

Tsang E. 2002. Acquiring knowledge by foreign partners from international joint ventures in a transition economy：Learning-by-doing and learning myopia. Strategic Management Journal，23：835 - 854.

Tseng，Chun-Yao，Goo Yeong-Jia James. 2005. Intellectual capital and corporate value in an emerging economy：empirical study of Taiwanese manufacturers. R&D Management，35 (2)：187 - 201.

Tushman M. 1977. Special boundary roles in the innovation process. Administrative Science Quarterly. 22：568 - 586.

Ulrich D. 1998. Intellectual capital = competence * commitment. Sloan Management Review，39 (2)：15 - 26.

Ulrich D，Jick T，Von Glinow M A. 1993. High-impact learning：building and diffusing learning capability. Organizational Dynamics，22 (2)：52 - 79.

Useem M，Karabel J. 1986. Pathways to top corporate management. American Sociological Review，44：184 - 200.

Uzzi B. 1996. The sources and consequences of embeddedness for the economic performance of organizations：The network effect. American Sociological Review，61：674 - 698.

Uzzi B. 1997. Social structure and competition in interfirm networks：The paradox of embeddedness. Administrative Science Quarterly，42：35 - 67.

Van Buren M E. 1999. A yardstick for knowledge management. Training and Development，May：71 - 78.

Venkatraman N，Ramanujam V. 1986. Measurement of Business Performance in Strategy Research：A Comparison of Approaches. Academy of Management Review，11 (4)：801 - 814.

von Hippel E. 1977. The dominant role of the user in semiconductor and electronic subassembly process innovation. IEEE Transactions on Engineering Management，EM - 24 (2)：60 - 71.

Walker G，Kogut B，Shan W. 1997. Social capital，Structural holes and the formation of an industry network. Organization Science，8 (2)：109 - 125.

Waterhouse J，Svendsen. 1998. Strategic Performance Monitoring and Management. Toronto：CICA.

WayneS J，Liden R C，*Graf I K*，*et al.* 1997. The role of upward influence tactics in human resource decisions. Personnel Psychology，50 (4)：979 - 1007.

Weigelt K，Camerer C. 1988. Reputation and corporate strategy：a review of recent theory and applications. Strategic Management Journal，9：443 - 454.

Weiner N，Mahoney T. 1981. A model of corporate performance as a function of environmental，organizational and leadership influences. Academy of Management Journal，24：453 - 470.

Wernerfelt B. 1984. A resource-based view of the firm. Strategic Management Journal, 5 (2): 171 - 180.

Wernerfelt B. 1989. From critical resources to corporate strategy. Journal of General Management, 5: 171 - 180.

Wernerfelt B, Chatterjee S. 1991. The link between resources and type of diversification: theory and evidence. Strategic Management Journal, 12: 33 - 48.

Wernerfelt B, Montgomery C A. 1986. What is an attractive industry? Management Science, 32 (10): 1223 - 1230.

Wernerfelt B, Montgomery C A. 1988. Tobin's Q and the importance of focus in firm performance. American Economic Review, 78: 246 - 251.

Weziak D. 2007. Measurement of national intellectual capital application to EU countries. http://www. ceps. lu/pdf/11/art1294. pdf.

Wiig K M. 1997. Integrating intellectual capital and knowledge management. Long Range Planning, 30 (3): 399 - 405.

Williamson O. 1975. Markets and Hierarchies. New York: Free Press.

Woolcock M. 1998. Social capital and economic development: Toward a theoretical synthesis and policy framework. Theory and Society, 27: 151 - 208.

Wright P M, McMahan G C, McWilliams A. 1994. Human resources and sustained competitive advantage: A resource-based perspective. International Journal of Human Resources Management, 5: 301 - 326.

Wright P M, Smart D L, McMahan G C. 1995. Matches between human resources and strategy among NCAA basketball teams. Academy of Management Journal, 38: 1052 - 1074.

Wu, Tsai, Cheng, et al. 2006. Assessment of intellectual capital management in Taiwanese IC design companies: using DEA and the Malmquist productivity index. R&D Management, 36 (5): 531 - 545.

Yli-Renko H, Autio E, Sapienza H J. 2001. Social capital, knowledge acquisition and knowledge exploitation in young technology-based firms. Strategic Management Journal, 22: 587 - 613.

Yoon Y. 2002. Development of a structural Model for Tourism Destination Competitiveness from Stakeholders' Perspectives. PhD. Dissertation, Virginia Polytechnic Institute and State University.

Youndt M A, Snell S A, Dean Jr J W, et al. manufacturing strategy, and firm performance. Academy of Management Journal, 39 (4): 836 - 866.

Zahay D, Griffin A. 2004. Customer learning processes, strategy selection, and performance in business-to-business service firms. Decision Sciences, 35 (2): 169 - 204.

Zerbe W, Paulhus D L. 1987. Socially desirable responding in organizational behavior: a reconception. Academy of Management Review, 12: 250 - 264.

Zhang M, Macpherson A, Jones O. 2006. Conceptualizing the learning process in SME's: Improving innovation through external orientation. International Small Business Journal,

24（3）：299－323

Zhou A Z, Fink D. 2003. The intellectual capital web. Journal of Intellectual Capital, 4（1）: 34－48.

Zwell M, Ressler R. 2000. Powering the human drivers of financial performance. Strategic Finance, 91（111）：40－45.

调查问卷

　　本问卷研究旨在调查智力资本（包括人力资本、结构资本和关系资本）对企业绩效的影响，答案没有对与错，若有某个问题未能完全表达您的意见时，请勾选最接近您看法的答案。烦请您花几分钟时间填写问卷，非常感谢！

　　为使调查更具科学性，本问卷最好由比较了解企业的人力资源、组织管理以及与外部组织关系情况的人员回答，如企业总经理、中高层管理人员等。您的回答对我们的研究结论非常重要，非常感谢您的热情帮助！本问卷纯属学术研究目的，内容不会涉及贵企业的商业机密问题，所获信息也不会用于任何商业目的，请您放心并尽可能客观回答，且勿遗漏任何一题。

　　为表谢意，凡回答本问卷者将得到一份小小的礼物，分别是：

　　（1）《致加西亚的信》电子版；

　　（2）《心灵故事》电子版。

　　如果您对本研究的结论感兴趣，或者需要以上电子书籍，请在问卷最后注明，届时我将会 email 发给您。

　　【填写说明】　　请在合适的数字上打√。若填写电子版，请将所选项改为红色，如"□民营企业"。

您与企业的基本信息

姓名（自愿，可不填）：　　　　　　联系电话（或 Email）：

就职企业名称：　　　　　　　　　　企业位于　　　省　　　市

企业成立时间：

　　在仅用于学术研究并且承诺保密的情况下，向您询问有关公司和个人的信息时，您愿意提供吗？（采用 7 级打分，1～7 依次表示从不同意向同意过渡）

　　不同意←1　2　3　4　5　6　7→同意

1. 企业性质：

□国有或国有控股企业　　　□民营企业　　　□股份制企业（非国有控股）

□中外合资（作）企业　　　　　　　　□外商独资企业

□其他（请说明　　　）

2. 主导业务所在行业类型：

□电子及通信设备制造业　　　　　□软件业

□医疗设备及仪器仪表制造业

□电子计算机及办公设备制造业　　□医药制造业　　□汽车业

□电子机械制造业　　　□化学制品业　　□非电子类机械制造业

□其他（请说明　　　　　　　　　）

3. 企业 2003 年底资产总额（人民币元）：

□小于 50 万　　　　　　　　　　□50 万～99 万

□100 万～499 万　　　　　　　　□500 万～999 万

□1 000 万～3 999 万　　　　　　□4 000 万～9 999 万

□1 亿～3.99 亿　　　　　　　　　□4 亿及以上

4. 企业 2003 年销售收入（人民币元）：

□少于 100 万　　　　　　　　　　□100 万～299 万

□300 万～999 万　　　　　　　　□1 000 万～2999 万

□3000 万～9999 万　　　　　　　□1 亿～2.99 亿

□3 亿～9.99 亿　　　　　　　　　□10 亿以上

5. 企业员工总数_____人。其中，大学本科以上学历员工的比重_____%。

6. 在本企业工作超过三年的员工人数_____人（注：企业成立时间不足三年的，可不填）

7. 近三年来，平均每年辞职人员数占员工总数的比率为_____%，平均每年的新招募员工占员工总数的比率为_____%。

8. 企业员工平均年收入（包括工资、津贴、奖金、红利等在内的总收入）：

□1 万元以下　　　　　　　　　　□1 万～2.99 万元

□3 万～4.99 万元　　　　　　　　□5 万～6.99 万元

□7 万～9.99 万元　　　　　　　　□10 万～11.99 万元

□12 万以上

9. 近三年来，本企业平均每年每位员工用于培训的经费支出为：

□100 元以下　　　　　　　　　　□100 元～299 元

□300～499 元　　　　　　　　　　□500 元～799 元

□800 元～999 元　　　　　　　　□1 000 元～4 999 元

□4999 元以上

10. 近三年来，企业每年每位员工的平均培训天数：

□1 天以内　　　　　　　　　　　□1～3 天

□4～7 天　　　　　　　　　　　　□7～14 天

□15～30 天　　　　　　　　　　　□30～60 天

□60 天以上

11. 企业研发费用占总销售收入的比例为_____%。

12. 企业的研发人员数占员工总数的比例为_____%。

13. 2003 年底企业会计报表中确认的无形资产（商誉）价值为_____元。

下列表述是对于企业智力资本的因素或行为以及企业绩效的描述，请根据贵企业实际情况对表述做出 1～7 级判断。1. 非常不同意；2. 不同意；3. 稍微不同意；4. 不确定；5. 稍微同意；6. 同意；7. 非常同意。

人 力 资 本

采用 7 级打分，1～7 依次表示从非常不同意向非常同意过渡，请在合适的数字上打√或做标记。

1. 员工能主动确保产品与服务符合标准	1 2 3 4 5 6 7
2. 员工能主动满足内部和外部顾客的要求	1 2 3 4 5 6 7
3. 员工能快速回应不确定的环境	1 2 3 4 5 6 7
4. 员工能主动积极地解决问题	1 2 3 4 5 6 7
5. 本企业中层管理者能够妥善安排员工的工作内容并分配资源	1 2 3 4 5 6 7
6. 本企业中层管理者能使用多种方式帮助企业员工发展其能力	1 2 3 4 5 6 7
7. 本企业高层主管具有领导企业实现目标的能力	1 2 3 4 5 6 7
8. 本企业高层主管能担负领导本企业并且引导组织变革的责任	1 2 3 4 5 6 7
9. 本企业高层主管了解企业自身的竞争地位，以此为基础制定短期和长期战略	1 2 3 4 5 6 7
10. 员工常会主动和同事讨论有关工作的事情	1 2 3 4 5 6 7
11. 员工常会主动和主管讨论有关工作的事情	1 2 3 4 5 6 7
12. 员工常会主动提出自己的意见	1 2 3 4 5 6 7
13. 员工能与他人共同合作并协助他人的工作以达成共同目标	1 2 3 4 5 6 7
14. 本企业让员工发挥最大的潜力	1 2 3 4 5 6 7
15. 企业提供足够的培训使员工能顺利完成自己的工作任务	1 2 3 4 5 6 7
16. 企业关心员工的职业发展计划并使之与企业目标协调一致	1 2 3 4 5 6 7

结 构 资 本

采用 7 级打分，1～7 依次表示从非常不同意向非常同意过渡，请在合适的数字上打√或做标记。

1. 本企业提供充分的激励促使员工完成自己的工作	1	2	3	4	5	6	7
2. 企业在深入了解员工的能力的基础上为员工分配适当的工作	1	2	3	4	5	6	7
3. 企业提供足够支持，帮助员工解决工作中遇到的问题	1	2	3	4	5	6	7
4. 员工有足够的权力全权处理顾客或生产线的问题	1	2	3	4	5	6	7
5. 本企业鼓励员工提出新观点（或新建议）	1	2	3	4	5	6	7
6. 本企业具备很强的新产品开发能力	1	2	3	4	5	6	7
7. 本企业提供各种资源，大力支持研发活动	1	2	3	4	5	6	7
8. 本企业对技术和市场的变化具有很强的适应能力	1	2	3	4	5	6	7
9. 本企业把握新的市场机会的能力很强	1	2	3	4	5	6	7
10. 企业的每个工作流程（包括生产、销售、财务、研发等流程）都有完整明确的书面说明文件	1	2	3	4	5	6	7
11. 企业的每个工作流程有很高的效率	1	2	3	4	5	6	7
12. 企业应用信息技术来提高工作流程的效率	1	2	3	4	5	6	7
13. 企业对于产品知识的记录和归档有明文规定	1	2	3	4	5	6	7
14. 企业对于工艺、流程知识的记录和归档有明文规定	1	2	3	4	5	6	7
15. 企业收集员工个人的成文知识归入资料库或数据库	1	2	3	4	5	6	7
16. 企业收集员工个人的工作经验归入资料库或数据库	1	2	3	4	5	6	7
17. 员工经常在数据库或资料库中搜寻所需信息（知识）	1	2	3	4	5	6	7
18. 企业有明确的措施防止内部知识和信息被滥用	1	2	3	4	5	6	7
19. 企业有明确的措施防止内部知识和信息被剽窃	1	2	3	4	5	6	7
20. 本企业不同部门的员工在工作中密切合作	1	2	3	4	5	6	7
21. 企业内不同部门的员工间有一定的机制来相互交流信息	1	2	3	4	5	6	7
22. 企业的组织结构有利于员工间的合作	1	2	3	4	5	6	7
23. 企业的组织结构有利于员工间的信息交流	1	2	3	4	5	6	7
24. 企业对相互合作的员工给予奖励	1	2	3	4	5	6	7
25. 企业对进行信息交流的员工给予奖励	1	2	3	4	5	6	7
26. 企业通过岗位轮换来促进信息交流	1	2	3	4	5	6	7
27. 企业通过建立跨职能工作团队来促进信息交流	1	2	3	4	5	6	7
28. 企业通过岗位轮换来促进员工间合作	1	2	3	4	5	6	7
29. 企业通过建立跨职能工作团队来促进员工间合作	1	2	3	4	5	6	7
30. 企业应用信息技术（如建立数据库、内部网等）促进信息交流	1	2	3	4	5	6	7
31. 企业应用信息技术（如建立数据库、内部网等）促进员工间合作	1	2	3	4	5	6	7
32. 本企业的气氛是开放且彼此信任的	1	2	3	4	5	6	7
33. 主动交流信息的员工受到广泛尊重	1	2	3	4	5	6	7
34. 企业的文化氛围促进员工相互合作	1	2	3	4	5	6	7
35. 企业鼓励员工的探索行为和创新行为	1	2	3	4	5	6	7
36. 在本企业，员工会因怕被认为在某方面的知识不足而不提问题	1	2	3	4	5	6	7

关 系 资 本

采用 7 级打分，1～7 依次表示从非常不同意向非常同意过渡，请在合适的数字上打√或做标记。

1. 企业非常了解顾客的需求	1 2 3 4 5 6 7
2. 顾客对企业产品品质的满意度很高	1 2 3 4 5 6 7
3. 顾客对本企业服务的满意度很高	1 2 3 4 5 6 7
4. 顾客对本企业的品牌忠诚度很高	1 2 3 4 5 6 7
5. 企业与大客户建立了长期信任的关系	1 2 3 4 5 6 7
6. 企业从顾客处获得了许多需求信息	1 2 3 4 5 6 7
7. 企业与顾客的关系中，双方都避免损害对方的利益	1 2 3 4 5 6 7
8. 即使有机会，企业与顾客双方也不会占对方的便宜	1 2 3 4 5 6 7
9. 企业与主要供应商保持着长期信任的关系	1 2 3 4 5 6 7
10. 企业从供应商处获得许多信息	1 2 3 4 5 6 7
11. 与供应商的合作是企业产生创意（或新产品构想）的方式之一	1 2 3 4 5 6 7
12. 企业与供应商共享着有形和（或）无形资源	1 2 3 4 5 6 7
13. 企业与供应商的沟通效率很高	1 2 3 4 5 6 7
14. 企业与供应商的关系中，双方都避免损害对方的利益	1 2 3 4 5 6 7
15. 即使有机会，企业与供应商双方也不会占对方的便宜	1 2 3 4 5 6 7
16. 企业与专家和咨询机构进行有效合作	1 2 3 4 5 6 7
17. 企业与同行业其他企业进行有效合作	1 2 3 4 5 6 7
18. 企业与大学和研究机构进行有效合作	1 2 3 4 5 6 7
19. 企业与政府部门保持着良好关系	1 2 3 4 5 6 7
20. 企业与债权人保持着良好关系	1 2 3 4 5 6 7
21. 企业与投资人保持着良好关系	1 2 3 4 5 6 7

企 业 绩 效

请问近三年来，与国内同行业主要竞争对手相比，贵企业所表现出来的绩效水平如何？

采用 7 级打分，1～7 依次表示从低向高过渡，1 为最低水平，7 为最高水平。请在合适的数字上打√或做标记。

1. 本企业销售收入年均增长率	1 2 3 4 5 6 7
2. 本企业年均利润总额	1 2 3 4 5 6 7
3. 本企业利润总额年均增长率	1 2 3 4 5 6 7
4. 本企业年均总资产收益率	1 2 3 4 5 6 7
5. 本企业产品市场占有率	1 2 3 4 5 6 7
6. 本企业产品品质	1 2 3 4 5 6 7
7. 本企业创新能力	1 2 3 4 5 6 7
8. 本企业的市场竞争能力	1 2 3 4 5 6 7
9. 本企业员工士气	1 2 3 4 5 6 7
10. 本企业人才的吸引力	1 2 3 4 5 6 7
11. 本企业员工生产力	1 2 3 4 5 6 7
12. 本企业员工对组织的承诺 *	1 2 3 4 5 6 7

* 员工对组织产生的一种甘愿全身心地参与组织各项工作的感情。

行 业 环 境

采用 7 级打分，1~7 依次表示从非常不同意向非常同意过渡，请在合适的数字上打√或做标记。

1. 本企业所处的行业的市场竞争环境变化速度很快	1 2 3 4 5 6 7
2. 本企业所处的行业的市场竞争环境变化很大	1 2 3 4 5 6 7
3. 本企业所处的行业的市场竞争环境变化可以预测	1 2 3 4 5 6 7

我感兴趣的是（自愿，可不填）：

□本研究的结论　　□《致加西亚的信》电子版　　　□《心灵故事》电子版

再次感谢您对本研究工作的支持！

后　　记

在知识经济时代，企业创造价值依赖于智力资源的开发和利用，而不是物质资产管理。

本书不仅为智力资本理论的深化发展做出一定的理论贡献，而且为知识经济时代背景下提高我国企业知识管理效率、增强企业核心竞争能力与持久竞争优势提供有益指导，具有重要的现实意义。

本书是在作者博士学位论文的基础上修改完善而成，增加最新数据和近期相关研究成果；对论文的结构进行调整，使其符合专著的特点。本书得到浙江省哲学社会科学规划课题（项目编号06CGGL17YBG）资助，在此表示感谢。

由于水平所限，书中尚存诸多不足之处，欢迎各位读者批评、指正。

浙江理工大学　李冬琴

2014 年 8 月